U0459088

装备技术经济分析

刘晓东　等　编著

国防工业出版社
·北京·

内容简介

技术和经济在装备发展中犹如车之双轮、鸟之双翼,需要综合协调发展,这是确保装备长期稳定和协调发展的基本要义。本书通过对装备发展寿命周期各阶段的技术经济评价、基本概念和分析方法的阐述,旨在探求装备技术经济协调发展的方式和方法。

本书可供从事装备技术和装备管理工作的人员参考,也可作为工科专业、管理类专业的本科生和研究生的教材。

图书在版编目(CIP)数据

装备技术经济分析/刘晓东等编著 . —北京:国防工业出版社,2017.4
ISBN 978-7-118-11148-4

Ⅰ.①装… Ⅱ.①刘… Ⅲ.①军事装备 – 技术经济分析
Ⅳ.①F407.483.7

中国版本图书馆 CIP 数据核字(2017)第 058035 号

※

国防工业出版社出版发行

(北京市海淀区紫竹院南路 23 号 邮政编码 100048)
天利华印刷装订有限公司印刷
新华书店经售

*

开本 787×1092 1/16 印张 14¼ 字数 352 千字
2017 年 4 月第 1 版第 1 次印刷 印数 1—2500 册 定价 89.00 元

(本书如有印装错误,我社负责调换)

国防书店:(010)88540777   发行邮购:(010)88540776
发行传真:(010)88540755   发行业务:(010)88540717

前　　言

强国必须强军,强军必先利器。面对世界新的科技革命、产业革命、军事革命加速发展的趋势,只有加快武器装备现代化建设,才能夯实军事准备的物质基础。随着现代技术广泛应用于装备,装备建设经费投入急剧增长,尤其是我军装备建设正处于由跟进研究向自主创新转型升级的重要阶段,如何在装备发展中,协调装备技术需求和装备经费实际能力,提高装备建设经费使用效益,对于确保我国装备持续稳定健康发展具有非常重要的现实意义。

装备技术经济分析是由装备技术学科与经济学科相互交叉而形成和发展起来的,主要研究装备技术领域的经济问题和经济规律,寻求装备技术领域内资源的最佳配置,其核心思想是将装备技术问题和经济问题同步考虑,系统规划。正因如此,学习装备技术经济分析的基本思想,理解和掌握装备技术经济分析的基本理论和方法,对于树立科学的装备发展观,提高解决装备发展现实问题的能力水平具有重要作用。

本书在遵循技术经济学理论方法的基础上,结合装备发展实际需求,本着掌握基础理论,突出实际应用的原则,对相关领域知识进行了大胆重组,以适应装备发展不同阶段、不同层次开展装备技术经济分析的需要。在装备技术经济分析基础理论学习方面,本书安排有装备技术经济分析基础、装备费用分析、装备技术经济评价等内容;在此基础上,安排了装备费用效能分析、装备价值工程、装备维修技术经济分析、装备更新技术经济分析等内容,分别介绍装备技术经济分析在装备不同研究层次、不同发展阶段的具体应用。

本书可作为工科专业、管理类专业的本科生和研究生教材,也可供从事工程技术、装备管理等工作的人员参考。

本书由刘晓东主持编写,参加编写的人员有贾月岭、解江、贺波、吴诗辉、张楠、杨闽湘,张楠在全书文字及图表格式规范方面做了大量工作。

作者在撰写本书过程中,参考了大量国内外有关文献,在此对这些文献的作者表示衷心的感谢!

应当指出,装备技术经济分析涉及到多个学科领域,如经济学理论、预测理论、决策理论、管理科学理论和相关专业技术学科理论等,研究内容非常广泛,而且,还有许多理论和实践问题尚待进一步完善和发展。囿于作者知识结构和学识水平,本书缺点和疏漏在所难免,恳请广大同仁批评指正。

目 录

第1章 绪 论

军事需求牵引、技术和经济支撑是武器装备发展的最基本原则和规律。一方面,发展武器装备是国家根本战略利益之所在,是决定战争胜负的重要因素之一,因而军事上的需要是武器装备发展的主要动力。另一方面,科学技术水平是武器装备发展的重要条件,国家的科技发展水平对武器装备的研究开发具有决定性影响。同时,发展武器装备除了需要技术支撑外,还需要大量的经费投入,即必须以国家的经济实力为基础。因此,在装备发展过程中必须综合考虑军事效能、技术水平和成本费用,只有这样,才能确保武器装备持续稳定和健康发展。

装备技术经济分析是一门由装备技术学科与经济学科相互交叉而形成和发展起来的,研究装备技术领域经济问题和经济规律,研究装备技术领域内资源的最佳配置,寻求装备技术与经济的最佳结合以求可持续发展的学科,在装备建设中具有广泛应用,对提高装备建设经济使用效益具有重要的意义。

本章首先介绍技术经济学产生与发展基本情况,分析其研究对象、研究特点和研究分析的一般程序。在此基础上,结合装备的特点,阐述装备发展与影响因素的相互关系以及装备经济分析的研究内容。

1.1 技术经济学概要

1.1.1 技术与经济的内涵及相互关系

1. 技术与经济的内涵

1) 技术的内涵

技术是人类在认识自然和改造自然的实践中,按照科学原理、一定的经验需要和社会目的而发展起来的,用以改造自然的劳动手段、知识、经验和技巧。它包括实验技术、生产技术、服务技术、管理技术,具体表现为由硬技术与软技术所组成的多要素、多层次的复杂体系。

硬技术即物质形态的技术,或称物化的科学技术,泛指人们在劳动过程中用以改变或影响劳动对象的一切物质资料,其基础与核心是劳动工具,劳动工具标志着人类统治自然界的程度。它作为人类器官的延长,使人的体力与智力神奇般地放大了,极大地提高了生产效率。

软技术指知识形态的技术,包括工艺规程、制造技术、图纸资料、生产组织、管理技术等。没有先进的软技术,物质技术便不可能发挥应有的作用。软硬技术融为一体,相辅相成地配合发展,才可能推动技术进步和加速经济的发展。

2) 经济的内涵

"经济"一词,在古汉语中具有"经邦济世"、"经国济民"的含义,是指治理国家、拯救庶民的意思,与现代的经济一词完全不同。

现在通用的经济一词,大体有以下几方面的含义。

（1）经济是人类历史发展到一定阶段的社会经济制度，是政治和思想等上层建筑赖以生存的基础。

（2）经济是指物质资料的生产，以及与之相适应的交换、分配、消费等活动。

（3）经济是一个国家国民经济的组成，如工业经济、农业经济、商业经济、运输经济等名词中的经济概念。

（4）经济指节约或节省等。

技术经济学中的经济具有多种含义，除了具有"节约"或"节省"含义外，还具有生产关系、经济基础的含义。

2. 技术与经济的关系

技术和经济在人类进行物质生产、交换活动中始终并存，是不可分割的两个方面。两者相互促进又相互制约。技术具有强烈的应用性和明显的经济目的性，没有应用价值和经济效益的技术是没有生命力的。而经济的发展必须依赖于一定的技术手段，世界上不存在没有技术基础的经济发展。

1）技术发展为经济发展提供巨大动力

发展经济必须依靠一定的技术，科学技术是第一生产力，这已在人类社会的发展历史上得以证明。

人类文明发展到现在，共发生了三次技术革命。第一次技术革命是在18世纪中后期，其标志是蒸汽机与机械革命，表现为蒸汽机、纺织机、工作母机的发明，它带动了第一次产业革命；第二次技术革命是在19世纪中后期，标志是内燃机与电力革命，表现为内燃机、电机、电信技术的产生，它催生了第二次工业革命的发生；第三次技术革命是在20世纪中后期，其以电子计算机的发明、信息网络的诞生为标志，表现为电子技术、计算机、半导体、自动化乃至信息网络的产生。历史上抓住技术革命的国家都发生了翻天覆地的变化。在第一次技术革命中，英国崛起成为世界头等强国，其工业生产能力相当于全世界的40%～50%，欧洲大陆和美国先后进入工业化进程。在第二次技术革命中，德国迅速跃升为世界工业强国，美国在世界工业生产中的份额上升到第一位，日本建立了工业化基础。在第三次技术革命中，美、德、法、英进入工业化成熟期；日本实现了经济的腾飞，1950年—1985年其经济增长高达120倍。目前，受内外因的共同作用正在催生新一轮技术革命，其中对未来影响较大的技术是能源技术、信息技术、生命科学技术，依靠这些新兴技术的强大支撑，必将引领世界产业全新发展。

2）经济发展为技术发展提供坚实物质基础

任何新技术的产生与应用都需要经济的支持，受到经济的制约。综观世界各国，凡是依靠科技的国家和产品超群的企业，无一不是对研究与开发高投入的国家。美国、日本、德国、英国、法国等国家的研究与开发费用在20世纪80年代就已占国民生产总值的2.3%～2.8%，而大部分发展中国家由于经济的制约只能在1%以下。我国解放以来，特别是改革开放以来，经济能够快速增长，除了由于生产关系变革，解放了生产力外，主要得益于技术创新。

技术与经济这种相互促进、相互联系，使任何技术的发展和应用都不仅是一个技术问题，同时又是一个经济问题。同样地，经济的发展也不单是一个经济问题，还必须依靠技术手段来实现。

1.1.2 技术经济学的产生与发展

技术经济学的起源最早可追溯到19世纪后期。1887年，美国铁路工程师阿萨姆·威林顿(Arthur M. Wellington)在其所著《铁路位置经济》一书中第一次把项目投资同经济分析结合起来。1920 年,格登门(O. B. Goldman)在《财务工程》一书中第一次提出把复利公式应用于投资方案评价,并且批评了当时研究工程技术问题不考虑成本、不讲求节约的错误倾向。1930 年,格兰特(Eugene L. Grant)教授出版了《工程经济原理》一书,以复利计算为基础对固定资产投资经济评价的原理做了阐述,同时指出人的经验判断在投资决策中具有重要作用。由于格兰特对投资经济分析理论的发展做出了重要贡献,后人称他为技术经济(工程经济)之父。此后,在西方工业发达国家曾先后产生了对工程项目和生产经营决策进行分析计算的一些方法,如可行性研究、价值工程等。在这一时期,苏联在规划、设计和工程建设项目中也开展了技术经济论证、分析工作,后来又将论证分析方法普遍用于生产企业,逐渐形成了一套比较完整的技术经济静态分析方法。这套方法于 20 世纪 50 年代传入中国,并应用于重点建设项目的论证和生产企业经营状况的分析。20 世纪 50 年代末期开始,中国经济学界认真总结经济建设中正反两方面的经验和教训,广泛开展了对经济效果理论及其分析、评价方法的研究。20 世纪 60 年代初,创立了中国的技术经济学。20 世纪 70 年代后期和 80 年代初,先后于 1978 年成立了中国技术经济研究会,许多部门、省、市、自治区建立了研究会的分支机构。1981 年成立了国务院技术经济研究中心,很多高校建立了技术经济专业或开设了技术经济学课程,培养了一大批从事技术经济分析的专门人才,使技术经济学的原理与方法不仅系统地在经济建设宏观与微观的相应项目评价中得到广泛应用,而且在技术经济学科的体系、理论与方法、性质与对象等方面都开展了卓有成效的研究,逐步形成了具有完整体系、符合我国国情的技术经济学。

1.1.3 技术经济学的研究对象与特点

1. 技术经济学的研究对象

技术经济学是一门应用经济学基本原理,研究技术领域经济问题和经济规律,研究技术进步与经济增长之间相互关系的科学,是研究技术领域内资源的最佳配置,寻求技术与经济的最佳结合以求可持续发展的科学。

技术经济学的研究对象主要有以下 3 个方面。

1) 研究技术方案的经济效果,寻求具有最佳经济效果的方案

从这个意义上讲,技术经济学也可称为技术的经济效果学。经济效果是指实现技术方案时的产出与投入比。而技术的使用直接涉及生产活动中的投入与产出。所谓投入是指各种资源(包括原材料、设备、厂房、基础设施、能源等物质要素与具有各种知识和技能的劳动力)的消耗或占用;所谓产出则是指各种形式的产品或者服务。在特定时期内,社会生产活动中的资源总是有限度的,如何最有效地利用各种资源,满足人类社会不断增长的物质文化需要是经济学研究的一个基本问题。技术的经济效果学就是研究在各种技术的使用过程中如何以最小的投入取得最大产出的学问。投入和产出在技术经济分析中一般可归结为用货币量计算的费用和效益。

在研究技术的经济效果时,往往是在技术方案实施之前,通过对各种可能方案的分析、比较、完善,选择出最佳的技术方案,保证决策的科学性,以减少失误。这关系到有限资源最佳利用的大事,关系到国家和生产者竞争力强弱的重大问题。对技术的经济效果的研究,不仅仅应用于投资项目实施前的科学论证上,还广泛应用于产品设计开发中的经济效果比较和分析,应用于设备更新、原料选择和工艺选择等领域。

2）研究技术与经济的相互关系,选择与经济相互促进、协调发展的技术

在介绍技术与经济的相互关系中提到,技术发展为经济发展提供巨大动力,经济发展为技术发展提供坚实物质基础,技术与经济之间具有相互促进、相互联系的辩证关系。因此,技术经济的研究就是要从这对矛盾关系中寻找一条协调发展的途径,以求经济持续、快速的发展。

在这一领域,与技术经济学关系最为密切的问题是技术选择问题,即在特定的经济环境条件下,选择什么样的技术去实现特定的目标。技术选择可分为宏观技术选择和微观技术选择。

宏观技术选择通常指涉及面广的一般性的战略性的技术选择,如技术路线和技术政策,它关系到全局性的投入产出和技术进步问题,其影响面超过一个特定企业的范围。其目的在于揭示备选技术对经济和社会发展全局的影响,选择对整个国民经济发展最有利的技术方向,为国家制定产业政策、技术政策和进行重大技术经济决策提供科学依据。例如,2015 年 3 月 25日,国家推出了由百余名院士专家制定的"中国制造 2025",为中国制造业未来 10 年制定发展规划和路线图,其目标是推动中国到 2025 年基本实现工业化,迈入制造强国行列。规划中提出了推行数字化、网络化、智能化制造等 8 项战略对策,明确了新一代信息技术等重点发展的10 大领域,后续各部门和地区还将依此制定适合自身特点的发展战略和行动计划。

微观技术选择是指一个企业范围内的产品、工艺、设备和管理的技术选择。这些都是直接关系到企业的竞争力和经济效益的关键问题。其目的在于根据企业内部和外部条件,评价备选技术对企业近期和长远利益的影响,选择对实现企业目标最有利的技术和技术组合。

宏观技术选择是微观技术选择的根据,微观技术选择又是保证宏观技术选择的可靠保证。

3）研究技术创新,提出推动技术进步和经济发展的科学途径

科学技术是第一生产力,是促进经济增长的根本动力。技术创新是技术进步中最活跃的因素,它是生产要素的一种新的组合,是创新者将科学知识与技术发明用于工业化生产,并在市场上实现其价值的一系列活动,是科学技术转化为生产力的实际过程。技术创新的这种特殊地位,决定了它是技术经济学的重要研究对象。

自从 1912 年美籍奥地利经济学家瑟夫·阿罗斯·熊彼得(1883—1950)在其著作《经济发展理论》中提出创新的理念和理论后,创新理论成为经济学家们研究的重要领域,特别是 20世纪 70 年代后期以后,技术创新已成为世界性的热门研究课题。

技术创新不断促进新产业的的诞生和传统产业的改造,不断为经济注入新的活力,因此,各工业发达国家,无不想尽各种办法,利用各种经济技术政策,力图形成推动技术创新的机制与环境。

2. 技术经济学的研究特点

技术经济学是从经济的角度去研究技术方案的实用性、可行性、先进性和合理性,目的是使技术更好地适应经济发展,是一门技术和经济相结合、相渗透的学科,它所具有的学科特点,主要表现在以下几方面。

1）交叉性

近代科学技术发展的一个显著特点是高度分化与高度综合的统一:一方面科学技术分工越来越细;另一方面学科之间的相互渗透越来越深。技术经济学是研究技术领域经济问题和经济规律,研究技术进步与经济增长之间相互关系的科学,是研究技术领域内资源的最佳配置,寻求技术与经济的最佳结合以求可持续发展的科学。技术科学和经济科学的相互交叉是其区别于其他学科的一个显著特点。

2）综合性

技术经济学研究的通常是多目标、多因素的问题，既包括技术因素的指标、经济因素的指标、社会因素的指标，还往往包括其他因素的指标；研究层次涉及宏观分析和微观分析，近期情况和远期情况，从而揭示技术与经济这对矛盾的运动、变化和发展规律，因此，在进行技术经济学研究时，要综合考虑多目标、多因素，且在动态中、联系中进行系统分析。

3）预测性

装备技术经济分析主要是对将来的技术政策、措施和方案进行前期研究、计算、评价和选优。所以，它所研究的全过程是一项预测性的工作，常常存在一些未知因素和数据，往往需要采用科学的预测技术和方法进行假设、估算、推理和不确定性分析，使分析研究尽量符合未来的实际，提高方案的科学可靠程度。

4）实用性

技术经济学是一门理论与应用相结合，侧重于应用的学科。主要研究经济效果的计算、分析和评价，与生产实践有密切的联系，采用的数据、资料也大量来自于各项实践，研究成果通常表现为规划、研究报告、建议书和具体实施技术方案等形式，其成果也需要实践检验分析。所以，装备技术经济分析具有突出的实用性特点。随着科学技术的迅速发展，以及各项技术在各行业的广泛推广、应用，实践中提出的技术经济问题越来越多，为技术经济学的发展开辟了更为广阔的前景。

5）数量性

为了科学、准确地评价技术方案、技术政策、技术规划的经济效果，技术经济学采用了许多定量分析的方法。在计算技术和数学方法迅速发展的今天，定量分析的范围日益扩大，可以使许多定性分析因素定量化。因此，定量性是装备技术经济分析的一个突出的特点。但是，对于一项技术实践的综合评价，还要采用定性分析和定量分析相结合的方法，但总体上，技术经济学主要是研究定量分析方法，而且要逐步把定性分析定量化。

1.1.4 技术经济分析的一般程序

技术经济分析的基本程序如图 1-1 所示。

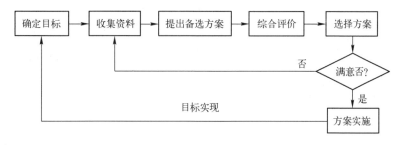

图 1-1 技术经济分析基本程序

1. 确定目标

确定目标是技术经济分析的出发点，是建立备选方案的基础。不同的分析对象其目标不尽相同。在选择分析目标时，一定要有正确的指导思想，并遵循一定的原则。确定目标时，要结合实际情况提出，既不能太高，也不能太低。目标太高，在一定条件下可能不存在满足目标的方案，后续工作将难以展开；目标过低，虽然有多种方案可以满足要求，但由于所确定的目标所限,实际价值不大。

2. 调查研究,搜集资料

根据所确定的目标,深入实际进行调查研究,收集所需资料和原始数据,特别是有关的技术、经济、财务、市场、政策法规等方面的资料和数据。这是进行技术经济分析的重要一环,当所研究的问题复杂时,往往要花费大量的人力和时间。数据通常包含定量数据和定性数据,对定量数据通常采用调查和(或)问卷、实际统计、查阅有关原始资料等方法进行,对定性数据的收集一般可通过交流、会议等方式进行收集。完成数据收集后,需要运用技术经济理论与方法,对收集的资料进行整理、分析,确保所收集的资料和数据的可靠性、实用性和准确性。

3. 提出备选方案

一般来说,为了达到一定的目标,通常要求提出多种可行的方案以供选择。提出备选方案,本身就是一项创新活动,人们要求决策者能针对某一特定问题提出"最优"的解决方法,因而必须创新。现有的一些方案可能受到以前思维模式和各种条件的限制,存在这样或那样的不足,决策者的任务就是要尽量考虑到各种可能方案。实际工作中不可能列出所有可能方案,但是决不能丢掉有可能是最好的方案。方案尽可能要考虑得多,但经过粗选后正式列出的方案要少而精。方案的建立不仅需要掌握全面的技术与经济的资料和信息,更需要创造性的思维劳动,尽可能地建立各种客观上能够存在的方案,以便评比选优。

4. 综合评价

列出的方案要经过评价,这是决策的重要依据,是技术经济研究工作关键的一步。进行综合评价需要重点完成,评价指标的确定和评价方法的选择这两项工作,它们直接影响到综合评价结果的合理性和可信性。

在确定评价指标时,必须在调查研究的基础上,从综合技术、经济、社会、环境等方面确定技术方案的评价指标。对于复杂的问题,往往需要建立相应的评价指标体系。不同评价对象的实现目的、考虑因素不同,需要根据实际情况加以确定,其基本原则主要有以下几方面。一是目的明确。评价指标选择的主要依据是相关的政策法令及决策者的意愿,不能将与评价对象、评价内容无关的指标也选择进来。二是比较全面。选择的评价指标要尽可能覆盖评价的内容,如有遗漏,评价就会出偏差。要做到全面有一定难度,但要努力、尽量去做。三是切实可行,即操作性强。这些指标应在评价时容易获取,易于计算。

在综合评价方法选择方面,关键是要根据实际情况选择合适的评价方法。人们为了进行综合评价,研究提出了多种评价方法,这些方法在评价的目的、适合的时机等方面各不相同,在方法选择时应当结合评价对象具体情况加以选用。

5. 选择最优方案

决策的核心问题就是对不同方案的效果的衡量和比较,从中选择技术上先进、经济上合理的最佳方案。

6. 方案的跟踪评价与完善

实际情况是复杂变化的,因此,在方案实施过程中要及时跟踪并不断完善,只有这样,才能达到预期的目标。

要真正做好技术经济分析,必须树立系统观念和动态观念。所有的技术方案,包括技术路线、技术政策、技术措施等都不是孤立存在的,它们是整个社会的技术经济系统中的一个有机组成部分,因此,在进行技术经济分析时,从目标确定、评价指标建立等方面,都要树立系统观念,尤其是对于一些影响范围大的方案,更是如此。动态的观念就是用发展的眼光去建立方案、评价方案。方案所处的环境是变化的,因此要用发展的眼光预侧未来的效果。特别是技术经济评价是事前评价,各种参数在将来的实施过程中必定会发生各种变化。项目越大,周期越长,变动的可能性也越大。如果没有一套正确的预测方法和恰当的指标设置,事前的评价与实施后的效果会有很大的出入。

系统方法与动态方法要求决策者具有较广博的知识和较丰富的经验,同时也要求评价组要由各方面的专家组成,包括市场营销专家、技术专家、财务专家、法律专家等。只有发挥集体的智慧才能做出正确的评价。

1.2 装备技术经济分析概要

1.2.1 装备发展与影响因素的相互作用规律

1) 军事需求是装备发展的主要动力

根据《中国人民解放军军语》(2011 版)的定义,"装备"是对"武器装备"的简称,是指实施和保障军事作战行动的武器、武器系统和军事技术器材等的统称,主要指武装力量编制内的武器、弹药、车辆、机械和器材等。

装备的上述定义明确了发展装备的目的及装备的范畴。装备直接服务于军事作战行动的特殊用途,使军事需求成为装备发展主要驱动力。同时,由于装备的发展能极大增强国防实力,并对作战方式、战略、战役、战术、军队建设和体制等各个方面具有关键作用,所以战争与军事活动又必然反作用于装备的发展,对装备性能、品种、数量等不断提出新的更高要求,成为推动装备发展前进的动力。

军事需求对装备发展的牵引作用已被古今中外装备发展历史所证明。例如,第二次世界大战期间,为满足战争的需要而发展的雷达、喷气式飞机、飞航式导弹、弹道式导弹、原子弹、电子计算机、直升机、多种新式坦克和火箭炮等装备,以及二战后的冷战时期,美国和前苏联长期执行军事对抗的国家战略,为满足军事上的急切需要,核武器、各类导弹和精确制导武器、核潜艇、新型坦克、军舰和军用飞机、军用航天器、计算机技术等都获得了大规模、高速度的发展。海湾战争、科索沃战争使隐身飞机、巡航导弹、战术弹道导弹、军用卫星等加快了发展的步伐。

从 20 世纪 80 年代末开始,按军事需求发展装备已成为一些国家既定的方针和政策,并使之更加规范和科学。例如美国和西欧国家、俄罗斯、日本、印度及中国等提出装备发展项目,制定装备发展规划,都是在研究和确定军事需求的前提下进行的。美国甚至在参谋长联席会议中专门设立了军事需求委员会,研究和确定美军的军事需求,提出美军应建立的军事能力。

2) 科学技术是装备发展的重要条件

如果说军事需求要求必须发展装备,以及明确了发展什么样的装备,那么能否以及怎样发展装备(包括装备发展的品种、数量、质量和规模等)的决定因素之一,就是国家的科技水平和能力。现代装备特别是高技术装备在设计、研制、试验鉴定、使用和改进以及生产等方面,涉及面广,技术要求高、难度大,都需要运用大量的高科技。众所周知,核武器的开发是以核物理学的发展为前提的,弹道导弹的研制是以空气动力学、材料科学、推进技术和自动控制技术等的发展为基础的,精确制导武器的问世是以微电子学、计算机技术和传感器技术为依据的。从总体上看,当今世界哪一个国家的科技水平高,其装备的研制开发和生产水平也高。这也就是高技术装备的研制与生产高度集中在美国、西欧国家和俄罗斯等少数国家的原因。

正是因为科学技术对装备发展的重要推动作用,因此,世界军事强国为了保持装备技术优势,对装备技术发展管理都非常重视,以确保制定关键技术计划、选择关键技术领域和技术项目支持等工作,希望达到突出重点和事半功倍的目的。

3）经济实力是装备发展的基础

装备的发展需要消耗大量的人力、物力资源,除了需要技术支撑外,还需要大量的经费投入。现代装备的研制和生产需要使用昂贵的原材料和实验设施,建立设备精良的军工生产企业基地等,都需要大量的投资。在装备使用和维护期间,还要建立庞大的维修保障系统,这部分的投资更大,据统计,现代装备系统在使用寿命周期内,其使用和维护费用可达采购费用的3~10倍,经济实力不强的国家往往难以承受,即使是经济强国也会面临巨大的财政压力。因此,装备发展必须以国家的经济实力为基础。

由于装备经费压力,导致装备研制项目研制周期延长甚至取消研制计划,采购数量大幅缩减、推迟采购进度,在役装备难以保障、完好水平低的例子比比皆是。例如,美军第四代战斗机F-22由于采用了最先进的电子设备和隐身技术,不仅使研制经费大幅上涨,而且使研制周期延长了5年左右,结果该型机形成初始作战能力的时间,不得不从20世纪90年代中期推迟到21世纪初期。同时由于该机采购单价高昂,达到1.2亿美元,美国空军被迫将采购数量大幅削减。又如,美军隐身舰载攻击机A-12的研制计划,该机型1981年开始研制,计划采购620架,总费用约520亿美元,但研制工作进行到1991年已耗费了51亿美元,到工程研制结束预计将耗资86亿美元,超过研制合同经费43.8亿美元(近1倍),而且许多技术问题仍没过关,在这种情况下,美军被迫于1991年宣布取消该机型发展计划。

综上所述,装备的发展必须受到军事因素、科技因素和经济因素的影响和制约,因此,在制定装备的发展规划计划时,必须系统综合考虑这些因素的作用,做出最佳选择。也就是说,装备发展计划或研制项目必须是军事上有效、生存能力强和效费比高,否则是不可取的。所谓军事上有效,是指武器装备必须具备所要求的技术和战术性能,能达到军事应用的有效性。所谓生存能力强,是指武器装备在敌方干扰和攻击等危险条件下仍能确保生存,并继续以足够高的效率完成其任务。所谓效费比高,是指研制和购买武器装备时应从"成本—收益"对比的角度,力求以尽可能少的支出达到尽可能高的效果。鉴于上述原则中包括军事效能、技术水平和成本费用等因素的共同作用,故将其简称为军事装备发展的军事-技术-费用综合平衡原则或规律。

综合平衡原则或规律是现代特别是第二次世界大战后数十年以来国防科研和装备发展管理经验的总结和概括。由于是美国的国防采办和军备控制专家保罗·尼采最先明确提出上述三原则,因此美国及其他西方专家称其为"尼采三原则"。1986年,美国国会通过的国防授权法将尼采三原则作为正式法令颁布实施。

1.2.2　装备技术经济学的研究对象与特点

1. 装备技术经济分析的研究对象

装备技术经济分析是一门装备技术学科与经济学科相互交叉而形成和发展起来的,研究装备技术领域经济问题和经济规律,研究装备技术领域内资源的最佳配置,寻求装备技术与经济的最佳结合以求协调发展的科学,其研究对象主要体现在以下两个方面。

1）研究装备技术方案的经济效益,选择经济效益最佳的方案

现代高新装备往往运用大量新技术,各种技术之间相互影响,不同方案达到的战术和技术

性能不同,相应的投入也不同,因而需要对实现预定目标的多种技术方案进行经济效益的计算、分析、评价,以期从多个技术方案中选择出经济效益最好的方案,我们可以简称之为"选择方案"。这里要强调两点,一是强调要开展多方案选择,不能一套方案走到头;二是强调在方案选择中对技术和经济进行综合分析。

应当指出的是,在传统的装备发展思想中,存在着"重性能、轻费用"的思想,在装备方案选择中片面强调战术技术性能水平,对经济问题重视不够,这是导致装备费用难以承受的重要因素之一,装备技术经济分析则强调开展装备技术经济效益分析,并以此作为决策的重要依据,确保"需要"与"可能"相互协调,从这一角度讲,装备技术分析更加符合装备发展的内在规律。

2)研究装备技术与经济的相互关系,选择与经济相互促进、协调发展的技术

现代装备大量运用了现代科学技术,它既是支撑装备实现特定功能的重要基础,也是满足任务需求的重要保障,因此,装备技术发展管理是一项影响深远的工作,这一领域的核心问题是技术选择问题,即在特定的环境条件下重点发展什么装备技术,以及在特定装备中引入何种该技术,这些都需要从技术和经济的角度综合予以考虑,我们可以简称之为"选择技术"。例如,由于复合材料具有重量轻、耐腐蚀、长寿命、可设计、易于整体成型等特点,在现代航空航天装备等领域具有很高应用价值,但是,其设计制造复杂、成本居高不下,严重阻碍了该技术广泛应用。为此,美国国防部倡导并联合工业界共同发起开展应用复合材料低成本技术,并制定了低成本复合材料计划(Composites Affordability Initiative,CAI),该计划为期 10 年(1996—2007年),将大型整体结构成型列为其重要内容,大力发展以共固化/共胶接技术为核心的整体成型技术。通过该计划,为复合材料结构在装备结构制造大量应用提供了良好支持。

2. 装备技术经济分析的研究特点

从上述装备技术经济分析研究对象的论述中可以看出,装备技术经济分析与一般技术经济学的研究目的都是为了寻求技术与经济的最佳结合以求可持续发展。传统技术经济分析的特点在装备技术经济分析中也普遍存在,虽然如此,装备技术经济分析还是具有一些自身的特点,其核心源于装备的军事属性。正是由于装备的军事属性,装备效益的内涵、描述又有其自身的突出特点,从而使装备技术经济分析研究内容和方法与一般技术经济学又有所区别。关于这一点,在本书后续章节中还将进一步展开论述。

1.2.3 装备技术经济分析的研究内容

装备技术经济分析所涵盖的内容十分广泛,适用于装备技术活动的各个环节,为装备项目的研发、决策、管理、监督等工作提供依据。下面从装备寿命周期各阶段、不同层次对技术经济分析研究内容进行阐述。

1. 按装备寿命周期各阶段活动分类

按照我国有关规定,武器装备的寿命周期主要包括论证阶段、研制阶段、生产与部署阶段、使用与保障阶段、退役阶段。每个阶段开展装备技术经济分析的内容和重点不尽相同。

1)装备论证阶段

该阶段主要活动可分为两部分。首先根据需求分析、可行性研究,决策装备型号立项;第二是确定总体的系统要求,探索和选择各种备选方案。工作的重点是方案的优化论证和编制好《武器系统研制总要求》和《论证工作报告》。

这一阶段装备技术经济分析主要工作包括装备寿命周期费用估算、费用—效能分析等,确

保"需要"与"可能"相互协调,它是武器装备成功发展的关键之一。

2)装备研制阶段

装备研制主要包括方案研制和工程研制阶段。方案研制阶段的主要活动是方案选择和对已选定的方案进行功能分析与分配,确定分系统和设备的定性、定量要求,重新评价和权衡效能、费用、进度要求,并在可靠性、维修性、保障性以及综合保障诸要素之间进行权衡,该阶段工作的重点是搞好各项技术指标和要素之间的权衡,制定好《研制合同》或《研制任务书》。装备总体技术方案在经过一定的试验,以及使用部门审查通过后,冻结总体技术方案,开始转入工程研制。工程研制阶段是根据方案研制阶段确定的装备总体技术方案,进行详细设计,向制造部门提供生产图纸。在工程研制阶段,制造部门的工艺人员要制定装备制造的工艺总方案,对详细设计的零、部件图纸进行工艺性审查,并按相关规定完成有关验证、试验工作内容。

装备研制阶段,尤其是早期研制阶段,是设计过程中最初的也是最具创造性的阶段,这个阶段需要完成大量的综合权衡分析,进行反复迭代。由于这一阶段装备有关信息进一步明确,因此,可采用质量功能展开、价值工程等方法,开展装备技术经济分析。研制阶段对装备性能、装备费用具有决定性影响,在整个装备开发过程中占有重要的地位。

3)装备生产与部署阶段

该阶段的主要管理活动是监督主装备、软件及综合保障设备的生产,组织好产品检验和验收;检查和验收使用说明书、操作规程、维修指南等技术资料的编写和出版;组织操作使用和维修人员的培训。保证主装备和保障装备的配套和同步生产,组织好部队接装和运输,保证技术资料与装备一并交付部队。

装备的生产过程关系到装备的成本和价格的确定,也关系到装备的质量和军队的战斗力。采用不同的生产设备、工艺,对生产效率与产品质量具有重要影响,应当考虑技术、成本等因素,进行综合分析。

4)装备使用、维修与保障阶段

该阶段的主要活动是装备的使用、维修和保障,以保证平时训练和战时作战使用。现代装备使用周期较长,使用和保障系统日益复杂,费用投入巨大,因此,必须确保使用和保障效率与效益不断提高。主要工作包括装备维修方案优化、备件和器材品种和数量的优化、维修设备的优化、装备更新技术经济分析等。

5)装备退役处理阶段

装备退役时机需要综合考虑多种因素。退役阶段主要管理活动是对主装备和保障装备进行认真的分类清理,通过技术经济分析,制定设备仪器、仪表和零(备)件再利用方案等。

2. 按分析评价的层次分类

按分析评价的层次可将装备技术经济分析研究内容分为宏观装备技术经济分析和微观装备技术经济分析。

1)宏观装备技术经济分析

宏观装备技术经济分析通常指涉及面广的一般性的战略性的装备技术经济分析,关系到全局性的装备投入产出和技术进步问题,影响范围较大。其目的在于揭示装备效能与装备费用的相互关系,以及装备技术选择方向,为国家和军队制定装备发展决策和装备技术政策提供科学依据。其具体研究内容主要有以下几方面。

(1)装备系统结构效益评价。现代装备数量、品种繁多,每类装备都有其特定用途,但随着装备的信息化水平不断提升,装备之间的联系变得愈加紧密,装备建设的体系性更加明显。

因此,如何构建与军事斗争准备相适应的装备体系显得更为重要。装备系统结构效益是指装备的配置、配套、衔接和比例关系等武器装备编制、体制所产生的军事成果与资源耗费的对比关系。用于评价和预测武器装备体制的运行效率,并对装备体系结构提出改进措施。

(2)装备经费使用效益评价。装备经费使用效益评价属于财务评价的范畴,是在现行装备价格体系下,从财务角度分析、计算装备经济活动中装备经费的成果与支出情况。装备经费使用效益主要从经费使用节约率、装备经费分配合理度等方面进行评价。

(3)装备技术发展方向选择。现代装备采用了大量高技术,在一定时期内,为达到军事目标,需要对装备技术发展方向和重点进行系统规划,为制定装备技术路线和技术政策提供支持。

(4)装备使用维修的技术经济分析。主要开展部队装备使用维修活动的投资、成本与维修效果的评价,零备件供求规律分析,维修作业的最优组织决策,维修人员编制的最佳规模决策等。

(5)装备基地级修理建设评价。装备基地级修理是装备维修的重要组成部分,投入大,影响面广,需要开展的工作主要有装备基地级修理项目可行性研究——大修投资效果评价,修理工厂机器设备的最佳定额,修理作业的最优组织决策,修理工厂的产品开发、价格体系、资金管理和成本管理评价等。

(6)科研项目的效益分析。研究内容涉及课题研究经费和课题项目可行性的方案论证,课题成果、试制经费概算和推广前景,装备、设备、技术引进的经济分析等。

2)装备微观技术经济分析

微观技术经济分析是指一个单位某类装备内产品、工艺、设备和管理等的技术经济分析。其影响面相对较窄。这方面的研究内容较为分散,贯穿在装备不同阶段和不同部门。

在装备研制阶段,微观技术经济分析在装备修理级别分析,装备最优组装设计,装备检测、诊断以及保障设备的构型方案选择,可靠性与保障性设计评价,装备生产工艺设计分析等方面能够发挥作用。

在装备生产制造阶段,微观技术经济分析在生产制造设备选择、工艺装备品种数量确定等方面能够发挥作用。

在装备使用维修阶段,微观技术经济分析可用于进行最佳检查频度与最大工作收益分析,最佳检查频度与装备最少停机时间分析,最佳检查周期与装备最高可用率分析,最佳检查计划与装备最低成本费用分析,装备最佳大修分析,装备最佳更换分析,装备现代化加改装的技术经济分析,装备最佳使用年限与折旧率分析等。

1.3 学习装备技术经济分析的目的和意义

装备技术是装备发展的重要条件,国家经济实力是装备发展的基础,这是装备发展的客观规律。装备技术经济分析是一门装备技术学科与经济学科相互交叉而形成和发展起来的,研究装备技术领域经济问题和经济规律,研究装备技术领域内资源的最佳配置,寻求装备技术与经济的最佳结合以求协调发展的科学,学习装备技术经济分析的目的和意义主要表现在以下几个方面。

1. 学习装备技术经济分析,有利于树立科学的装备发展理念

思想是行动的前提。通过学习装备技术经济分析知识,深刻理解和把握其思想内涵,有利于树立科学的装备发展理念。目前,我国装备规模和技术水平与世界军事强国相比还有一定差距,装备建设任重道远,而短时期内,我国装备经费不可能大幅增长,装备经费供需矛盾还将长期存在,尤其是我军装备建设目前正处于由跟进研究向自主创新转型升级的重要阶段,因而在发展装备中,摒弃传统的"重性能、轻费用"的思想,树立装备技术与装备经费并重的科学理念,协调好装备技术水平需求和装备经费实际能力就显得更为重要。

值得欣慰的是,近年来,在装备发展中强调技术和经济协调发展的理念正日益受到国家和军队相关部门的重视,提出了装备技术和经费双控制等措施,并在装备发展中试点推进。

2. 学习装备技术经济分析,为装备发展决策提供理论和方法依据

装备发展过程中面临许多选择和决策问题。无论是在装备研制、生产、使用和维修过程中各种新技术、新材料和新工艺的方案选择等决策方面,还是在装备发展方案选择、技术路线和技术政策等涉及装备长远发展的宏观决策等方面都需要综合考虑装备技术和经费水平,装备技术经济分析为解决这些问题提供了系统化的理论和方法,对保证决策科学、合理提供了有力支撑。

3. 学习装备技术经济分析,有利于提高装备建设经费使用的军事经济效益

目前,我国装备经费还很有限,如何使有限的装备经费取得最大的军事效益,只有认真开展装备技术经济分析,才能节约使用我军有限的装备经费,以最低的经济代价取得最优的军事效果,提高装备建设军事经济效益,以适应国家军事战略的需要。

综上所述,学习装备技术经济分析理论与方法,对于树立科学的装备发展理念,解决装备发展过程中的许多现实问题都有重要的意义。由于装备技术经济分析应用的广泛性,因而,不仅从事装备经济领域管理的人员需要认真学习,从事装备研制、生产、维修保障等领域的人员也应学习装备技术经济知识,这对于更好地完成本职工作都有很大意义。

第2章 装备技术经济学基础

装备技术经济学研究的问题通常涉及多目标、多因素问题,包括技术因素的指标、经济因素的指标、社会因素的指标,以及其他因素的指标;同时,既要分析近期的技术、经济因素,还要分析远期的技术、经济因素,其成果应用在装备研制、制造、维修和保障等环节。因此,装备技术经济学研究过程中大量应用了相关学科理论与方法,如经济学、金融学、预测学等理论与方法。

为了更好地进行装备技术经济学的学习,本章对装备技术经济学常用的相关学科理论与方法做概括性介绍,主要内容包括经济效益与装备技术经济效益、资金的时间价值、预测理论等内容。学习中如需进一步深入了解相关学科内容,可参考相关专业资料。

2.1 经济效益与装备技术经济效益

2.1.1 经济效益

1. 经济效益的概念

通常把"成果与消耗之比"、"产出与投入之比"称为经济效果,而将经济活动中所取得的有效劳动成果与劳动耗费的比较称为经济效益。经济效果是经济效益的基础,经济效益的内容较广,它是经济效果的延伸和扩展,在讲经济效益时,一般包括经济效果在内。不少文献将经济效果和经济效益往往不加以严格区分,本章在论述中皆称为经济效益。

技术经济学主要研究技术领域的经济问题,因此,准确理解经济效益的概念十分重要。对经济效益概念的理解,必须把握以下三点。

1) 综合考虑成果和劳动消耗

将成果和劳动消耗相比较是理解经济效益的本质所在。对此,常常出现误解,主要有以下3种表现:一是片面地将数量(产量、产值)的多少视作经济效益,认为产量大、产值高,经济效益就好;二是把"快"和"速度"视作经济效益;三是将企业利润视为经济效益。赚"钱"越多,经济效益越好。上述三种对经济效益理解的错误之处均在于仅使用单独的成果或消耗指标来描述经济效益,而没有将成果与消耗、投入与产出相互联系起来。这种理解错误容易导致实际应用中无法判断其优劣、好坏,甚或导致错误判断。因此,为了防止出现对经济效益概念的误解,必须强调将成果和劳动消耗联系起来综合考虑的原则。当然在投入一定时,也可以单独用产出衡量经济效果,产出越多效果越好;在产出一定时,投入越少越好。

2) 正确理解有效产出的内涵

技术方案实施后的效果有好坏之分,比如环境污染就是生产活动的坏的效果,或者叫负效果。经济效益概念中的产出是指有效产出,是指对社会有用的劳动成果,即对社会有益的产品或服务。不符合社会需要的产品或服务,生产越多,浪费就越大,经济效益就越差。反映产出的指标包括三方面：一是数量指标，如产量、销量、总产值、净产值等；二是质量指标，如产品寿命、可靠性、精度、合格率、品种、优等品率等；三是时间指标，如产品设计和制造周期、工程项目建设期、工程项目达产期等。

3）准确理解劳动消耗

经济效益概念中包括技术方案消耗的全部人力、物力、财力，即包括生产过程中的直接劳动的消耗、劳动占用、间接劳动消耗三部分。①直接劳动的消耗指技术方案在生产运行中所消耗的原材料、燃料、动力、生产设备等物化劳动消耗以及劳动力等活劳动消耗。这些单项消耗指标都是产品制造成本的构成部分，因而产品制造成本是衡量劳动消耗的综合性价值指标。②劳动占用通常指技术方案为正常进行生产而长期占用的用货币表现的厂房、设备、资金等，通常分为固定资金和流动资金两部分，投资是衡量劳动占用的综合性价值指标。③间接劳动消耗是指在技术方案实施过程中社会发生的消耗。

2. 经济效益表达式

根据经济效益的概念与表述，其表示方法通常有以下 3 种。

1）差额表示法

这是一种用成果与劳动耗费之差表示经济效益大小的方法，表达式为

$$经济效益(E) = 劳动成果(V) - 劳动消耗(C) \tag{2-1}$$

如利润额、净现值等都是以差额表示法表示的常用的经济效益指标。显然，这种表示方法要求劳动成果与劳动耗费必须是相同计量单位，其差额大于零是技术方案可行的经济界限。这种经济效益指标计算简单、概念明确，但不能确切反映技术装备水平不同的技术方案的经济效益高低与好坏。

2）比率表示法

这是一种用成果与劳动耗费之比表示经济效益大小的方法，表达式为

$$经济效益(E) = 劳动成果(V)/劳动消耗(C) \tag{2-2}$$

采用比率法表示的指标有：劳动生产率和单位产品原材料、燃料、动力消耗水平等。比率法的特点是劳动成果与劳动的耗费的计量单位可以相同，也可以不相同。当计量单位相同时，比值大于 1 是技术方案可行的经济界限。

3）差额比率表示法

这是一种将差额与比率两种表示方法组合起来的一种表示方法，表达式为

$$经济效益(E) = [劳动成果(V) - 劳动消耗(C)]/劳动消耗(C) \tag{2-3}$$

这种表示法更能准确地反映经济活动的经济效益的好坏，它反映的是单位劳动消耗所取得的净收入的多少，如成本利润率、投资利润率等，是评价经济活动经济效果最适用的表示方法。

2.1.2 装备技术经济效益

1. 装备技术经济效益的概念

装备技术经济效益，是指装备在研制、生产、采购、使用、储存、维修到报废的全寿命过程中各种技术活动所取得的军事成果与付出的资源耗费之间的关系。

从质的方面看，装备技术经济效益是指装备技术活动劳动成果的有用性或有效性，而"有用"或"有效"是对国防、对军事战略、对军事实力讲的。从量的方面看，装备技术经济效益是装备技术活动劳动耗费与劳动成果之间的对比关系。其一般的基本要求有两点：一是在目标已定的情况下，力争以最低的耗费达到预期的目的；二是在投入已定的情况下，力求获得最大

的产出成果。

装备技术经济效益是衡量装备建设、发展和管理水平的依据,是装备军事效益与经济效益的有机结合体。从军事的角度看,讲求装备的军事效益,就是要求装备在战争环境中,以尽可能低的损耗,获得尽可能大的破坏力和生存力,以完成预期的作战任务。评价装备系统军事效益的着眼点在于:装备在达成预期的作战目的上所发挥的作用,即装备在战争中的有效性。装备在战争中的有效性越高,则装备的军事效益就越好。因此,可以把装备的战斗效能作为衡量装备的军事效益的尺度。装备的战斗效能,是综合反映装备战术技术性能的概念,具体而言,包括装备的环境适应性、可操作性、可靠性、有效性等方面内容。讲求军事效益,就是要求装备系统在整体上做到性能最优。

装备的发展除了受战争规律的支配外,还不可避免地要受经济规律的制约。装备系统的发展和军事效益的提高,必然要受国家经济力量的限制。在经济力量一定的情况下,要提高装备系统的整体性能,只能靠提高装备技术经济效益来实现。

综上所述,影响装备技术经济效益的主要因素包括:未来国际战略形势、国家安全环境、世界军事技术及装备发展趋势、未来战争特点与样式、军事需求、军队作战任务、作战方式和方法、国家经济和科技发展以及军费保障能力。

在军事方面,经济效益是以各种形式出现的,如军工生产的经济效益,新技术的经济效益,投资的经济效益,武器装备贸易的经济效益,武器和其他军用物资的研究设计工作的经济效益,维修的经济效益,作战手段现代化的经济效益,装备训练费用的使用经济效益,使用作战手段的经济效益,领导工作的经济效益等等。

2. 装备技术经济效益的特点

装备技术经济效益有自己的特殊性,首先表现在劳动有用成果的形式多样性上。劳动既存在于经济领域,也存在于军事领域,由此决定了装备技术活动劳动成果的多样性。在经济领域,主要是装备生产性活动,劳动成果表现为物质形式(创造的物质财富的数量、结构和质量),价值形式(取得的生产值,降低生产成本后实现的资金积累)和社会形式(改善军人的生活条件和劳动条件)。在纯军事的非生产性活动中,劳动成果是以一种特殊的社会形式——战斗力表示的。

装备技术活动与一般经济活动的性质不同,从而决定了经济效益与社会经济效益的性质差异。具体来说,经济效益的性质主要在于它的军事性,而不在于它的经济性。换言之,军事性是第一位的,经济性是第二位的。经济效益考虑更多的是以一定的社会劳动保持和恢复装备的固有性,使装备获得较高的战备完好性,或使社会财物在经济系统的运作中得到增值。这种性质决定了装备技术经济效益具有如下特点。

1)装备技术经济效益产生过程的单向性

从生产和再生产的全过程看,装备投入总体上是一种消耗性投入,其产出成果不再进入社会再生产过程,因而,装备技术经济效益与一般经济效益产生于生产—再生产的循环运动中不同,装备技术经济效益产生于投入(消耗)—产出(成果)的单向运动过程中。装备技术经济效益的单向性,决定了它不同于以价值增值为前提的一般经济效益,它排除了价值增值的可能性,只是投入与产出之间的单纯比较。

2)装备技术成果的共享性

装备技术活动的成果是军事战斗力和国家安全,劳动耗费和占用的减少,就是对国家财政承受压力的减轻,意味着社会用于军事方面的劳动投入的节约,这又会导致社会福利的增加,所以它们具有公用商品的性质,具有全社会共同分享的特点。

3) 装备技术经济效益计量的近似性

这种近似性可以从以下3个方面加以说明。①从经济效益的计算公式看,由于装备技术活动要消耗一定量的人力、物力、财力,其价值具有独立存在的形式,而其劳动的成果是一种装备的价值或使用价值,有些可以直接计量,而有些很难甚至无法用数量指标来表示,只能借助于一些相关因素的数量、质量指标表示出来。②劳动耗费与效果没有直接可比性,人们在考核装备技术经济效益的大小时,就将不同情况下成果与耗费相比较的结果再相比较,即间接地考核经济效益。它可以是静态的横向比较,也可以是动态的纵向比较,还可以是实际经济效益与计划经济效益的比较。然而,由于实现效果的时间和空间的影响,对间接考察装备技术经济效益必然产生影响,故此无论从动态还是从静态方面考察经济效益都只具有相对的准确性。尽管如此,对经济效益近似地计量,仍可以对装备技术方案的决策提供一定的客观依据,因而仍然意义重大。③装备技术经济效益还具有内容的整体性以及形式的波动性等特点。

2.2　资金时间价值

2.2.1　资金时间价值含义

任何一个技术方案、技术措施的实施,都要消耗人力、物力,这些消耗都要以资金的形式表现出来。同时,任何一个技术方案、技术措施从规划到完成都要经过一定的时间,尤其是大型的项目工程,不仅投资数目大,而且施工周期也较长,所以在进行决策时,为了获得经济效果的正确评价,就必须把不同时点上的资金换算成同一时点上的资金,然后在相同的时间基础上进行比较。否则,就难以做出正确的决策。例如,某项目建设投资总额为1000万元,建设周期为3年。现有两个方案:甲方案各年需要的投资额为第1年500万元,第2年300万元,第3年200万元;乙方案各年需要的投资额为第1年200万元,第2年300万元,第3年500万元。如果不考虑资金时间价值,会认为这两个方案结果一样,其实不然。假定上述项目为贷款投资,其贷款利息大不相同,乙方案显然优于甲方案。

由此可以看出,资金的价值不仅表现在数量上,而且表现在时间上。一笔资金作为储藏手段保存起来,数年之后,仍为同等数量的资金,这是资金的静态过程。但是,同一笔资金如果投入生产,经过一段时间,就会产生新的价值,这就是资金的动态过程。资金时间价值正是这个动态概念。因此,资金在流通过程中,随着时间变化而产生的增值就称为资金时间价值。

可从以下两个方面对资金时间价值的含义进行理解。首先从投资者角度来看,资金的增值特征使资金具有时间价值,这种增值的实质是劳动者在生产过程中创造了剩余价值;其次从消费者的角度来看,资金的时间价值表现为对放弃现期消费的损失所应做的必要补偿。因为牺牲目前消费的目的是为了能在将来的消费中得到比现期消费更大的效用。个人储蓄及投资的动机和国家积累的目的都是如此。

2.2.2　资金时间价值有关概念

1. 利息与利率

1) 利息与利率的含义

利息是指占用资金所付的代价(或放弃使用资金所得到的补偿),它是衡量资金时间价值的绝对尺度。

资金在单位时间内产生的增值(利润或利息)与投入的资金额(本金)之比称为"利率"或"收益率",它是衡量资金时间价值的相对尺度,该值越大,表明资金增值越快。

2）单利与复利

资金利息的大小取决于利率的高低和资金占用时间的长短。在同等利率情况下,占用时间越长,则利息越多。计算利息的方法有单利和复利两种。

(1)单利法。单利法仅以本金为基数计算利息,即不论年限有多长,只有本金生息,而利息不再计息。

设 I_n 表示 n 个计息周期的利息,P 为本金,i 为利率,n 为计算利息周期数(指计算利息的时间单位),F_n 为第 n 个计息周期的本利和(也称为第 n 个计息周期的将来值或终值)。其计算公式为

$$I_n = P \cdot i \cdot n \tag{2-4}$$

$$F_n = P(1 + n \cdot i) \tag{2-5}$$

单利计息虽然已考虑了资金的时间价值,但是对已产生的利息没有转入计息基数而累积计息,因此,单利法计算资金时间价值是不完善的,应该改进。

(2)复利法。复利计息是指以本金与先前周期的累计利息之和为基数计算利息,即不但本金生息,利息也生息,俗称"利滚利"。其计算公式为

$$F_n = P(1 + i)^n \tag{2-6}$$

式(2-6)推导过程见表2-1。

表 2-1　复利法计算公式的推导过程

计息周期数	计息基数(1)	各期利息 I_n(2)	期末本利和 F_n(3) = (1) + (2)
1	P	$P \cdot i$	$F_1 = P(1 + i)$
2	$P(1 + i)$	$P(1 + i) \cdot i$	$F_2 = P(1 + i) + P(1 + i) \cdot i = P(1 + i)^2$
3	$P(1 + i)^2$	$P(1 + i)^2 \cdot i$	$F_3 = P(1 + i)^2 + P(1 + i)^2 \cdot i = P(1 + i)^3$
⋮	⋮	⋮	⋮
n	$P(1 + i)^{n-1}$	$P(1 + i)^{n-1} \cdot i$	$F_n = P(1 + i)^{n-1} + P(1 + i)^{n-1} \cdot i = P(1 + i)^n$

由于复利计息法采用了本金与已产生利息同时计息,对资金时间价值考虑比较充分,比较符合资金在社会再生产过程中运动的实际情况,在技术经济分析中一般采用按一定期限的复利计息法来衡量资金的时间价值。

需要说明的是,复利计息又可分为间断复利和连续复利两大类。间断复利又称普通复利,这是按一定的时间间隔如按年、季、月或日等为计息周期计算利息,是一种离散型计息周期。连续复利则是瞬时计息。在技术经济分析中通常采用间断(普通)复利法计算利息。

3）名义利率和实际利率

在实际经济活动中,计息周期有年、半年、季、月、周、日等多种。我们将计息周期实际发生的利率称为计息周期实际利率,计息周期的利率乘以每年计息周期数就得到名义利率。

假设按月计算利息,月利率为1%,通常称为"年利率12%,每月计息一次"。这个年利率12%称为"名义利率"。按单利计息,名义利率与实际利率是一致的。但是,按复利计算,上述"年利率12%,每月计息一次"的实际年利率则不等于名义利率,而是比12%略大的一个数。

设名义利率为 r,一年中计息次数为 m,则一个计息周期的利率应为 r/m,一年后本利和为

$$F = P\left(1 + r/m\right)^m$$

按利率定义得年实际利率为

$$i = \left(1 + r/m\right)^m - 1$$

当 $m = 1$ 时,名义利率等于实际利率;当 $m > 1$ 时,实际利率大于名义利率。当 $m \to \infty$,即一年之中无限多次计息,称连续复利计息。在技术经济分析中,一般都使用实际利率,而不用名义利率。

2. 资金等值

1) 资金等值的概念

资金等值是指在不同时点上绝对值不等,而从资金的时间价值观点上认为是价值相同的资金。例如,100 元的资金在年利率为 10% 的条件下,当计息数 n 为 1,2,3,4,5 年时,本利和分别为

$$\begin{cases} n = 1, F_1 = 100(1 + 0.1) = 110(\text{元}) \\ n = 2, F_2 = 100\left(1 + 0.1\right)^2 = 121(\text{元}) \\ n = 3, F_3 = 100\left(1 + 0.1\right)^3 = 133.1(\text{元}) \\ n = 4, F_4 = 100\left(1 + 0.1\right)^4 = 146.4(\text{元}) \\ n = 5, F_5 = 100\left(1 + 0.1\right)^5 = 161.1(\text{元}) \end{cases}$$

我们说在不同时点上,这笔资金绝对值不等,但从资金时间价值上分析,现在的 100 元与 1 年后的 110 元,2 年后的 121 元,…,5 年后的 161.1 元等值。

影响资金等值的因素有 3 个,即资金额大小、资金发生的时间和利率,它们构成现金流量的三要素。其中,利率是一个关键的因素,一般等值计算中是以同一利率为依据的。

2) 资金的现值和终值

利用资金等值的概念,将一个时点发生的资金金额换算成另一时点的等值金额,然后再进行比较,为此需要建立以下几个概念。

(1) 贴现与贴现率。把将来某一时点的资金金额换算成现在时点的等值金额称为贴现或折现。贴现时所用的利率称贴现率或折现率。

(2) 现值。现值是指资金"现在"的价值。需要说明的是,"现值"是一个相对的概念,一般地说,将 $t + k$ 个时点上发生的资金折现到第 t 时点,所得的等值金额就是第 $t + k$ 个时点上资金金额在 t 时点的现值。现值用符号 P 表示。

(3) 终值。终值是现值在未来时点上的等值资金,用符号 F 表示。终值也可称为本利和或将来值。

(4) 等年值。等年值是指分期等额收支的资金值,用符号 A 表示。

3. 现金流量及现金流量图

1) 现金流量

在技术经济分析中,现金流量是指对一个特定的经济系统而言的,把各时点上实际发生的流入、流出该系统的资金统称为现金流量。一般把现金流入定为正值,现金流出定为负值,把现金流入与现金流出的代数和称为净现金流量。净现金流量可以是正值,也可以为负值,取决于经济活动的结果。

2) 现金流量图

一个技术方案的实施,往往需要延续一段时间,在这一过程中,各种现金的收入和支出的

数额和发生的时间都不尽相同,由于资金时间价值的存在,不同时间上发生的货币无法直接加以比较,一定量的资金必须赋予相应的时间,才能表达其确切的量的概念。为了便于对项目进行经济评价和对方案进行比较,反映项目和各技术方案费用、效益的大小及相应发生的时间,需要用一个平面坐标系来反映项目经济活动的全过程。现金流量图就是一个有效工具。

现金流量图,就是将项目实施方案在使用年限内所发生的现金收入和现金支出,按其所发生的时间顺序及一定的规则,用图的形式形象、直观地表达出来,以便进行分析研究。

现金流量图的形式如图 2-1 所示。

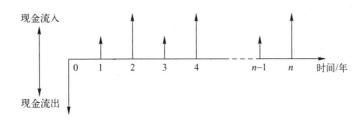

图 2-1　现金流量图

绘制现金流量图的方法与规定如下:

(1) 以横轴为时间坐标,时间间隔相等,时间单位可根据需要取年、季、月、日、时等。0 代表方案使用年限的开始,表示第 0 年末,即第 1 年初,1 代表第 1 年末,即第 2 年初,其他依此类推。

(2) 以纵轴的箭线作为现金的收入和支出情况。

(3) 现金流入为正值,用向上的箭线表示;现金流出为负值,用向下的箭线表示。一般要求箭线长短与现金流量绝对值的大小成比例。

(4) 时间坐标的原点通常取在建设期开始的时点,也可取在投产期开始(建设期末)的时点,而分析计算的起始时间一般都规定在时间坐标的原点。

(5) 为了统一绘制方法和便于比较,通常规定投资发生在各时期的期初,而销售收入、经营成本、折旧、税收和残值等则发生在各个时期的期末。

现金流量图的优点是:项目系统的现金流入或现金流出的发生时间、数量等都绘制在坐标图上,看起来一目了然,非常清晰,便于核查核对,可减少或避免差错。

2.2.3　普通复利公式

在实际工作中,流入和流出项目系统的现金流量的方式常常是多种多样的。有一次流入或流出,也有多次流入或流出;有定期等额流入或流出,也有不定期不等额流入或流出等等。为了适应这种实际需要,运用等值换算的普通复利公式,也有多种多样。现对公式常用的符号规定如下:

i——利率或贴现率,也称报酬率或收益率;

n——计息周期数;

P——本金或现值;

F——本利和、将来值或称终值;

A——等额支付序列值,或称等额年金序列值。

根据资金的支付方式,可将利息公式分为一次性支付、等额多次支付两类来讨论。

1. 一次性支付现值和将来值公式

一次性支付又称整付,是指所分析系统的现金流量,无论是流入还是流出,均在一个时点上一次发生。对于所考虑的系统来说,如果在考虑资金时间价值的条件下,现金流入恰恰能补偿现金流出,则 F 与 P 就是等值的。

1)一次性支付将来值公式

$$F = P(1+i)^n \tag{2-7}$$

称 $(1+i)^n$ 为一次性支付终值系数,记为 $(F/P, i, n)$。它的含义表示:已知现值 P、利率 i 和期数 n,求终值 F,故也常将该式写成

$$F = P(F/P, i, n) \tag{2-8}$$

为便于计算,将一次性支付复利因子及后面介绍的各复利因子在不同 i 和 n 情况下的值,预先算好列成表,以供计算时查阅(见本书附录)。该式可用图 2-2 表示。

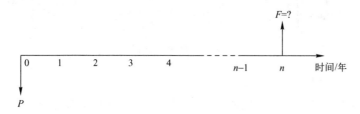

图 2-2   一次性支付将来值现金流量图

例 2.1   某项目建设投资由银行贷款 1000 万元,年利率为 7%,5 年后一次结清,求其本利和。

解:由式(2-7)可得,$F = P(1+i)^n = 1000(1+0.07)^5 = 1402.6$(万元),或

$F = P(F/P, i, n) = 1000 \times 1.4026 = 1402.6$(万元)

2)一次性支付现值公式

由式(2-7)可得

$$P = F \frac{1}{(1+i)^n} \tag{2-9}$$

式中:$\dfrac{1}{(1+i)^n}$ 为一次性支付现值系数,用 $(P/F, i, n)$ 表示,可查复利表。式(2-9)可用图 2-3 表示。

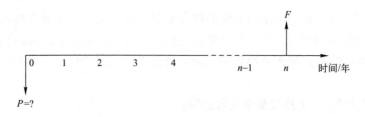

图 2-3   一次性支付现值现金流量图

例 2.2   某设备维修购置费用为 100 万元,寿命周期 20 年,寿命周期费用 = 购置费用 + 使用维修费用,各年使用维修费用年底折算为 50 万元,设 $i = 10\%$,求购置时($t = 0$)的寿命周期费用。

解: 使用维修费用于年底一次性支付,20 年的使用维修费用折算到购置时的现值为 $50/(1+0.1)+50/(1+0.1)^2+\cdots+50/(1+0.1)^{20}=425.67$(万元)。所以,购置时的寿命周期费用 $=100+425.67=525.67$(万元)。本例的使用维修费用约占寿命周期费用的 80%。

2. 等额支付的现值和将来值

等额多次支付是指在某年一次借入或借出一笔资金,而在今后的计息期内,每年偿还或收回相等数额的资金,并在计息的最后一年末提取剩余的全部本利;或者在每年借入或借出等额资金,并在规定期的末期一次偿还收回全部的本利等。

1)由等额年金求将来值

将来值为

$$F=\sum_{i=1}^{n}F_i=A(1+i)^{n-1}+A(1+i)^{n-2}+\ldots+A(1+i)^0$$
$$=A[1+(1+i)+(1+i)^2+\ldots+(1+i)^{n-2}+(1+i)^{n-1}]$$
$$=A\left[\frac{(1+i)^n-1}{i}\right] \quad\quad (2-10)$$

即

$$F=A\left[\frac{(1+i)^n-1}{i}\right] \quad\quad (2-11)$$

式中:$\frac{(1+i)^n-1}{i}$ 为等额分付终值系数,用 $(F/A,i,n)$ 表示,可查复利表。式(2-11)可用图 2-4 表示。

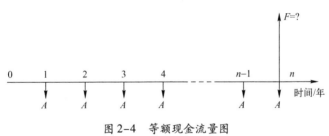

图 2-4 等额现金流量图

例 2.3 某设备预计 5 年后需进行现代化改装,若每年年末提取 5 万元作为改装基金,年利率 8%,求到时能有多少改装资金。

解: $A=5$ 万元,$n=5$,$i=8\%$,由式(2-11)得

$$F=A\left[\frac{(1+i)^n-1}{i}\right]=5\times\left[\frac{(1+0.08)^5-1}{0.08}\right]=29.33(万元)$$

2)由将来值求等额年金

由式(2-11)可得

$$A=F\left[\frac{i}{(1+i)^n-1}\right] \quad\quad (2-12)$$

式中,$\frac{i}{(1+i)^n-1}$ 为等额分付偿债基金因子,记为 $(A/F,i,n)$,它与 $(F/A,i,n)$ 互为倒数,可查表求得。式(2-12)可用图 2-5 表示。

3)由等额年金求现值

在式(2-11)两边乘以 $\frac{1}{(1+i)^n}$,并应用式(2-9),可得

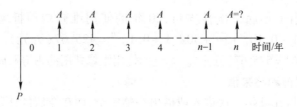

图 2-5 偿债基金现金流量图

$$P = A\left[\frac{(1+i)^n - 1}{i(1+i)^n}\right] \quad\quad (2-13)$$

式中，$\frac{(1+i)^n - 1}{i(1+i)^n}$ 为等额分付现值系数，记为 $(P/A, i, n)$，可查表求得。于是，式 (2-13) 可写为

$$P = A(P/A, i, n) \quad\quad (2-14)$$

式 (2-14) 可用图 2-6 表示。

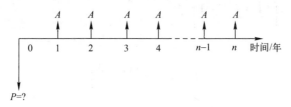

图 2-6 年金现值现金流量图

例 2.4 采用某种新技术，每年可获利 200 万元，在年利率 10% 的情况下，5 年末即可连本带利全部收回，求初期的一次性投入额为多少？

解：已知 $A = 200$ 万元，$n = 5$ 年，$i = 10\%$。根据式 (2-13)，可得该问题期初的一次性投入额为

$$P = A\left[\frac{(1+i)^n - 1}{i(1+i)^n}\right] = 200\left[(1+10\%)^5 - 1\right]/\left[10\%(1+10\%)^5\right] = 758.16（万元）$$

或根据式 (2-14)，查表得 $(P/A, 10\%, 5) = 3.791$，则有

$$P = A(P/A, i, n) = 200 \times 3.791 = 758.2（万元）$$

4）由现金求等额年金

由式 (2-13) 可方便得到

$$A = P\left[\frac{i(1+i)^n}{i(1+i)^n - 1}\right] \quad\quad (2-15)$$

式中，$\frac{i(1+i)^n}{i(1+i)^n - 1}$ 为等额分付资本回收系数，记为 $(A/P, i, n)$，它与 $(P/A, i, n)$ 互为倒数，可查表求得。式 (2-15) 可用图 2-7 表示。

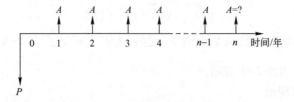

图 2-7 资金回收现金流量图

为了便于理解,将以上 6 种情况的计算公式汇总于表 2-2 中。

表 2-2 6 个常用的普通复利计算公式

类 别		已 知	求 解	公 式	系数名称及符号
一次支付	终值公式	现值 P	终值 F	$F = P(F/P, i, n)$	一次性支付终值系数 $(F/P, i, n)$
	现值公式	终值 F	现值 P	$P = F \dfrac{1}{(1+i)^n}$	一次性支付现值系数 $(P/F, i, n)$
等额支付	终值公式	年值 F	终值 F	$F = A\left[\dfrac{(1+i)^n - 1}{i}\right]$	等额分付终值系数 $(F/A, i, n)$
	偿债基金公式	终值 F	年值 A	$A = F\left[\dfrac{i}{(1+i)^n - 1}\right]$	等额分付偿债基金因子 $(A/F, i, n)$
	现值公式	年值 A	现值 P	$P = A\left[\dfrac{(1+i)^n - 1}{i(1+i)^n}\right]$	等额分付现值系数 $(P/A, i, n)$
	资金回收公式	现值 P	年值 A	$A = P\left[\dfrac{i(1+i)^n}{(1+i)^n - 1}\right]$	等额分付资本回收系数 $(A/P, i, n)$

2.3 预 测 理 论

2.3.1 预测理论概述

1. 预测的概念、作用和意义

1)预测的概念

所谓预测,就是对事物的演化提前做出科学的推断,是人们根据已获得的历史及现实资料,运用一定的科学方法和手段,对人类社会、政治、经济、军事以及科学技术发展作出科学推测,以指导未来行动的方向,减少处理未来事务的盲目性。

从广义来说,预测是以社会需求为基础,以先进的技术为手段,对事物的现状信息进行收集、辨识、整理、分析,并以此为基础对事物的未来趋势或未知状态进行推测和判断的活动。具体地讲,就是通过针对性的收集特定信息,经过分析研究,推断该事物未来的发展趋势与变化,进而进行有意识的控制和选择事物的运行状态和走向。预测作为方法论,可以用于研究自然现象,也可用于研究社会现象。预测理论、方法和技术与实际问题相结合,就产生了预测的各个分支,如社会预测、人口预测、经济预测、科技预测、军事预测等。

2)预测的作用和意义

预测是一门崭新的交叉科学,充分运用现代科学技术所提供的理论、方法、手段研究社会、政治、经济、军事以及科学技术等领域发展的趋势。在预测研究过程中,通过对短期影响、中期变化和远景轮廓的描述为人们制定短期、中期、长期规划以及为科学决策提供依据。

在迅速变化的现代社会中,如果人们对未来一无所知,很可能在面对新情况、新变化和新事物时不知所措。预测工作要求在科学研究的基础上,事先预知事物可能要发生的变化和引起的后果,提醒人们采取必要措施,预防和制约不利变化的发生或减少其造成的损失,做好适应未来变化的必要准备,或采取措施利用即将发生的有利变化推动事物向着所希望的方向发展。因此,预测是信息工作的一项十分重要的内容,有着极强的现实意义。

2. 预测的分类

预测根据研究的任务不同,分类的方法也有区别。以下是常见的对预测的分类。

1）按预测范围进行分类

根据预测的范围,可将预测分为宏观预测和微观预测。

（1）宏观预测。宏观预测是指对一个国家、地区的某种活动进行预测。对经济领域,它以整个社会经济发展的总图景作为考察对象,研究社会经济发展中各项指标之间的联系和发展变化。

（2）微观预测。微观预测是针对基层单位的各项活动进行各种预测。它以企业或公司生产经营发展前景作为考察对象,研究微观经济中各项指标间的联系和发展变化。

2）按预测时间长短进行分类

按照时间长短,可以将预测分为长期预测、中期预测和短期预测。

（1）长期预测。长期预测是指对 5 年以上的发展前景进行预测。一般长期预测是制定国民经济和企业生产经营发展的计划、远景规划,提出经济长期发展目标和任务的依据。

（2）中期预测。中期预测是指对 1 ~ 5 年发展前景的预测。中期预测是制定国民经济和企业生产经营发展的中期计划,提出经济中期发展目标和任务的依据。

（3）短期预测。短期预测是指对 3 ~ 12 个月的发展前景进行预测。短期预测是政府或企事业单位制定年度、季度计划,提出短期发展任务的依据。

3）按预测方法和性质进行分类

按预测方法和性质,可以将预测分为定性预测和定量预测。

（1）定性预测。定性预测是指预测者通过调研,凭自己的知识和经验对事物发展前景的性质、方向和程度作出判断和预测。预测的目的主要在于判断事物未来发展的性质和方向。也可以提出粗略的数量估计。定性预测的准确度主要取决于预测者的经验、理论、业务水平以及掌握的情况和分析判断能力。这种预测的综合性较强,需要的数据量较少。

（2）定量预测。定量预测是指根据准确、及时、系统、全面的调查统计的资料和信息,运用统计的方法和数学模型,对事物未来发展的规模、水平、速度和比例关系的测定。定量预测与统计资料、统计方法密切相连。

（3）综合预测。综合预测指两种以上预测方法的综合应用,这种综合表现为定性方法和定量方法的综合,或是两种以上定量方法的综合。由于各种预测方法都有它的适用范围和优缺点,综合预测兼有多种方法的长处,因而可以得到较为可靠和精确的预测结果,对于较复杂的预测项目,常常采用综合预测的方法。

3. 预测的基本过程

为保证预测工作的顺利进行,在预测前,必须有组织、有计划地安排预测工作进程,以期取得应有的成果,为制定决策、编制计划以及提高管理水平提供有价值的信息。预测的基本程序有以下几个步骤。

1）明确预测任务,制定预测方案

明确预测任务,就是从决策与管理的需求出发,紧密联系需求和可能,确定预测要解决的问题。

对预测任务的理解和准确定位是预测准备阶段的关键。大量实践表明,该阶段直接关系到预测结果的准确度。如果预测任务不明,不管收集到的信息资料多么完备,报告多么精炼,也只能是事倍功半,使最终得出的研究结果缺少实际价值。

任务来源于需求。预测需求部门由于工作性质与所辖领域的不同,提出的课题所涉及的范围也有差异。一般都是紧密结合本地区、本部门在一定时期内经济社会发展、科学研究、工程建设中急需解决的问题作为预测研究课题。与此相类似,企业和其他社会组织为解决自身发展和运行中出现的重大问题而需要进行课题研究。

预测的领域十分广泛,大到宏观政策与规划的制定,小到一种新产品的开发以至社会生活中的某些具体问题,都可以构成预测的课题。

任务确定以后,就应根据项目的繁简、难易程度,制定预测方案,包括预测内容、所需要的资料或数据、选用的预测方法,预测进度等。只有目的明确,计划科学周密,才能使预测工作顺利地、有节奏地开展。

2）搜集、整理资料

所有的预测研究工作,从根本上讲都是为了帮助人们认识和把握对象,指导人们采取行动来达到目标,也就是指导人们的实践活动。预测研究人员正是围绕这一目标开展信息的收集、整理、分析与预测工作的。

准确、无误地调查统计资料、数据是预测的前提和基础。这里所说的资料,是指目标的历史资料以及影响因素的历史和现状的资料两类,只有占有大量的有效信息资料,才能对对象的变化规律和发展趋势进行具体分析,同时,还能给预测模型提供必要的数据。这个阶段的工作量很大,难度也大,预测结果是否有效,决策是否成功,在很大程度上取决于这个阶段所搜集的资料是否充分可靠,如果资料失实,预测结果势必发生很大的误差。因此,要根据所选定的目标定向地收集和整理资料,并对资料进行分析,处理因非正常或偶然因素所产生的异常数据,补齐所缺数据。

只有根据预测目的和计划,从多方面收集必要的资料,经过审核、整理和分析,了解事物发展的历史现状,认识事物发展的规律,预测的结论才能准确可靠。

3）选择预测方法,建立数学模型

在获取有效资料的基础上,进一步选择适当的预测方法和正确的数学模型,这是预测结果准确与否的关键。

获得相应资料后,需要选择合适的预测方法,建立具体的预测模型,输入已整理资料、数据,进行分析推断。选择适当的预测方法（预测模型）进行预测推断,是取得预测成果的关键。预测方法的选择,在收集资料过程中就予以考虑。这是因为采用不同的预测方法和预测模型,所用的数据资料是有所区别的,收集资料要尽可能满足使用某一种或某几种预测方法的要求,对预测目标作出定性或定量的分析估计,有赖于预测者的经验判断和利用统计、数学方法建立预测模型进行推算。对同一个预测目标,运用多种预测方法可能取得大体一致的预测结果,也可能在不同的假设条件下,取得不同的预测结果,应提出几种预测方案,以供决策者选择。

4）分析预测误差,评价、选择预测结果

分析预测误差有两种情况,一种是在选用预测方案前,利用数学模型所估计的理论预测值,与过去同期实际观测值相比较,计算出理论预测误差。分析各种数学模型所产生误差的大小,以便改进模型,选择合适的预测方法,这种误差分析工作往往与选择预测方法结合进行。另一种是在选择预测方案作为决策、计划依据以后,追踪检查预测方案是否符合实际,分析预测误差的大小以及产生的原因,对预测方法所取得的预测结果进行评价,以判断预测结果的可信度是否切合实际,以便总结经验教训,改进今后的预测工作。预测与决策的基本程序因研究对象、目标的不同而略有不同。一般在预测决策中,选择最佳的预测方案,但作为决策的依据,这一步是预测的应用阶段,也是决策开始的一个重要环节。当预测成果用于决策时,才能真正发挥预测的作用。

5）为决策者提供预测报告

最后，以预测报告的形式，将预测的结论提供给决策者，并要说明预测的假设前提、预测的方法以及预测结果合理性评估与判断。

2.3.2 定性预测方法

1. 定性预测法概念及其特点

定性预测，是预测者根据自己的知识以及所掌握该领域的实际情况和经验，对事物发展前景的性质、方向和程度做出判断。有时在定性分析的基础上，也可以提出数量的估计。

有些预测问题由于掌握的数据较少，主要影响因素难于用定量数据描述，无法进行定量分析，这时，定性预测就是一种行之有效的方法。

另外，为了提高预测质量，在进行定量预测时，也要进行定性预测。这是因为定量预测是在某种假设下进行的，它往往只能测定主要因素的影响，其他因素的影响无法以定量的形式包含，因此，在定量预测结束后，往往要进行定性分析，对其结果进行必要的修正，才能使预测结果更加符合实际。

定性预测的特点是：需求数据量少，能考虑无法定量的因素，比较简单可行。它为管理者提出有预见性的建议，为管理和决策提供依据。由于定性预测是一种简单、灵活的预测方法，至今仍在许多应用领域占有一席之地。

通常使用的定性预测方法主要有专家预测法和逻辑判断法。

2. 专家预测法

组织专家预测是古老而悠久的一种方法，至今在各类预测方法中仍然占有重要的地位。专家预测法属于直观预测技术，它是利用各领域专家的经验和知识，通过对过去和现在发生的问题进行直观综合分析，从中找出规律，对事物的发展远景做出判断。常用的有专家个人判断法、专家会议法、头脑风暴法和德尔菲法等。

1）专家个人判断法

专家个人判断法是专家调查法最早出现的一种形式，其实质是当事人遇到问题时向其所聘请的个别专家、顾问征求解决问题的意见，或者向个别专家进行咨询，这一方法的好处是方便易行，不受外界影响，容易发挥个人的创造性想象能力，其缺点是受到个别专家的经验、知识面、知识深度和占有信息多少的限制，以及对预测问题是否感兴趣等因素的影响，易带片面性。

2）专家会议法

对专家个人判断法的一种改进方法是召开专家会议，可以互相启发，通过讨论或辩论，互相取长补短，求同存异。专家会议所邀请的专家知识面广、信息量大、考虑因素多、能集思广益，有利于得出较为正确的结论。专家会议的缺点是：在专家面对面地讨论时，容易受到一些心理因素的影响，如屈服于权威和大多数人的意见，受劝说性意见的影响，以及不愿意公开修正发表的意见等，这些都不利于得出合理的预测结论。

3）头脑风暴法

20世纪50年代，头脑风暴法作为一种创造性的思维方法在预测中得到广泛的应用，并日趋普及。头脑风暴法是借助于专家的创造性思维来索取未知或未来信息的一种直观预测方法，一般用于对战略性问题的探索。

头脑风暴法是专家会议法的一种改进，其实质是通过专家间的相互交流和相互启发，使得在与会者头脑中发生智力碰撞，思维产生"共振"和"组合效应"，使专家意见不仅更集中，而且更深入、更具创造性,其关键是引导专家积极开展创造性的思维活动。

4)德尔菲法

德尔菲法(Delphi Method)是一种广泛使用的专家预测方法,此方法的实质是以匿名的方式,通过几轮咨询征集专家的意见,并通过有控制的反馈,取得尽可能一致的意见,从而对事件的未来做出预测。德尔菲法除用于技术预测外,它还广泛适用于政策的制定、经营管理、方案评估等。

3. 逻辑判断法

逻辑判断法是通过简单的比较、分析、综合和推理等逻辑方法对研究对象的指标值进行直观的预测和推断的方法。它是当前较为受人关注、力图深入研究和发展的一类方法。其确切定义尚不统一,在此介绍一些常用的方法。

1)对比类推法

世界上有许多事物的变化、发展规律带有某种相似性,尤其是同类事物,对比类推法就是利用事物之间的这种相似特点,把先行事物的表现过程类推到后继事物上去,从而对后继事物的前景或趋势做出预测的一种方法。对比类推法首先运用比较方法,将同一事物在不同时期的某一或某些指标进行对比(即时间上的比较),以动态地认识和把握该事物发展变化的历史、现状和趋势;或将某一时期不同国家、不同地区、不同部门的同类事物进行对比(即空间上的比较),以确定其差异点和共同点,然后运用类比推理方法进行预测。

2)相关推断法

相关关系是客观事物各种现象之间的一种普遍的联系形式。相关推断法是依据相关性原理,利用所要预测目标同其他社会经济指标之间存在的相关关系,在已知后者的将来值的条件下,推算要预测指标的未来发展趋向。

相关推断法主要用于定性分析,在实际运用时,首先要依据理论分析或实践经验,找出同预测目标相关的各种因素,分析研究这种相关关系的变动方向、密切程度及呈现的形态规律,尤其要抓住同预测目标有直接关系且影响较大的主要因素,然后依据事物相关的内在因果联系的具体情况进行推断。

3)情景分析法

一般定性预测方法常常是比较孤立或局部地分析事态的发展,往往是"只见树木,不见森林",而定量分析方法则是忽略一些难以量化的因素和交互影响因素,建立一个"有限理性"的数学模型。但现实事物的发展与演变总是处在错综复杂的诸多因素的相互联系、相互制约中,因此,对于一些影响因素较多的预测问题或宏观预测问题,需要采用系统的观点进行分析。情景分析法就是一种系统分析预测方法,它是用像编写电影剧本的形式来描述系统的未来前景。这里的情景描述不是对未来的简单预测,而是对系统内外相关的各个方面的问题,做出事态自始至终发展的情景和画面。

2.3.3 定量预测方法

1. 回归分析预测法

1)回归分析预测法的概念

所谓回归分析预测法,就是根据预测的因果性原理,借助于回归分析理论和方法,找出预测目标(因变量)与自变量之间的依存关系,建立回归预测模型,对预测目标进行预测的定量预测方法。

"回归"是关于一个被解释变量(或因变量)对一个或多个解释变量(或自变量)依存关系的研究,找出变量之间在数量变化方面的统计规律。这种统计规律就反映了变量之间的回归关系。表示这种统计规律的数学方程就称为回归方程。变量之间回归关系的研究就称为回归分析。

回归分析法是一种研究变量之间的依存关系的统计分析方法,它能够通过对变量之间依存关系的分析,确定解释变量(自变量)和被解释变量(因变量)之间某种关系的性质和程度。并在一定的精度下,可以根据自变量的已知条件,估计和预测因变量的值。

2)回归模型的种类

回归模型可以从不同的角度进行分类,常用的分类如下。

(1)根据回归模型中自变量的多少分类。回归模型可分为一元回归模型和多元回归模型。一元回归模型是根据某一因变量与一个自变量之间的相关关系建立的模型,多元回归模型是根据某一因变量与两个或两个以上自变量之间的相关关系建立的回归模型。

(2)根据回归模型中自变量与因变量之间的相关关系的不同分类。回归模型可分为线性回归模型和非线性回归模型。线性回归模型是指因变量与自变量的相关关系是线性的,非线性回归模型是指因变量与自变量之间的相关关系是非线性的。

(3)根据回归模型中是否带有虚拟变量分类。回归模型可分为普通回归和带有虚拟变量的回归模型,普通回归模型的自变量都是数量变量,而带有虚拟变量的回归模型中既有数量变量又有品质变量,如农作物产量不仅受施肥量、降雨量和气温等数量变量的影响,而且也受地势和政府经济政策等品质变量的影响。

此外,根据回归模型中参数确定的方法不同,可分为线性回归、加权线性回归。根据回归模型是否用滞后的因变量作自变量,可分为自回归模型和无自回归现象的回归模型。

3)回归分析法的基本步骤

(1)初步判断现象之间的相关性。根据一定的理论和经验,对事物的现象进行定性分析,以判断现象之间是否具有相关性,并判断出相关关系的大致类型。

(2)绘制散点图。根据收集到的信息,利用直角坐标系把变量间相对应的值绘制在坐标系上,再根据坐标上点的分布情况判断变量间关系的类型,初步推出回归模型。

(3)进行回归分析。如果上述的分析表明变量之间有较为明显的相关关系,就可以进行回归分析,采用拟合处理,确定回归关系模型。

(4)检验。检验回归模型的实际意义是否合理,还有拟合优度的检验等。

(5)回归预测。如果通过分析确定回归模型能够有效地反映变量之间的相关关系,就可以利用该模型进行预测。

2. 时间序列平滑预测法

1)时间序列平滑预测法概念

时间序列分析是预测方法体系中的重要组成部分,它是通过时序分析,研究事物现象随时间演变的规律,进而建立各种预测模型,形成一系列的时序预测方法。

2)时间序列平滑预测法的分类

常用的时间序列平滑预测法主要包括简单平均法、移动平均法、指数平滑法、自适应过滤法等。

(1)简单平均法。简单平均法是在对时间序列进行分析的基础上,计算时间序列观察值的某种平均数,并以此平均数为基础来确定预测模型或预测值的预测方法。这种方法简单易行,不需要复杂的模型和计算,它是将一定观察期内,预测目标的时间序列的各期数据加总后进行简单平均,以其平均数作为预测期的预测值。常用的简易平均法有算术平均法、加权平均法和几何平均法。

(2)移动平均法。移动平均法是将观察期的数据,按时间先后顺序排列,然后由远及近、以一定跨越期进行移动平均,求得平均值。每次移动平均总是在上次移动平均的基础上,去掉一个最远期的数据、增加一个紧挨跨越期后面的新数据,保持跨越期不变,每次只向前移动一步,逐项移动,滚动前移。这种不断"吐故纳新"的移动平均的过程,称之为移动平均法。

(3)指数平滑法。移动平均法只使用 n 个时期的信息,没有应用时间序列提供的全部信息进行预测,而且在计算平均值时也未考虑近期数据对未来有更大的影响这一问题。如何合理有效地利用时间序列的全部信息进行预测,指数平滑法解决了这个问题,指数平滑法是移动平均法加以发展的一种特殊加权移动平均预测方法。一般常用于时间序列数据资料既有长期趋势变动,又有季节波动的场合。根据平滑次数的不同,指数平滑法有简单指数平滑法、二次指数平滑法和多次指数平滑法等。

(4)自适应过滤法。自适应过滤法与移动平均法、指数平滑法一样,也是以时间序列的历史观测值进行某种加权平均来预测的,它要寻找一组"最佳"的权数,其办法是先用一组给定的权数来计算一个预测值,然后计算预测误差,再根据预测误差调整权数以减小误差,这样反复进行,直到找出一组"最佳"权数,使误差减小到最低程度。由于这种调整权数的过程与通信工程中过滤传输噪声的过程极为接近,故称为自适应过滤法。

第 3 章　装备技术方案经济评价

技术经济评价的重点是对项目技术方案的经济效益进行分析、计算、比较和评价,从而选择出技术上先进适用,经济上合理有利的最优方案。20 世纪以来,由于现代装备技术的飞速发展,新的大型武器装备不断涌现及武器装备系统的蓬勃发展,装备技术经济评价受到各国的普遍重视,装备技术经济的评价体系得到一定发展。

本章首先简单介绍装备技术经济评价的内容,重点分析常用的经济评价方法。将动态评价方法与静态评价方法相结合,以动态评价方法为主,静态分析为辅;将定量分析方法与定性分析方法相结合,以定量分析为主,定性分析为辅;同时,对不同类型和具有不同条件的项目方案,选用适宜的方法进行评价和比较,从而选择出最优方案。

3.1　技术经济方案评价概述

装备技术方案通常有许多方案可供选择,方案的选择是否恰当,是技术活动成败的关键,因此,对技术方案进行科学合理的评价是进行科学决策的前提。

方案的技术经济评价可以分为两个相互作用的部分:一是技术评价;二是经济评价。

3.1.1　方案的技术评价

1. 技术评价的概念

所谓技术评价,是指对项目方案所采用的具体技术的先进性、适用性、可靠性和维修性等方面进行综合分析和比较,为技术选择以及项目方案决策提供科学依据的一种研究活动。其目的是为项目方案选择合理的技术、工艺设备提供科学依据。

项目方案技术经济评价的一个重要内容,就是对技术的评价和选择,它属于建设项目方案重要战略决策范畴。一个投资项目或方案,如果技术选择正确,就具有较强的竞争能力,并获得满意的经济效益和社会效益;如果技术选择不当或失误,必然造成重大的经济损失,甚至危害投资项目方案的生存和发展。因此,技术的评价和选择直接关系到投资项目方案的命运,任何决策者都必须根据自己的目标、内部条件和社会经济环境进行技术评价和选择。

一般地讲,技术评价是技术选择的前提和基础,技术选择是技术评价的结果。技术评价科学准确,技术选择就容易做到正确合理,二者之间不能截然分开。本书所称的技术评价,包括了技术评价和技术选择两种含义。

无论是宏观技术决策还是微观技术决策,技术评价是个重大研究课题。从大的方面来讲,技术评价必须在国家军队有关制度、政策、法令许可的范围内进行,必须与社会发展目标的要求相一致。另外,任何技术的选择与开发都不能对自然环境和生态系统构成不能容许的危害,不能损害人民群众的根本利益。

2. 技术评价的内容

由于学科的分工,这里所研究的技术评价的内容,主要是技术水平及其对国内社会经济环境适用程度的评价。就我国国民经济总体而言,在技术评价和选择上。一般应以先进适用技术为主。在某些关键性的部门、行业、技术领域,还应该有重点地采用世界尖端技术。也就是说,选择"适用的先进技术"应成为技术选择的基本政策。关于技术评价和选择的内容,一般需要从 3 个方面对特定技术进行评价:一是技术的先进、适用、安全性,二是技术的效率性,三是技术的社会合意性。

关于技术的先进性,即要求尽可能采用所处时期国内外最先进的技术。但从实际情况看,每个工程项目的建设均采用世界上最先进的技术有时是没有必要的,也是困难的,其原因主要有以下 3 个方面。一是因为适用性限制。最先进的技术可能并不适用于某个拟建工程或在建工程,这时就只能采用"次先进"或"满意"的技术。二是经济性要求。通常,最为先进的技术其投资也可能是最高的,相反地,次优技术可能会大大降低投资,从而成为比最优技术更能让人接受的技术。三是安全性要求。越是成熟的技术,其安全性才越具有保障。即使是最先进的技术,若不能保证安全,在工程实践中也不能选用这样的技术。四是由于发达国家技术保护主义的限制,国际上最为先进的技术不可能在国家间自由转移。

关于技术的效率性,即投入产出的相对关系,要努力以尽可能小的投入获得尽可能大的产出。但这同样是困难的。投入小的技术,往往并不是先进的技术,所以使用者就很难获得较高的产出。这样,就需要在特定技术的先进性和效率性之间寻找某种程度的均衡。

关于技术的社会合意性,在现代社会,技术发展已成为支配社会发展的重要变量。发展技术的最终目的是为了造福于人类,但并非所有技术发展都能带来社会的进步。只有那些既能为人类提供新的方法和手段,有助于提高生产效率,又有助于保护环境、促使人类文明的技术,才是人类真正需要的技术,即具备"社会合意性"的技术。这样,为了人类社会健康发展,人们就需要理智地放弃某些技术上可行甚至经济上也是合算的,但有损于人类文明进程的技术。

3. 技术评价的方法

技术评价是对技术作为人类改造自然的方法、手段的分析,对其效率价值、社会后果及正负面影响的分析。要评价得较为难确,就需要将定性评价与定量评价结合起来。

定性评价需要先确定评价的价值准则和标准,既要考察积极的或正面的影响,又要考查消极的或负面的影响。定量评价主要包括技术发生某种影响的可能性,即概率有多大,影响的大小如何,影响的重要性如何,等等。在对各种影响分别进行评价的基础上,还要对所评价技术的全部影响进行综合评价。

技术评价是一项非常复杂的工作,涉及的内容和评价的角度非常多,在评价过程中不应偏颇和疏漏。特别需要强调的是,在技术评价过程中,人们容易关注那些比较直接的、容易感觉到的、易于定量的影响,而轻视甚至忽视那些间接的、不容易感觉到的、难以定量的影响,这是特别需要注意的问题。

3.1.2 方案的经济评价

1. 经济评价的概念

经济评价,即对特定项目经济上的合理性的评价,一般要进行财务效果评价、国民经济评价以及经济效果的不确定性分析,进而,在此基础上进行多方案分析比较和选择。经济评价是对技术项目方案进行技术经济评价的重点,是决定项目方案优劣、取舍的重要依据。经济评价是技术经济学的主要内容,经济评价结果是方案选择的主要依据。

财务评价是根据国家现行财税制度和价格体系,分析计算项目技术方案所发生的财务费用和效益。国民经济评价是按照资源合理配置的原则,从国家整体角度考察项目方案的费用和效益,使用货物影子价格、影子工资、影子汇率和社会折现率等经济参数,来分析项目方案对国民经济的净贡献,评价其经济合理性。本书仅涉及财务评价方法。

2. 经济评价的方法

技术经济分析的基本评价方法有可行性分析法、系统分析法、方案比较法等多种,常用的评价方法有以下几种。

1)可行性分析法

可行性研究是对拟建项目在投资决策前进行全面技术经济研究的一项综合性研究工作,它是综合多种科学成果和手段对拟建项目技术、经济和财务进行综合分析研究的科学方法,它通过对拟建项目有关因素的调查研究、分析计算,论证项目和各种方案的技术、经济可行性,选择最优方案,为项目的决策提供科学依据。

2)系统分析法

系统分析法以系统为对象,把要分析研究的概率、统筹、模拟等办法,经过分析、推理、判断、建立系统分析模型,进而以最优化方法,求得系统的最佳。任何正确的决策,都起源于全面系统的分析比较,从中选择出最优者,只有这样才能保证获得最佳的经济效果。

3)方案比较法

方案比较法是技术经济分析最常用的方法。这种方法易于掌握,而且已有了一套较为成熟的、完整的程序。值得注意的是,方案比较法中的关键环节是,使各方案的比较条件等同化,把不可比因素化为可比因素,这样才能保证比较结果的准确性。

4)效益费用对比法

贯穿技术经济分析过程始终的一项基本活动是进行效益与费用的对比,其实效益与费用的对比就是经济效益。一切技术经济活动所追求的最终目标可以说就是要有一个好的经济效益,也就是以尽可能少的消耗取得尽可能多的效益。这种分析方法包括历史考察法、差额法、方案比较法、比率法、费用效益法、专家评分法、利润率法、投资回收期法、增量法以及综合法等等。

5)定性分析与定量分析相结合的方法

由于计算机的迅速发展,许多过去只能定性分析的对象,如今已能做定量计算了。但是在技术经济学研究的领域中,至今还存在着大量无法定量化的因素,如有关人类工程学、环境保护学、社会价值等方面的效益,目前还只能做定性分析。因此定性分析与定量分析相结合应是技术经济学最常用的方法之一,也是尚待进一步研究的课题。

6)优化规划法

这是将资源按某种方式分配到各项活动,使其以某种数量表示的效果为最优。如在一组线性约束条件下,效果是几个变量的某一线性函数,则优化规划归类为线性规划,涉及多级决策过程的优化规划则属动态规划,包括非线性规划、几何规划、整数规划、大系统优化等。

7)决策法

这是研究理性的人类和非理性的自然之间关系的一种理性活动,是人类为达到某一目标而选择自己行动方案的过程。对理性的人之间关系的决策是对策论（博弈论），如自然以不同概率可能出现多种状态，而理性的人有多种可采取的行动策略，其中可能存在一个较满意的方案。寻找这个满意方案就要用决策方法，它包括风险决策、多目标决策等。

8）统筹法

这是研究工程项目或科研活动中关键路线和计划评审技术等有关问题的科学方法。例如关键路线分析对于一项工程的施工和组织管理是十分有益的。这项分析需要首先确定各项活动的顺序，将实施的成本和时间降到最低限度；其次，要鉴别哪些时间安排对实施每一阶段是关键性的活动，然后采取必要的步骤以保证这些工作能及时完成。

3.2　技术方案经济评价基本方法

由于装备技术经济实践的特殊性与复杂性和各方面对技术方案要求的差别，因此，对技术方案进行经济评价时常常需要从多个方面进行评价，以全面反映方案的经济效果。本节主要介绍常用的 6 种技术方案经济评价指标及计算方法，这些是开展方案经济评价的基础，称为技术经济评价基本方法。

3.2.1　投资回收期法

投资回收期法，是指投资回收的期限，即用投资项目所产生的净现金收入回收初始全部投资所需时间的一种评价方法，因此投资回收期法又叫返本期法，或叫偿还年限法，主要通过计算投资回收期指标进行经济评价。

投资回收期也称为投资还本期、投资偿还年限，是指以投资项目的净收益来回收总投资所需要的时间。对于投资者（军工企业）来讲，它主要用于衡量投资项目的经济效益和风险程度，是反映投资项目在财务上偿还总投资的真实能力和资金周转速度的重要指标，对于投资者来讲，一般情况下，投资回收期越短越好，从而减少投资的风险。

计算投资回收期时，根据是否考虑资金的时间价值，可分为静态投资回收期（不考虑资金时间价值因素）和动态投资回收期（考虑资金时间价值因素）。投资回收期从工程项目开始投入之日算起，即包括建设期，单位通常用"年"表示，记为 T_p。

1. 静态投资回收期

原理计算公式为

$$\sum_{t=0}^{T_p} (CI_t - CO_t) = 0 \tag{3-1}$$

式中：CI_t——第 t 年的现金流入额；

　　　CO_t——第 t 年的现金流出额。

实用公式：

$$\text{投资回收期} = \left(\begin{array}{c}\text{累计净现金流量}\\\text{开始出现正值年份}\end{array}\right) - 1 + \frac{\text{上年累计净现金流量的绝对值}}{\text{当年净现金流量}} \tag{3-2}$$

例 3.1　某项目的收入、投资、支出如表 3-1 所列。求其投资回收期？

解：列表计算可知静态投资回收期在 4 年与 5 年之间。

表 3-1　项目的投资、收入、支出　　　　　　　　单位:万元

项目 ＼ 年份	0	1	2	3	4	5	6
收入			50	70	70	70	70
投资	100	50					
支出			15	20	20	20	20
净现金流量	-100	-50	35	50	50	50	50
累计净现金流量	-100	-150	-115	-65	-15	35	85

由公式(3-2),可得

$$T_p = (5 - 1) + \frac{|-15|}{50} = 4.3 \text{(年)}$$

2. 动态投资回收期

例 3.2　如例 3.1,如果将第 t 年的收入视为现金流入 CI,将第 t 年的支出以及投资都视为现金流出 CO,即第 t 年的净现金流量为 $(CI_t - CO_t)$,并考虑资金的时间价值,则动态投资回收期 T_p 的计算公式应满足

$$\sum_{t=0}^{T_p} (CI_t - CO_t)(1 + i_0)^{-t} = 0 \tag{3-3}$$

式中, i_0 为折现率。

对于方案的财务评价, i_0 取行业的基准收益率;对于方案的国民经济评价, i_0 取社会折现率,现行规定社会折现率为 12%(1990 年国家计委公布)。

动态投资回收期 T_p 的计算也常采用列表计算法。例如,按表 3-1 数据,取折现率为 10%,则动态投资回收期的计算如表 3-2 所示。

计算动态投资回收期的实用公式为

$$\begin{aligned} \text{投资回} \\ \text{收期} \end{aligned} = \begin{pmatrix} \text{累计净现金流量现值} \\ \text{开始出现正值的年份} \end{pmatrix} - 1 + \frac{\text{上年累计净现金流量现值的绝对值}}{\text{当年净现金流量现值}} \tag{3-4}$$

表 3-2　项目的投资、收入和支出　　　　　　　　单位:万元

项目 ＼ 年份	0	1	2	3	4	5	6
收入			50	70	70	70	70
投资	100	50					
支出			15	20	20	20	20
净现金流量	-100	-50	35	50	50	50	50
净现金流量折现值	-100	-45.45	28.93	37.57	34.15	31.05	28.22
累计净现金流量	-100	-145.45	-116.53	-78.96	-44.81	-13.77	14.46

从表 3-2 可见,该项目的动态投资回收期为

$$T_p = (6 - 1) + \frac{|-13.77|}{28.22} \approx 5.49 \text{(年)}$$

动态投资回收期的计算公式表明,在给定的折现率 i_0 下,要经过 T_p 年,才能使累计的现金

流入折现值抵消累计的现金流出折现值,投资回收期反映了投资回收的快慢。

投资回收期是经济效益的逆指标,该指标值越小,说明该方案回收投资期间的经济效益越好。利用投资回收期评价某个方案的经济效益时,应遵循下面的评价标准:

当 $T_p \leqslant T_b$ 时,表示方案的经济效益好,方案可行;

当 $T_p > T_b$ 时,表示方案的经济效益不好,方案不可行。

其中,T_b 为标准的投资回收期。T_b 的确定是一项很复杂的工作,它可以是国家或部门制定的标准,也可以是企业自己的标准,其确定的主要依据是全社会或全行业投资回收期的平均水平,或者是企业期望的投资回收期水平。

投资回收期法主要优点是概念明确,计算简单。由于它判别项目或方案的标准是回收资金的速度越快越好,因此在对投资进行风险分析中有一定的作用,即能反映出投资风险的大小,特别是在资金缺乏和特别强调项目清偿能力的情况下,投资回收期指标尤为重要。但是,投资回收期法最大的缺点是没有反映投资回收期以后方案的情况,因而不能全面反映项目在整个寿命期内真实的经济效果。所以投资回收期法一般用于粗略评价,只能作为项目评价中的辅助方法,需要和其他评价方法结合起来使用。

3.2.2 净现值法

净现值(Net Present Value,NPV)法是计算各方案的净现金流量的现值,然后在现值的基础上比较各方案。该方法要求各方案的所有现金流入与现金流出都可以估计出来,主要是根据装备项目的全寿命周期中每年发生的资金流量,按一定的折现率将各年净现金流量折现到同一时点(通常是期初)的现值累加值就是净现值。

净现值表达式为

$$
\begin{aligned}
\mathrm{NPV} &= \sum_{t=0}^{n} (CI_t - CO_t)(P/F, i, t) + L(P/F, i, n) \\
&= \sum_{t=0}^{n} (CI_t - CO_t)(1 + i_0)^{-t} + L(1 + i_0)^{-n} \\
&= \sum_{t=0}^{n} (CI_t - K_t - CO_t')(1 + i_0)^{-t} + L(1 + i_0)^{-n}
\end{aligned}
\tag{3-5}
$$

式中 NPV——净现值;

$\quad CI_t$——第 t 年的现金流入额;

$\quad CO_t$——第 t 年的现金流出额;

$\quad K_t$——第 t 年的投资支出;

$\quad CO_t'$——第 t 年除投资支出以外的现金流出,即 $CO_t' = CO_t - K_t$;

$\quad n$——项目寿命年限;

$\quad i_0$——基准折现率;

$\quad L$——期末残值。

应用净现值法不仅可以评价单个方案的经济效果,而且可以用来进行多个方案的比较选优。判别准则为:对单一项目方案而言,若 NPV $\geqslant$ 0,则项目应予接受;若 NPV $<$ 0,则项目应予拒绝。多方案比选时,净现值越大的方案相对越优(净现值最大准则)。

利用净现值法进行单方案评价时,方案的寿命周期即为分析期,方案取舍取决于净现值大小。

例3.3 某大型军工企业进行项目投资,规定投资10000万元,在5年中每年平均收入5310万元,并且还有残值2000万元,每年支出的经营费和维修费为3000万元,若按投入赚得10%的利率计算净现值,试判断它是否是一个理想方案。

解:首先应绘制现金流图,如图3-1所示。

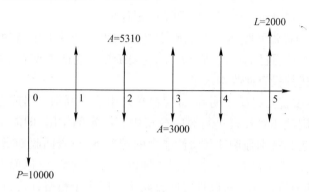

图 3-1 方案现金流量图

$$NPV = -10000 + (5310 - 3000)(P/A,10\%,5) + 2000(P/F,10\%5)$$
$$= -10000 + 2310 \times 3.791 + 2000 \times 0.0209$$
$$= -1.5(万元)$$

由于计算的结果小于零,所以它不是一个理想方案。

利用净现值法对多个方案进行比较时,要注意进行对比方案的计算周期是否相同,若进行对比的方案使用寿命不同,按对比方案各自的经营寿命计算的净现值,就不具有可比性。因此,当对比方案的使用寿命有差异时,首先应统一对比方案计算周期,然后在相同的计算周期下计算净现值,使对比方案具有可比性。

例3.4 现有两种装备A、B可供选择,相关信息如表3-3所列,试采用净现值法进行选择。

表 3-3 装备在使用中的现金流量表

方案	投资/元	寿命/年	残值/元	年收入/元	年支出/元	期望收益率/%
装备 A	10000	5	2000	5000	2200	8
装备 B	15000	10	0	7000	4300	8

解:装备A的现金流量图如图3-2所示。

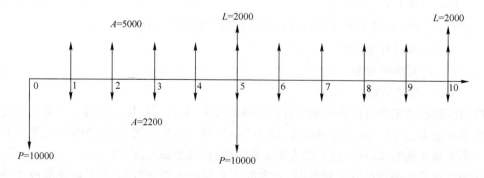

图 3-2 装备 A 的现金流量图

$$NPV_A = -10000 - 8000(P/F,8\%,5) + 2000(P/F,8\%,10)$$
$$+ (5000 - 2200)(P/A,8\%,10)$$
$$= 4269.88(元)$$

同理,装备 B 的净现值为

$$NPV_B = -15000 + (7000 - 4300)(P/A,8\%,10)$$
$$= 3117(元)$$

从上面的计算中可以看出,装备 A 方案为最优方案。

当方案的寿命周期不同时,则取方案寿命的最小公倍数为计算周期,并假定方案以相同的现金流量形式重复另一周期。

净现值法是评价方案经济效益的主要方法,在多个方案比较时,一般是选择净现值大的方案。净现值评价方法的优点是考虑了资金的时间因素,如果利用现金流量表计算方案的净现值,可以清楚地表明方案在整个经济寿命期的经济效益。但是,在实际工作中若仅以净现值的大小选择方案,则容易选择投资额大、赢利多的方案,而容易忽视投资少、赢利较多的方案。因为这一方法不能说明资金的利用情况,所以必要时经常利用净现值指数作为辅助指标进行判别。

3.2.3　净现值指数法

评价多个方案时,由于没有考虑各个方案投资额的大小,不能直接反映资金的利用率,通常用净现值指数作为净现值的辅助指标。净现值指数(NPVI)是指装备项目净现值与项目投资总额现值的比值,也叫做净现值率。其经济含义是单位投资现值所能带来的净现值。其计算公式为

$$NPVI = \frac{NPV}{K_p}$$
$$= \frac{\sum_{t=0}^{n}(CI_t - CO_t)(P/F,i,t) + L(P/F,i,n)}{\sum_{t=0}^{n}K_t(P/F,i,t)}$$
$$= \frac{\sum_{t=0}^{n}(CI_t - CO_t)(1 + i_0)^{-t} + L(1 + i_0)^{-n}}{\sum_{t=0}^{n}K_t(1 + i_0)^{-t}} \tag{3-6}$$

式中　K_p——项目总投资现值。

对于单一项目而言,若 NPV ≥ 0,则 NPVI ≥ 0;若 NPV < 0,则 NPVI < 0。因此用净现值指数评价单一项目经济效果时,判断标准与净现值相同。

对于多个方案比较时,用净现值法评价方案与用净现值指数法评价方案进行评价时,结论有可能不同。例如,现有两个方案 I 和 II,在利率为 15% 时,$NPV_1 = 352.2$,$NPV_2 = 372.6$。若从 NPV 指标判断,方案 II 优于方案 I,但方案 II 的投资额(3650)比方案 I 的投资额(3000)多650 元,所以用 NPVI 进行比较得

$$\begin{cases} 方案 I, & NPVI = \dfrac{352.2}{3000} = 0.1174 \\ 方案 II, & NPVI = \dfrac{372.6}{3650} = 0.102 \end{cases}$$

说明方案 Ⅰ 在确保 15% 的收益时,每元投资现值尚可获得 0.1174 元的额外收益,所以在考虑投资的情况下,方案 Ⅰ 优于方案 Ⅱ。

需要说明的是,当用净现值法评价方案与用净现值指数法评价方案得出的结论相互矛盾时,应根据具体情况,选择一个为主要指标,一个为辅助指标。

3.2.4 净年值法

净年值(Net Annual Value,NAV)法是通过资金等值换算将装备项目净现值分摊到寿命周期内各年的等额年值。

其表达式为

$$NAV = NPV(A/P, i_0, n)$$

$$= \sum_{t=0}^{n} (CI_t - CO_t)(1 + i_0)^{-t}(A/P, i_0, n) \tag{3-7}$$

若方案的投资为 K,年平均收益为 A_1,年均支出为 A_2,残值为 L,利率为 i,方案的寿命期为 n 年时,该方案的净年值为

$$NAV = -K(A/P, i, n) + A_1 - A_2 + L(A/F, i, n) \tag{3-8}$$

若每年的收支不同,净年值的表达式为

$$NAV = \sum_{t=0}^{n} (S - K - C + L)_t (P/F, i, t)(A/P, i, n) \tag{3-9}$$

式中:S——现金收入;

C——经营费用。

判别标准是:只评价一个方案时,若 NAV ≥ 0,则该装备项目在经济效果上可以接受;若 NAV < 0,则该装备项目在经济效果上不可以接受。

比较净年值和净现值的计算公式及判别标准可知,应用净现值法和净年值法评价项目时,其评价结果是等效的。但是二者提供的信息有所不同,净现值法给出的信息是装备项目在整个寿命期内获取的超出最低期望赢利的超额收益的现值,而净年值法给出的信息是寿命周期内每年的等额超额收益。因此,在不同情况下,应根据具体条件和需求选择相适应的方法。

多个方案比选时,多个方案年值比较与多个方案现值比较最大的不同之处,就是用年值指标比较多个方案时,不考虑对比方案的寿命周期,也就是不用把各方案的寿命周期换算成相同的计算周期。因为利用年值指标比较时,若对比方案的经营寿命周期相同,则计算周期以对比方案的经营寿命为限。若对比方案的经营寿命周期不相同,年值比较隐含着一个假设:计算周期长度是对比方案使用寿命的最小公倍数或计算周期为无穷大,对比方案在计算周期中各自进行若干次原方案更新。在实际计算中,因为各方案在第一个经营寿命周期中的年均值与在计算周期长度相同时原方案更新若干次的年均值是相同的,因此不考虑计算周期中方案更新次数和更新期中的现金流量,只要计算出对比方案在第一个经营寿命周期中的年均值,就可对方案进行比较。就项目方案的评价结论而言,净现值与净年值是等效评价指标,但采用净年值比采用净现值更为简单和易于计算,故净年值指标在经济评价体系中占有相当重要的地位。

例3.5 某单位欲进行设备更新,现有 3 个备选设备方案 A、B、C,在现时一次投资分别为 20000 元、40000 元与 100000 元。设 3 个方案的有效期均为 20 年,并且已知对于原有老设备,生产者每年交电费 10000 元,而方案 A 每年能节省电费 30%,方案 B 每年能节省电费 50%,方案 C 每年能节省电费 90%,但方案 A、B 在 20 年之后,完全报废,而方案 C 在 20 年之后,还能

以 10000 元售出。假设银行利率 10%,试选择。

解:方案 A 的现金流量如图 3-3 所示。

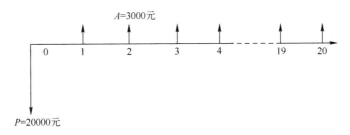

图 3-3　A 方案现金流量图

方案 A 的净年值:
$$\text{NAV}_A = -20000(A/P,10\%,20) + 3000 = 650(元)。$$

同理,方案 B 的净年值:
$$\text{NAV}_B = -40000(A/P,10\%,20) + 5000 = 300(元)。$$

C 方案的净年值:
$$\text{NAV}_C = -100000(A/P,10\%,20) + 9000 + 10000(A/F,10\%,20) = -2580(元)$$

由此可见,方案 A 在经济上是最有利的,方案 C 最不合理。这个结论与用净现值法所得的结果是一致的。

3.2.5　费用值法

在对多个方案进行比较选择时,如果诸方案的产出价值相同,或者诸方案能够满足相同的需要,但产生的经济效益难以用价值形式(货币)计量(如国家安全、教育、环保等)时,可以通过对各方案费用现值或费用年值比较进行选择,即费用现值法和费用年值法。

1. 费用现值法(PC)

其表达式为

$$PC = K_0 + \sum_{t=1}^{n} CO_t(P/F,i_0,t) - L(P/F,i_0,n) \tag{3-10}$$

式中　K_0——期初的投资额;

CO_t——第 t 期的经营费用。

2. 费用年值法(AC)

其表达式为

$$AC = PC(A/P,i_0,n)$$
$$= \left[K_0 + \sum_{t=1}^{n} CO_t(P/F,i_0,t) - L(P/F,i_0,n) \right](A/P,i_0,n) \tag{3-11}$$

费用值法主要应用于多个方案的产出价值相同,或者多个方案能够满足同样需求但其产出效益难以用具体价值计量的多方案比较选优论证过程中。其判别准则是:费用现值或费用年值最小的方案为优。

例 3.6　某项目实施有 3 个备选方案,分别为 A、B、C,均能满足同样的需要。其费用数据如表 3-4 所列。在基准折现率 $i_0 = 10\%$ 的情况下,试用费用现值和费用年值确定最优方案。

表3-4 3个方案的费用数据表 单位:万元

方　案	总投资(第0年末)	年运营费用(第1年到第10年)
A	200	60
B	240	50
C	300	35

解:(1)各方案的费用现值计算如下:

$$PC_A = 200 + 60(P/A,10\%,10) = 568.64(万元)$$
$$PC_B = 240 + 50(P/A,10\%,10) = 547.2(万元)$$
$$PC_C = 300 + 35(P/A,10\%,10) = 515.04(万元)$$

(2)各方案的费用年值计算如下:

$$AC_A = 200(A/P,10\%,10) + 60 = 92.55(万元)$$
$$AC_B = 240(A/P,10\%,10) + 50 = 89.06(万元)$$
$$AC_C = 300(A/P,10\%,10) + 35 = 83.82(万元)$$

根据费用最小的选优准则,费用现值和费用年值的计算结果均表明,方案C最优,方案B次之,方案A最差。

费用现值法和费用年值法之间的关系,恰如前述净现值和净年值的关系一样。二者除了在指标含义上有所不同外,就评价结论而言,二者是等效评价指标。就计算的方便简易而言,在不同的决策结构下,两者各有所长。

3.2.6 收益率法

1. 内部收益率(IRR)

内部收益率(IRR)也是项目评价的常用评价方法之一。简单地说,内部收益率就是净现值为零时的投资收益率。要想研究内部收益率法的有关问题,首先要弄清两个问题:一是基准投资收益率i_0问题,二是净现值NPV与i的函数关系问题。

基准投资收益率是反映投资决策者对资金时间价值估计的一个参数,恰当地确定基准投资收益率是一个十分重要而又相当困难的问题。它不仅取决于资金来源的构成和未来的投资机会,还要考虑项目风险和通货膨胀等因素的影响。但从根本上说,基准投资收益率是根据项目方案追求的投资效果来确定的,因此,选定时应遵从以下基本原则。

(1)以贷款的方式筹措资金时,投资的基准收益率应高于贷款的利率。

(2)以自筹资金方式投资时,不需付息,但基准投资收益率也应大于或至少等于贷款的利率。

(3)考虑部门或行业的风险程度。风险大者基准收益率略高,风险小者则应略低。

(4)分析研究各部门或行业平均赢利水平。投资者投资的目的是必须在偿还贷款后得到一定的收益,但收益的大小则要由行业的情况决定,不能千篇一律。

(5)通货膨胀因素。根据国外的经验,基准投资收益率应高于贷款利率的5%左右为宜。

当对某方案进行评价时,采用净现值法虽然简便易行,但必须先给定一个基准收益率或目标收益率,且其评价的结论只知是否达到或超过基本要求的效率,并未给出项目实际达到的投资效率。内部收益率法正是净现值法的补充,它求出的是项目实际能达到的投资效率水平(内部收益率),而且不用事先给定基准收益率。

对某个技术方案来说,由净现值的公式可知,在整个寿命周期内,其净现值的大小与所选

定的投资收益率 i 有关。假设计算的时间长度和现金流量不变,只改变代入的投资收益率,净现值公式为

$$\mathrm{NPV} = \sum_{t=0}^{n} (CI_t - CO_t)(1+i)^{-t} + L(1+i)^n$$

收益率的取值不同,直接影响到 NPV 值的大小。如果将收益率看作一个变量,NPV 与收益率 i 的关系可用函数式表示,即 $\mathrm{NPV} = f(i)$,此函数称为 NPV 函数。对于一般的投资方案而言,NPV 函数是一个单调递减函数,如图 3-4 所示。

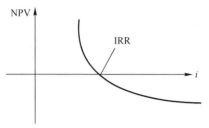

图 3-4 净现值曲线图

一般情况下,同一净现金流量的净现值随着收益率的增大而减小。其原因是:一般投资项目正的现金流入(如收益)总是发生在负的现金流出(如投资)之后,使得随着收益率的增加,正的现金流入折现到期初的时间长,其现值减小得多,而负的现金流出折现到期初的时间短,相应现值减少得少,这样现值的代数和就减小。NPV 函数曲线与横坐标的交点,即当 NPV = 0 时的收益率就为内部收益率。因此可以明确,只要人为地强制使项目的净现值为零,用净现值为零作为条件,反求出 NPV 为零时的收益率 i 值,就可得出项目的内部收益率。

对于任何一个投资项目,如果各年的净现金流量为 $(CI_t - CO_t)(t = 1, 2, \cdots, n)$,则求内部收益率的方程是一个高次方程:

$$(CI_0 - CO_0) + \frac{(CI_1 - CO_1)}{1+i_0} + \frac{(CI_2 - CO_2)}{(1+i_0)^2} + \cdots + \frac{(CI_n - CO_n)}{(1+i_0)^n} = 0$$

令 $x = \dfrac{1}{1+i_0}$,则方程为

$$(CI_n - CO_n)x^n + (CI_{n-1} - CO_{n-1})x^{n-1} + \cdots + (CI_1 - CO_1)x + (CI_0 - CO_0) = 0$$

从理论上讲,上述方程应有 n 个根,当然对这类问题只有正实根才有意义。根据狄斯卡尔符号规则,这个方程的正实根数目一定不大于系数正负号变化的次数。对典型(或称常规)的投资项目来说,其现金流量的符号从负到正只变化一次,这样也就只存在唯一的内部收益率。对于非典型的投资项目方案,方案寿命期内净现金流量的正负号不只变化一次,此时就会出现多解。一般情况下,非典型投资方案是否出现内部收益率的多解,要看 IRR 作为折现率回收投资,未被收回的投资余额是否一直保持在寿命周期结束之前处于小于零状况,即未被收回的投资余额 $L_n(\mathrm{IRR})$ 满足

① $L_n(\mathrm{IRR}) = \sum_{t=0}^{n} (CI_t - CO_t)(1+\mathrm{IRR})^{n-t} < 0$

② $L_n(\mathrm{IRR}) = \sum_{t=0}^{n} (CI_t - CO_t)(1+\mathrm{IRR})^t = 0$

满足上述两式的非典型方案,仍可得到 IRR 的唯一解;否则,会出现 IRR 的多解,项目无内部收益率。

虽然典型投资项目方案只有一个内部收益率,但直接求内部收益率 IRR 还是很复杂的,可采用内插法来求解。此时,内部收益率的计算步骤如下:

第一步:做出方案的现金流量图,列出净现值或净年值公式。

第二步:任取一个折现率值进行试算,若 NPV(NAV) < 0,说明这个试算的折现率取值偏小,重新选取收益率试算。若 NPV(NAV) > 0,说明这个试算的折现率取值偏高。可以断定,内部收益率在两个试算的收益率之间。

第三步:为了减少试算次数,用线性内插公式求出内部收益率的近似值。内插公式为

$$\text{IRR} \approx i_1 + \frac{\text{NPV}(i_1)}{|\text{NPV}(i_1)| + |\text{NPV}(i_2)|} \times (i_2 - i_1) \tag{3-12}$$

式中 i_1——使 NPV 为正值的略小的收益率;

i_2——使 NPV 为负值的略大的收益率。

利用内插法计算的内部收益率,只是一个近似值,将其代入 NPV 公式中,并不能使 NPV = 0,只能近似等于零。为使内插公式求得的 IRR 更为准确,i_1、i_2 之差不超过 2%,最大不超过 5%。

判别准则是:主要针对单方案选择。

若 IRR ≥ i_0,则方案在经济效果上可以接受;

若 IRR < i_0,则方案在经济效果上不可接受。

下面用一个例子说明内插公式的由来。

例 3.7 某军工企业有一方案,投资 10000 元,方案的经营寿命是 5 年,届时有残值 2000 元,每年收入为 5000 元,每年支出 2200 元,期望收益率为 8%,求方案投资的内部收益率。

解: $\text{NPV} = -10000 + 2000(P/F, i, 5) + (5000 - 2200)(P/A, i, 5)$。

当 $i_1 = 15\%$ 时,$\text{NPV} = -10000 + 2000(P/F, 15\%, 5) + (5000 - 2200)(P/A, 15\%, 5) = 365(元)$。

当 $i_2 = 20\%$ 时, $\text{NPV} = -10000 + 2000(P/F, 20\%, 5) + (5000 - 2200)(P/A, 20\%, 5) = -598(元)$。说明内部收益率在 15% ~ 20% 这个小区间内,NPV 近似地随 i 呈线性变化,如图 3-5 所示,就有 $\triangle ABC \backsim \triangle ADE$。

则有

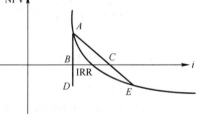

图 3-5 用内插法求 IRR 图解

$$\frac{AB}{AD} = \frac{BC}{DE}$$

$$\frac{\text{NPV}(i_1)}{|\text{NPV}(i_1)| + |\text{NPV}(i_2)|} = \frac{\text{IRR} - i_1}{i_2 - i_1}$$

$$\text{IRR} = i_1 + \frac{\text{NPV}(i_1)}{|\text{NPV}(i_1)| + |\text{NPV}(i_2)|}(i_2 - i_1)$$

$$\text{IRR} = 0.15 + \frac{365}{|365| + |-598|}(0.20 - 0.15) = 16.9\%$$

内部收益率表示资金投入的回收情况,它反映了投资的使用效果。内部收益率用百分数表示,比较直观、简单,与传统的表示方式相一致,容易被人接受。内部收益率的另外一个优点是,不需要事先给定基准收益率,因为计算基准收益率是十分困难的。但该方法的不足之处是计算起来比较复杂,对于一个非典型投资方案(在方案的经营期内又出现多次投资),方案的内部收益率可能不是唯一的。

内部收益率的经济涵义可以这样理解:在项目的整个寿命内按利率 i = IRR 计算,始终存在未能收回的投资,只有在项目寿命周期结束时,投资才被完全收回,也就是说,在项目寿命周

期内,项目始终处于"偿付"未被收回的投资状况。因此,项目的"偿付"能力完全取决于项目内部,故有"内部收益率"之称。

2. 差额内部收益率

在进行多个方案比较时,不能直接用各方案内部收益率的大小来比较,因为按方案现金流量总额计算的内部收益率最大,但按基准收益率计算的现金流量总额的净现值不一定最大,就是说,内部收益率并不反映方案现金流量的结构。例如,有两个互斥方案 1 与 2,由于投资规模不同,因此二者的现金流量结构不同,其净现值函数曲线呈现出不同的形状。一般情况下,当方案的前期净收益大,后期的净收益小时,其净收益现值函数的变化率较小,曲线平缓,如图 3-6 中的曲线 1 所示,此类情况相当于投资规模小,而后期收益也较小的方案。反之,若方案的前期净收益较小,后期净收益较大,即投资规模较大,后期收益也较大,其净收益现值函数的变化率较大,曲线较陡,如图 3-6 中的曲线 2 所示。一般情况下,由于投资规模不同,互斥方案的净现值函数曲线之间可能存在着 3 种相互关系,如图 3-6 所示。在图 3-6(a)中,曲线 1、2 的交点在基准收益率 i_0 的左侧,此时用净现值法和用内部收益率法所得的结论是一致的,即方案 1 优于方案 2。在图 3-6(c)中,两方案曲线的交点在横坐标以下,此种情况用净现值法和用内部收益率法得出的结论也是一致的,即方案 2 优于方案 1。但图 3-6(b)中所示的情况就不同了,曲线 1、2 的交点在 i_0 的右侧,又在横坐标的上方,方案 1 的内部收益率大于方案 2 的内部收益率,故方案 1 优于方案 2,但从净现值的标准来看,$NPV_1 < NPV_2$,方案 2 又优于方案 1,这样以两种不同方法来评价方案,会得出相反的结论。所以,对多个方案进行比较选优时,如果用内部收益率法选择方案,一定要用差额内部收益率。

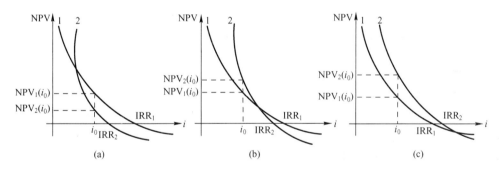

图 3-6　用于方案比较的差额内部收益率示意图

差额投资内部收益率可用下式计算:

$$\sum_{t=0}^{n} \left((CI_{t2} - CO_{t2}) - (CI_{t1} - CO_{t1}) \right) \times \frac{1}{(1 + \Delta IRR)^t} = 0 \qquad (3-13)$$

式中　$(CI_{t2} - CO_{t2})$——投资大的方案第 t 年的净现金流量;

　　　$(CI_{t1} - CO_{t1})$——投资小的方案第 t 年的净现金流量;

　　　　　ΔIRR——投资增量收益率。

式(3-13)经过变化可得

$$NPV_2 - NPV_1 = 0$$

由此可见,投资增量收益率 ΔIRR 就是两方案净现值相等时的内部收益率。反映在图 3-6 中就是两条净现值函数曲线相交时所对应的收益率。用投资增量收益率 ΔIRR 对多个方案评价和选优,就能解决分别用 NPV 法和 IRR 法选择方案时出现的矛盾,即 $NPV_1 <$

NPV_2,而 $IRR_1 > IRR_2$ 时方案的选择问题,如图 3-6(b)所示。此时只需求出两互斥方案的投资增量收益率 ΔIRR 后,将其与基准收益率 i_0 比较,就可选出最优方案。方案优劣的判断准则如下

当 $\Delta IRR < i_0$ 时,投资额小、收益小的方案优于投资额大、收益大的方案,如图 3-6(a)所示。

当 $\Delta IRR > i_0$ 时,投资额大的方案优于投资额小的方案,如图 3-6(b)、图 3-6(c)所示。

例 3.8 现有两个投资方案,其现金流量如表 3-5 所列,取 $i = 10\%$,试选择最优者。

表 3-5 方案现金流量表

方 案	投资/万元	年经营费用/万元	年销售收入/万元	寿命/年
I	1500	650	1150	10
II	2300	825	1475	10

为了使讨论的问题更加明确,首先分别用 NPV 和 IRR 法计算:

$$NPV_1 = -1500 + (1150 - 650)(P/A,10\%,10) = 1572(万元)$$

$$NPV_2 = -2300 + (1475 - 825)(P/A,10\%,10) = 1693.6(万元)$$

可见用净现值法比较方案,其结果是 II 优于 I。

下面计算两方案的内部收益率。

对于 I 方案:当 $i_1 = 30\%$ 时,$NPV_1 = 46$;当 $i_2 = 35\%$ 时,$NPV_2 = -142.5$。

$$IRR = 30\% + \frac{46}{46 + 142.5}(35\% - 30\%) = 31.2\%$$

对于 II 方案:当 $i_1 = 25\%$ 时,$NPV_1 = 21.15$;当 $i_2 = 30\%$ 时,$NPV_2 = -290$。

$$IRR = 25\% + \frac{21.15}{21.15 + 290}(30\% - 25\%) = 25.34\%$$

可见,用内部收益率法比较方案其结果是 I 优于 II。

两个方案分别用净现值和内部收益率进行方案选择时,方案的结论正好相反。无论用哪种方法进行方案相对比选,比选的实质是判断投资大的方案与投资小的方案相比,增量投资能否被其增量收益收回,即对增量的现金流量的经济性做出判断。也就是当用内部收益率法比较多个方案时,把两个方案的投资差看成是一笔新投资,把两个方案的成本差和收益差看成是这笔新投资带来的净收益,由此计算出的使增量投资和净收益现值等于零时的贴现率,就为差额内部收益率(或投资增量收益率),用此差额内部收益率与基准收益率比较,即可判断出增量投资的经济性,即可选出最优方案。

如例 3.8 中,$\Delta NPV = -800 + 150(P/A,i,10)$。

当 $i_1 = 10\%$ 时,$\Delta NPV_1 = 121.6$;当 $i_2 = 15\%$ 时,$\Delta NPV_2 = -47.15$。

$$\Delta IRR = 10\% + \frac{121.6}{121.6 + 47.15}(15\% - 10\%) = 13.6\%$$

由于 $\Delta IRR > i_0$,即增加 800 万元投资是可行的,从而得出方案 II 优于方案 I。因为净现值随着 i 的变化而变化,但对同一变化量来说,两个方案的变化幅度却不一样,一般是投资大者变化快。因为投资是早期进行的,若投资大,对资金占用就大,只要利率有一点变化,其绝对变化量就大。

对于能满足相同需要的多个互斥方案,若用差额内部收益率来评价方案,其基本步骤为:

第一步:计算各方案自身的内部收益率,从中选取 $IRR > i_0$ 的所有方案。

第二步:将所选出的方案,按初始投资由小到大的顺序排列。

第三步:通过比较来计算两方案的差额内部收益率,若 $\Delta IRR > i_0$ 则选择投资大的方案,否则选取投资小的方案,将选出的方案与后一个方案再进行比较。

第四步:重复第三步,直到选出最优方案为止。

用差额内部收益率法选择多方案时,只有在基准收益率大于被比较的两方案的差额内部收益率时,才能得出正确结论。也就是说,如果投资大的方案相对于投资小的方案的增量投资用于其他机会,会获得高于差额内部收益率的赢利率,投资大的方案为最优方案的这一结论是正确的。但若基准收益率小于差额内部收益率,再用差额内部收益率选择方案就会导致错误的结论。由于基准收益率是独立确定的,不依赖于具体备选方案的差额内部收益率,故用内部收益率最大准则比选方案是不可靠的。

3. 外部收益率(ERR)

对投资方案内部收益率的计算,隐含着一个基本假定,即项目寿命周期内所获得的净收益全部可用于再投资,再投资的收益率等于项目的内部收益率。这种隐含假定是由于现金流量计算中采用复利计算方法导致的。下面的推导有助于看清这个问题。

求解内部收益率的方程可写成下面的形式:

$$\sum_{t=0}^{n}(NB_t - K_t)(1 + IRR)^{-t} = 0$$

式中　K_t——第 t 年的净投资;

　　　NB_t——第 t 年的净收益。

上式两端同乘以 $(1 + IRR)^n$,即通过等值计算将式左端的现值折算成 n 年末的终值,可得

$$\sum_{t=0}^{n}(NB_t - K_t)(1 + IRR)^{n-t} = 0$$

亦即

$$\sum_{t=0}^{n}NB_t(1 + IRR)^{n-t} = \sum_{t=0}^{n}K_t(1 + IRR)^{n-t}$$

上式意味着每年的净收益以 IRR 为收益率进行再投资,到 n 年末历年净收益的终值和历年投资按 IRR 折算到 n 年末的终值和相等。

由于投资机会的限制,这种假定往往难以与实际情况相符,这也是造成非常规投资项目 IRR 方程出现多解的原因。外部收益率实际上是对内部收益率的一种修正,计算外部收益率时也假定项目寿命周期内所获得的净收益全部用于再投资,所不同的是假设再投资的收益率等于基准收益率。求解外部收益率的方程如式(3-14)所示。

$$\sum_{t=0}^{n}NB_t(1 + i_0)^{n-t} = \sum_{t=0}^{n}K_t(1 + ERR)^{n-t} \tag{3-14}$$

式中不会出现多个正实数解的情况,而且通常可以用代数方法直接求解。ERR 指标用于评价投资方案经济效果时,需要与基准折现率 i_0 相比较,判别标准是:若 $ERR > i_0$,则项目可以被接受;若 $ERR < i_0$,则项目不可以接受。

ERR 的使用并不普遍,但对于非常规项目的评价,用 ERR 进行评价有更多的优越之处,表现在:① 求解 ERR 比较简单;②对于任何现金流量的投资项目,ERR 有唯一解;③ ERR 与 IRR 相比能够更准确地反映项目在整个计算周期的投资收益水平。④ERR 与 NPV 的评价结

论相同。

对 IRR 可以有以下两种理解：一是把 IRR 看成是项目全部投资的收益率，但它假定其再投资利率与项目的 IRR 一样大，这种假定使有些投资项目难以做到；二是把 IRR 作为项目占用的尚未回收资金的收益率来理解，严格地说不能用尚未回收资金的收益率进行互斥方案的比较，由于尚未回收资金的余额、期限不同，方案之间就不具有可比性。对 IRR 相同的可行方案，尚未回收的资金越多、期限越长，其经济性能越好。

ERR 的不足之处在于要事先知道 i_0 才能计算，但用 IRR 法，虽然计算 IRR 时不需要事先知道 i_0，但在评价方案时还是要与 i_0 进行比较，所以在这一点 IRR 也没有多少优势。

通过本节介绍的多种技术方案经济评价方法，可以看出，总体上可以将评价方法分为静态评价方法和动态评价方法，这两种方法各有特点，应用中需要准确把握，正确使用。

常用的静态评价方法主要包括投资收益率、静态投资回收期等方法。由于静态评价法不考虑资金时间价值，计算简便、直观，因而被广泛用来对经济效果进行粗略估计，但不能反映项目整个寿命周期的全面情况。

常用的动态评价法主要包括动态投资回收期法、净现值法、净年值法、费用现值法、费用年值法和内部收益率法等，这些方法主要通过计算相应的指标来进行经济评价，不仅考虑资金时间价值，而且考虑了项目在整个寿命周期内收入与支出的全部经济数据，相比静态评价法而言，动态评价法更全面、更科学。因此在对方案进行经济评价时，应以动态分析为主，必要时可另加一些静态评价方法进行辅助分析。

需要说明的是，本节给出的技术方案经济评价基本方法，均是从不同的角度考察项目方案的经济效果，因此，在对技术方案进行评价时，应合理选择多种评价方法相结合，并相互对比分析，以取得最后的最佳方案。

3.3 技术方案的综合评价方法

对装备项目方案进行投资评价时，仅靠一种评价方法往往是不能进行的，在许多时候，由于方案结构的复杂性，需要运用多种方法来进行综合评价，评价方案的不同，也应采用相应不同的评价方法。评价方案一般可分为独立方案、互斥方案和混合方案，下面对其经济评价方法分别论述。

3.3.1 互斥方案的经济评价方法

互斥方案的选择一般是指从满足资源要求的众多备选方案中选一个最有利方案的过程，且最有利方案要求达到或超过基准收益率。互斥方案的选择一般不考虑在资金限制下的方案最佳组合问题，因为互斥方案是在众中取一，那些不满足资金约束条件的方案可能在没进入备选方案之前就已经被淘汰了。互斥方案的比选可以采用不同的评价指标，选择不同的评价方法，常用的有以下几种。

1. 等值比较法

等值比较法是利用等值的概念及换算公式，根据可比原则，使各互斥方案的比较在满足可比条件的基础上进行。根据确定的等效值的时间基准不同，等值比较法可分为现值(PV)法，年值(AV)法和将来值(FV)法。这些方法的原理和计算在前面有关章节中已经介绍过，这里只举例说明等值比较法在互斥方案选择中的应用。

1）现值（PV）法

现值法包括两种比较方法，一是净现值法，二是费用现值法，这两种方法都可以进行多方案比较。下面以净现值法为例来研究备选方案的比较过程。

例 3.9 某工程有 A、B、C 三个方案可供选择，相关资料如表 3-6 所列。现期望最低取得 10% 的收益，应如何选择一个最有利的方案。

表 3-6　各互斥方案的现金流量

方　　案	投资/元	收益/元	寿命/年	残值/元
A	20000	3000	20	0
B	35000	5000	20	0
C	100000	9000	20	10000

解： 根据净现值法的计算公式得

$$\mathrm{NPV_A} = -20000 + 3000(P/A,10\%,20) = 5540(元)$$

$$\mathrm{NPV_B} = -35000 + 5000(P/A,10\%,20) = 7568(元)$$

$$\mathrm{NPV_C} = -100000 + 9000(P/A,10\%,20) + 10000(P/F,10\%,20) = -21892(元)$$

根据净现值的最大准则原理，应选择净现值最大的 B 方案。

2）将来值（FV）法

将来值法就是把各备选方案所有的现金流量都按一定的收益率折现到寿命期的最后一年，然后在等值的将来值的基础上选择最优方案。

例 3.10 现拟建一设备加工厂，有 A、B、C 三个备选方案，相关资料如表 3-7 所列，若资金利润率为 12%，试选择最优方案。

表 3-7　互斥方案现金流量表

方　　案	初始投资/万元	年收益/万元	年经营费/万元	寿命/年
A	200	100	42	10
B	300	130	52	10
C	400	150	58	10

解： 根据将来值法的计算公式得

$$FV_A = -200(F/P,12\%,10) + (100-42)(F/A,12\%,10) = 396(万元)$$

$$FV_B = -300(F/P,12\%,10) + (130-52)(F/A,12\%,10) = 437(万元)$$

$$FV_C = -400(F/P,12\%,10) + (150-58)(F/A,12\%,10) = 372(万元)$$

根据将来值的最大准则，应选取将来值最大的方案 B。

3）年值（AV）法

在对寿命不等的互斥方案进行比选时，用年值法是一种最简单的比较方法。但应当明确，用年值法进行寿命不等的互斥方案比选，实际上隐含着一个假设，即各备选方案在其寿命结束时均可按原方案重复实施或以与原方案经济效果水平相同的方案延续。因为一个方案无论重复实施多少次，其年值是不变的，所以，年值法实际上假设了各方案可以无限多次重复实施。在这一假设前提下，年值法以"年"为时间单位比较各方案的经济效果，从而使寿命不等的互斥方案间具有可比性。

例3.11 以前例3.10中问题为例,其资料如表3-7所列,试用净年值法比选方案。

解:利用净年值计算公式分别计算三种备选方案净年值,得

$$NAV_A = -200(A/P,12\%,10) + 100 - 42 = 22.6(万元)$$
$$NAV_B = -300(A/P,12\%,10) + 130 - 52 = 24.9(万元)$$
$$NAV_C = -400(A/P,12\%,10) + 150 - 58 = 21.2(万元)$$

根据净年值最大准则,仍然选取方案 B 为最佳方案。

由上述计算可知,三种等值比较法实际上是等价的。对同一问题应用上述方法将会得到相同的选择,这是因为它们的计算公式之间存在等效换算关系。然而在使用上,用现值法应取相同的计算周期,用年值法对寿命不等的方案则更为方便。在实际中,当问题既可用现值法,又可用将来值法、年值法时,往往采用现值法,因为现值更有利于了解问题的规模,并有利于与现实情况比较。

例3.12 现有两个互斥方案 A、B,其各方案的现金流量如表3-8所列,试用现值法比选方案(设方案的基准收益率为12%)。

表3-8 方案 A、B 的现金流量表

方　　案	投资/万元	净现金流量/万元	残值/万元	寿命/年
A	300	166	0	3
B	100	62	0	5

解:以寿命周期最长的 B 方案的寿命周期作为计算周期,则各方案净现值为

$$NPV_A = [-300 + 166(P/A,12\%,3)] \times (A/P,12\%,3)(P/A,12\%,5) = 148.15(万元)$$
$$NPV_B = -100 + 62(P/A,12\%,5) = 123.49(万元)$$

由于方案 A 的净现值大于方案 B,所以应选择方案 A 为最优方案。

2. 差额比较法

在实际问题中,有时很难估计出投资方案发生的费用和收益的绝对值,而对不同方案之间的差异却比较容易用现金流量推测出来。这时,可以把这两个方案的投资之差看成是一笔新的投资,把两个方案的净现金流量之差,看成是这笔新投资所带来的净收益,如果新投资能够带来满意的新收益,则投资大的方案优于投资小的方案;若新投资不能带来满意的新收益,则投资小的方案优于投资大的方案。用于差额分析的评价指标很多,下面以净现值、内部收益率等指标为代表,分析差额比较法的比选过程。

1)差额净现值法

差额净现值等于两个互斥方案的净现值之差。显然,用差额分析法计算两方案的差额净现值进行互斥方案比选,与分别计算两方案的净现值根据净现值最大准则进行比选所得的结论是一致的。因此,当有多个互斥方案时,既可用净现值最大准则进行互斥方案比较,也可以用差额净现值法进行比较。

例3.13 某军工企业为提高效率,计划对生产设备进行投资改造,有 3 个互斥方案供选择,寿命均为 6 年,不计残值,基准收益率为10%,各方案的投资及现金流量如表3-9所列,试用差额净现值法进行互斥方案比选。

表 3-9　互斥方案的现金流量及评价指标　　　　　　　　　单位:万元

方　案	0(年)	1~6(年)
A	-200	70
B	-300	95
C	-400	115

解:已知各方案的年值求净现值,分别代入公式可得

$$NPV_A = 104.9(万元), NPV_B = 113.7(万元), NPV_C = 100.9(万元)$$

由于各方案的 NPV 均大于零,故从单个方案看均是可行的。

三个方案按投资额大小排序为 A、B、C,其中方案 0 是假设不投资的方案,分别计算 ΔNPV:

$$\Delta NPV_{A-0} = NPV_A - NPV_0 = 104.9 - 0 = 104.9(万元)$$

$$\Delta NPV_{B-A} = NPV_B - NPV_A = 113.7 - 104.9 = 8.8(万元)$$

$$\Delta NPV_{C-B} = NPV_C - NPV_B = 100.9 - 113.7 = -12.8(万元)$$

根据计算结果可知

$$\Delta NPV_{A-0} > 0,则 A 优于 0;$$

$$\Delta NPV_{B-A} > 0,则 B 优于 A;$$

$$\Delta NPV_{C-B} < 0,则 B 优于 C。$$

因此,B 为最优方案。

显然,用差额净现值法进行互斥方案比选,与分别计算每一方案 NPV,根据 NPV 最大准则进行互斥方案比选,其结论是一致的。

根据时间换算的方法不同,可将差额净现值法推广成为其他的比较方法,如差额年值法和差额将来值法。显然,各种方法的选择结论应是相同的。

2) 差额 E/C 法和差额 IRR 法

在用差额 E/C 法和差额 IRR 法比较互斥方案时,必须注意的问题是:依据方案本身 E/C 和 IRR 大小来判断多方案的优劣时,往往会得出错误的结论。因为,E/C 值和 IRR 值只是方案本身收益和费用比较,而对于不同的互斥方案,重要的则是比较其差异。所以,应该采用差额分析法,即通过互斥方案间效益和费用两者的差额之比($\Delta E/\Delta C$)或通过投资差额与收益差额所计算出的差额内部收益率(ΔIRR)来判断方案的优劣,才会得出正确的选择。

① 差额效益—费用比率($\Delta E/\Delta C$)法。在选择互斥方案时,采用增额($\Delta E/\Delta C$)法的计算步骤为:

第一步:按投资额的大小,由小到大排列各备选方案。

第二步:计算各方案自身的 E/C 值,将 E/C 值小于 1 的方案舍去。其余的方案为保留方案,以保留方案中投资最低者为"基础方案"。

第三步:用"基础方案"与临近的方案比较,先计算差额效益(ΔE)和差额费用(ΔC)的值,再计算 $\Delta E/\Delta C$ 的值,若比值小于 1,则继续保留原"基础方案";若比值大于 1,则说明差额投资是合理的,应舍去原"基础方案",取与其对比者为新方案,再继续与临近的下一个方案比较。

第四步:重复第三步,直至得到一最佳方案为止。

例 3.14　某工程有 A、B、C、D 4 个建设方案,其数据资料如表 3-10 所列,试用差额法选

择其中最佳方案(基准收益率为 10%)。

表 3-10　各备选方案现金流量表

方　案	A	B	C	D
投资/元	20000	275000	190000	350000
年收益/元	22000	35000	19500	42000
寿命/年	30	30	30	30

解:方案按投资额大小的排列顺序为 C、A、B、D,计算得出的各方案自身 E/C 值分别为 0.97、1.03、1.20 和 1.13。因此舍去方案 C,以方案 A 为"基础方案",与方案 B 比较得

$$(\Delta E/\Delta C)_{B-A} = 13000(P/A, 10\%, 30)/75000 = 1.64$$

由于两方案的差额效益—费用比率大于 1,所以取方案 B 为最优方案。再以方案 B 为"基础方案",与方案 D 比较得

$$(\Delta E/\Delta C)_{D-B} = 7000(P/A, 10\%, 30)/75000 = 0.88$$

由于 B 与 D 的差额效益—费用之比小于 1,所以舍去投资大的方案 D,最终选择方案 B 为最优方案。

由此可见,对于互斥方案,选择标准不是诸方案 E/C 比率最高化,而是把导致 $E/C > 1$ 的投资最高化。换言之,假设增额投资产生的效益增加超过费用的增加,那么,这项增额投资就是经济合理的。

② 差额投资收益率(ΔIRR)法 。对互斥方案的比较,若采用 IRR 法时,也应进行差额分析。差额内部收益率法的计算步骤与差额效益—费用比率法的计算步骤相同。

例 3.15　应用前例 3.14 的数据资料(见表 3-10),试用差额内部收益率法选择最优方案。

解:分别计算各方案的 IRR 值,然后再计算差额 IRR 值,其计算结果如表 3-11 所列。

表 3-11　各备选方案相关计算指标

方案	投资/元	年收益/元	比较对象	投资增额/元	收益增额/元	内部收益率	差额 IRR	取　舍
C	190000	19500	对方案 0	190000	19500	$< i_0$	9.61%	C
A	200000	22000	对方案 0	200000	22000	$> i_0$	10.49%	A
B	275000	35000	对方案 A	75000	13000	$> i_0$	17.18%	B
D	350000	42000	对方案 B	75000	7000	$< i_0$	8.55%	B

在基准收益率 $i_0 = 10\%$ 的情况下,计算得出的 B 对 A 的差额 IRR $> i_0$,所以选取投资大的 B 方案为最优方案,舍去方案 A。再计算 D 对 B 的差额 IRR 小于 i_0,说明此项差额投资在经济上不合算,所以应选取投资小的方案 B 为最优方案。最终结果是选择方案 B。

从上述讨论可以看出,应用差额 IRR 法评价互斥方案时,需注意以下几点。

第一,对互斥方案的比较,必须用差额分析法计算方案间追加投资带来的增额效益是否大于一般的基准收益率水平,以此作为选择方案的依据。

第二,当各备选方案的寿命参次不齐时,计算差额 IRR 宜采用年值计算法。若采用现值计算法时,只需取参与比较的两个方案寿命的最小公倍数,而无须取所有备选方案寿命的最小公倍数。

第三,同差额 E/C 法一样,差额 IRR 法提供了一个无量纲比率,为决策者提供了一个更为广泛的可比领域。但在选择方案时,必须有可供遵循的基准收益率为参考。

3.3.2　独立方案的经济评价方法

独立方案是指作为评价对象的各个方案的现金流是独立的,不具有相关性,且任一方案的采用与否都不影响其他方案是否采用的决策。因此,选择或放弃其中某个方案,仅取决于该方案自身的经济性。在对独立方案进行选择时,可能遇到两种情况,即无资源约束条件下和有资源约束条件下独立方案的选择。

1. 无资源约束条件下独立方案的选择

无资源约束条件下独立方案的特点是各方案之间没有排斥性,只要认为各方案在经济效果上是可以接受的,方案即可入选,且各入选方案可以并存。在资源无约束条件下,多个独立方案的比选与单一方案的评价方法是相同的。主要是考察这些方案的经济效果,常用的评价方法有投资回收期、净现值、内部收益率等方法。

例 3.16　某武器装备投资预算,有 6 个独立方案 A、B、C、D、E、F 可供选择,寿命均为 8 年,各方案的现金流量如表 3-12 所列,基准收益率 $i_0 = 12\%$,请判断其经济性并进行比选。

表 3-12　各独立方案现金流量　　　　　　　　　　　　　单位:万元

方　案	0/年	1～8/年
A	−100	34
B	−140	45
C	−80	30
D	−150	34
E	−180	47
F	−170	32

解:如果以 IRR 作为评价指标,对于方案 A,方程式为

$$-100 + 34(P/A, \mathrm{IRR}_A, 8) = 0$$

解得:

$\mathrm{IRR}_A = 29.7\%$。

同理可得:

$\mathrm{IRR}_B = 27.6\%$,$\mathrm{IRR}_C = 33.9\%$,$\mathrm{IRR}_D = 15.5\%$,$\mathrm{IRR}_E = 20.1\%$,$\mathrm{IRR}_F = 10.1\%$

可见,只有 $\mathrm{IRR}_F = 10.1\% < i_0 = 12\%$,其他方案的 IRR 均大于 i_0,由于各方案独立,故应拒绝 F 方案,其他 5 个方案均可接受。

2. 有约束条件下独立方案的选择

独立方案的决策,有时受到资源的限制,如资金、人力资源等。如果独立方案之间共享的资源是有限的,不能满足所有方案的要求,就是有资源制约条件下独立方案的选择。有资源制约条件下独立方案选择的目标是保证在给定的资源前提下,充分利用资源,取得最大的经济效果。同时,还应当指出,有资源约束的方案选择问题,主要是针对独立方案而言的。因为只有独立方案才有可能在资源允许的情况下,若干个有利方案得以共存,从而形成资源利用效益最佳的组合。这种情况的方案选择主要有两种方法,即方案组合法和净现值指数排序法。

1）方案组合法

应用方案组合法时,需要先列出独立方案的所有可能组合,形成若干个新的组合方案,每个组合方案的现金流量是被组合的各个独立方案的现金流量的叠加。由于是所有可能组合,所以,组合方案形成互斥关系,可以按照互斥方案的经济评价方法,在满足约束条件下选择最优的组合方案。因此,有约束条件下独立方案的选择可以通过方案组合转化为互斥方案的比选,其方法如同前述。

例 3.17 有 3 个独立方案 A、B、C,它们的投资、年净收益、寿命如表 3-13 所列,基准收益率为 12%,如果投资资金不超过 450 万元,问如何选择方案组合。

表 3-13　方案 A、B、C 的现金流量

方　案	投资/万元	年净收益/万元	寿命/年	净现值/万元
A	150	35	8	23.87
B	230	52	8	28.31
C	200	46	8	28.51

解:列出独立方案所有可能组合,计算各方案组合的净现值,如表 3-14 所列。

表 3-14　方案 A、B、C 组合及其净现值　　　　　　　　　　单位:万元

序　号	方案组合	投　资	年净收益	净　现　值
0	0	0	0	0
1	A	150	35	23.87
2	B	230	52	28.31
3	C	200	46	28.51
4	A + B	380	87	52.18
5	A + C	350	81	52.38
6	B + C	430	98	56.83
7	A + B + C	580	133	80.70（超过资金限额）

第 7 个方案组合的投资额超过了资金约束条件,不可行;在满足资金约束条件的第 1 到第 6 个方案组合中,按互斥方案选择的准则,第 6 个方案组合 B + C 净现值最大,为最优方案组合。

方案组合法的优点是能保证在各种情况下实现最优选择,缺点是计算较繁琐。

2）净现值指数排序法

按照净现值指数排序原则选择项目方案,基本思想是单位投资的净现值越大,在一定投资限额内获得的净现值总额就越大。具体做法是:计算各方案净现值指数,并将净现值指数小于零的方案舍去;将各方案按照净现值指数从大到小顺序排序,依次选取方案,直到所选取方案的投资之和达到或最大程度接近投资限额。该方法要达到的目标是在一定的约束条件下时所选择项目方案的净现值最大。

例 3.18 某军工企业投资预算资金为 500 万元,有 6 个独立方案 A、B、C、D、E、F 可供选择,寿命均为 8 年,各方案的现金流量如表 3-15 所列,基准收益率为 10%,判断项目的经济性,并选择方案。

表 3-15 各方案的现金流量及相关指标

方 案	0 年/万元	1~8 年/万元	NPV/万元	NPVI/%	NPVI 排序
A	-100	34	81.39	0.814	2
B	-140	45	100.08	0.715	3
C	-80	30	80.05	1.001	1
D	-150	34	31.39	0.209	5
E	-180	47	70.75	0.393	4
F	-170	30	-9.95	-0.059	6(舍去)

解: 计算独立方案的 NPVI,将净现值指数小于零的方案 F 舍去(见表3-15)。按照净现值指数从大到小顺序排序,满足资金限制条件的组合方案为 C、A、B、E。所用资金总额为 500 万元,如图 3-7 所示,总净现值为 332.27 万元。

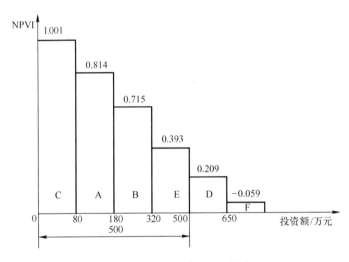

图 3-7 独立方案 NPVI 排序

净现值指数排序法计算简单,但由于投资项目的不可分性,在一些情况下不能保证现有资金的充分利用。比如,独立方案 A、B、C 的投资分别为 IA、IB、IC,且 $IB = IA + IC$,而方案的净现值指数大小依次是 $NPVI_A > NPVI_B > NPVI_C$,如果投资约束不超过 IB,那么决策只能在 B 和 A + C(即同时选择方案 A 和 C)两个互斥方案之间选择,要么接受 B 而放弃 A + C,要么接受 A + C 而放弃 B,而不能按 NPV 的大小次序,先接受 A,再选择部分 B,因为 B 是不可分的。

3.3.3 混合方案的经济评价方法

混合方案问题是指既含有独立方案,又包含有互斥方案,是实际工作中常遇到的一类问题。比如某些企业实行多种经营,投资方向较多,这些投资方向就业务内容而言,是互相独立的,而对每个投资方向又可能有几个可供选择的互斥方案,这样就构成了混合方案的选择问题。这类问题选择方法复杂,下面通过一个设备投资预算分配问题加以说明。

例 3.19 某军工企业有 A、B、C 三个下属部门,各部门提出了若干项目投资方案,如表 3-16所列。3 个部门之间是相互独立的,但每个部门内的投资方案之间是互斥的,项目寿命均为 10 年,$i_0 = 10\%$。试问在下列情况下如何选择最优方案。

（1）资金供应没有限制。

（2）资金限制在500万元之内。

（3）投资资金有3种来源渠道,分别是:甲供应方式的资金成本为10%,最多可供应300万元;乙方式的资金成本为12%,最多也可供应300万元;丙方式的资金成本为15%,最多也可供应300万元。此时如何选择方案。

（4）当部门B的投资方案是与安全有关的设备更新时,不管效益如何,部门B必须优先投资,此时如何选择方案(资金供应同(3))。

表3-16　混合方案的现金流量

部　门	方　案	0年/万元	1～10年/万元	IRR/%
A	A1	−100	27.2	24
	A2	−200	51.1	22.1
B	B1	−100	12.0	3.5
	B2	−200	35.4	12
	B3	−300	45.6	8.5
C	C1	−100	50.9	50
	C2	−200	63.9	29.6
	C3	−300	87.8	26.2

解:利用内部收益率公式计算出各方案的内部收益率,如表3-16所列。

（1）因为资金供应无限制,部门A、B、C之间相互独立,此时选择最优方案实际上是各部门内部互斥方案的比选,分别计算△IRR如下:

对于部门A,由方程

$$-100 + 27.2(P/A, \mathrm{IRR}_{A1}, 10) = 0$$
$$-100 + (51.1 - 27.2)(P/A, \triangle \mathrm{IRR}_{A2-A1}, 10) = 0$$

解得:$\mathrm{IRR}_{A1} = 24\% > i_0(10\%)$,$\triangle \mathrm{IRR}_{A2-A1} = 20\% > i_0(10\%)$,所以,方案A2优于方案A1,应选择A2方案。

对部门B,按同样方法可求得:$\mathrm{IRR}_{B1} = 3.5\% < i_0$,故方案B1是无资格方案,$\mathrm{IRR}_{B2} = 12\% > i_0$,$\triangle \mathrm{IRR}_{B3-B2} = 0.36\% < i_0$,所以,方案B2优于方案B3,应选方案B2。

对于部门C,求得$\mathrm{IRR}_{C1} = 50\% > i_0$,$\triangle \mathrm{IRR}_{C2-C1} = 5\% < i_0$,故方案C1优于方案C2,$\triangle \mathrm{IRR}_{C3-C1} = 13.1\% > i_0$,应选方案C3。

因此,资金没有限制时,三个部门应分别选择A2 + B2 + C3,即部门A与B分别投资200万元,部门C则投资300万元。

（2）由于存在资金限制,三个部门投资方案的选择过程如图3-8所示。

从图3-8可见,当资金限制在500万元之内时,可接受的方案包括C1 - 0,A1 - 0,A2 - A1,C3-C1,因为这四个增量投资方案的△IRR均大于i_0,且投资额为500万元。因此,三个部门应选择的方案为部门A的A2和部门C的方案C3,即方案A2 + C3(部门A投资200万元,部门C投资300万元,部门B不投资)。

（3）由于不同的资金供应存在资金成本的差别,把资金成本低的资金优先投资于效率高的方案,即在图3-8上将资金成本从小到大画成点线,当增量投资方案的△IRR小于资金成本时,该方案不可接受。由图3-8可见,投资额在500万元之前的增量投资方案(C1 - 0,A1 - 0,A2 - A1,C3-C1)的△IRR均大于所对应资金供应的资金成本(10%和12%),因此,这些方案

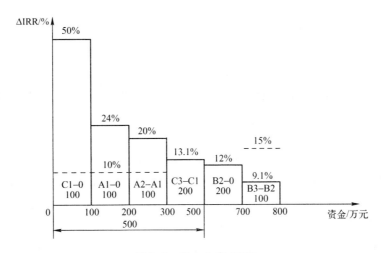

图 3-8　混合方案 ΔIRR

均可接受,三个部门的选择方案为 A2 + C3,而且,应将甲供应方式的资金 200 万元投资于方案 A2,甲方式的其余 100 万元和乙方式的 200 万元投资于方案 C3。

　　(4) 部门 B 必须投资,即方案 B2 必须优先选择(此时图 3-8 变成图 3-9)。同样的道理,从图 3-9 可见,三个部门的方案应选择 B2 + C1 + A2,即部门 B 投资 200 万元,部门 A 投资 200 万元,部门 C 投资 100 万元,而且甲方式的 300 万元分别投资于部门 B 200 万元和部门 C 100 万元,乙方式的 200 万元投资于部门 A。

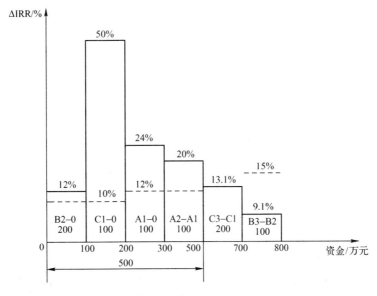

图 3-9　有优先选择的混合方案的 ΔIRR

　　应当指出,在上述各种方法中,应注意当各方案的寿命周期不同时,必须用适当的处理方法,使各方案在时间上具有可比性。

第4章 装备技术方案的不确定性分析

通过技术方案进行经济评价时的预测与未来实际情况不可能是完全一致的,究其原因如下:①影响各种方案效果的政治、经济形势、资源条件、技术发展情况等因素的未来变化带有很大的不确定性;②由于预测方法和工作条件的局限性,对武器装备论证方案的经济效果评价中使用的投资、成本、产量、价格等基础数据的估算与预测结果不可避免地会存在误差,这使得论证方案的经济效果的预测值可能偏离其实际值,从而给投资者和经营者带来风险。为了更好地认识和掌握这些不确定因素的经济效果影响,从而减少决策过程中的失误所造成的损失,对论证方案的不确定性进行分析是很有必要的。通过不确定性分析,不仅可以识别不确定因素,分析其产生的原因,而且可以分析由于不确定性因素的影响可能造成的风险,从而采取措施有效地控制风险,保证方案的顺利进行,并获得预期的经济效果。常用的不确定分析有盈亏平衡分析、敏感性分析、概率分析。

4.1 盈亏平衡分析

4.1.1 独立方案盈亏平衡分析

独立方案盈亏平衡分析是通过分析产品产量、成本与方案盈利能力之间的关系找出投资方案盈利与亏损在产量、产品价格、单位产品成本等方面的界限,以判断在各种不确定因素作用下方案的风险程度。

1. 销售收入、成本费用与产品产量的关系分析

通常认为装备的生产销售不会明显地影响市场供求,装备价格不会随装备的销售量的变化而变化,可以看作一个常数,则销售收入与销售数量呈线性关系,可用模型表示为

$$B = PQ \tag{4-1}$$

式中　B——销售收入;

　　　P——单位产品价格;

　　　Q——产品销售量。

装备项目投产后,其总成本费用可分为固定成本和变动成本。固定成本是指在一定的生产规模限度内不随产量的变动而变化的费用;变动成本是指随产品产量的变动而变化的费用。变动成本总额中的大部分与产品产量成正比例关系,也有一小部分变动成本与产量不成正比例关系,如与生产批量有关的某些消耗性材料费用、运输费用等,这部分变动成本随产量变动的规律一般是呈阶梯型曲线,通常称这部分变动成本为半变动成本。由于半变动成本通常在总成本费用中所占比例很小,在经济分析中一般可以近似地认为它也随产量成正比例关系。

总成本费用是固定成本与变动成本之和,它与产品产量的关系也可以近似地认为是线性关系,即

$$C = C_f + C_v Q \tag{4-2}$$

式中 C——总成本费用；

     C_f——固定成本；

     C_v——单位产品变动成本。

2. 盈亏平衡点及其确定

武器装备产品的"量—本—利"的线性关系如图 4-1 所示。图中，纵坐标表示销售收入与成本费用，横坐标表示产品产量，销售收入线 B 与总成本线 C 的交点称为盈亏平衡点 BEP（Breakeven Point），也就是投资项目的盈利与亏损的临界点。通过对三者的关系图进行分析可以看出，在 BEP 左边，总成本大于销售收入，项目亏损；而在 BEP 右边，销售收入大于总成本，项目盈利；在 BEP 点上，项目不亏不盈。

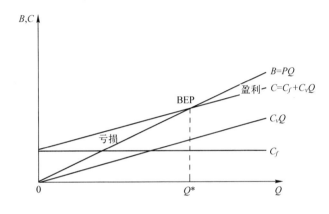

图 4-1　盈亏平衡分析图

就军工企业的产品——武器装备项目而言，通常认为销售收入及总成本都与产量呈线性关系，在盈亏平衡点上，销售收入 B 等于总成本费用 C，设对应于盈亏平衡点的产量为 Q^*，则

$$PQ^* = C_f + C_v Q^* \tag{4-3}$$

盈亏平衡产量为

$$Q^* = \frac{C_f}{P - C_v} \tag{4-4}$$

销售收入及总成本都与产量呈线性关系的情况下，可以很方便地用解析方法求出以产品产量、生产能力利用率、产品销售价格、单位产品变动成本等表示的盈亏平衡点。

若项目设计生产能力为 Q_c，则盈亏平衡生产能力利用率为

$$E^* = \frac{Q^*}{Q_c} \times 100\% = \frac{C_f}{(P - C_v) Q_c} \times 100\% \tag{4-5}$$

若按设计能力进行生产和销售，则盈亏平衡销售价格为

$$P^* = \frac{B}{Q_c} = \frac{C}{Q_c} = C_v + \frac{C_f}{Q_c} \tag{4-6}$$

若按设计能力进行生产和销售，且销售价格已定，则盈亏平衡单位产品变动成本为

$$C_v^* = P - \frac{C_f}{Q_c} \tag{4-7}$$

军工企业在进行装备项目投资分析时，通过计算以上各盈亏平衡点，并结合市场预测，就可对投资方案的盈利情况做出大致的判断，为投资提出合理的依据，以保证把投资的风险降至

最小。

3. 成本结构与经营风险的关系

销售量、产品价格及单位产品变动成本等不确定因素发生变动所引起的项目盈余额的波动称为项目的经营风险(Business Risk)。由销售量及成本变动引起的经营风险的大小与装备项目固定成本占总成本费用的比例有关。

设对应于预期的年销售量为 Q_c,预期的年总成本费用为 C_c,固定成本占总成本费用的比例为 S,则有以下公式:

固定成本为

$$C_f = C_c \cdot S$$

单位产品变动成本为

$$C_v = \frac{C_c(1-S)}{Q_c}$$

当产品价格为 P 时,盈亏平衡产量为

$$Q^* = \frac{C_c S}{P - \dfrac{C_c(1-S)}{Q_c}} = \frac{Q_c C_c}{\dfrac{1}{S}(PQ_c - C_c) + C_c} \tag{4-8}$$

盈亏平衡单位产品变动成本为

$$C_v^* = P - \frac{C_c S}{Q_c} \tag{4-9}$$

通过上述分析可以看出,固定成本占总成本费用的比例越大,盈亏平衡产量越大,盈亏平衡单位产品变动成本越低。高的盈亏平衡产量和低的盈亏平衡单位产品变动成本会导致装备项目在面临不确定因素的变动时发生亏损的可能性增大。

设装备项目的年净收益为 NB,对应于预期的固定成本和单位产品变动成本为

$$NB = PQ - C_f - C_v Q$$
$$= PQ - C_c S - \frac{C_c(1-S)}{Q_c}Q \tag{4-10}$$

$$\frac{d(NB)}{d(Q)} = P - \frac{C_c(1-S)}{Q_c}$$

显然,当销售量发生变动时,S 越大,年净收益的变化率越大。也就是说,固定成本的存在扩大了项目的经营风险,固定成本占总成本的比例越大,这种扩大作用就越强。这种现象称为运营杠杆效应(Operating Leverage)。

固定成本占总成本的比例取决于产品生产的技术要求及工艺设备的选择。一般来说,资金密集型的项目固定成本占总成本的比例比较高,因而经营风险也比较大。

4. 非线性盈亏平衡分析

在现实中,某些装备部件的成本函数并不呈线性变化,部件的销量也明显地影响供求关系状况,因而销售收入和销售量之间并不呈线性关系,而出现如图4-2和图4-3所示的变化趋势。

由图4-2可知,当销售收入、产量、成本三者呈非线性关系时,可能出现不止一个盈亏平衡点(如图4-2所示,出现 Q_1^*、Q_2^* 两个盈亏平衡点),当产量在 $Q_1^* \sim Q_2^*$ 区间内时,项目能盈利,当产量小于 Q_1^* 或产量大于 Q_2^* 时,项目则亏损,图4-3表示了非线性利润函数的曲线图及最大利润所对应的产量。

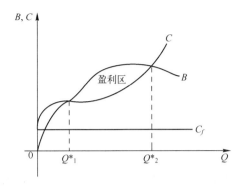

图 4-2　非线性盈亏平衡分析图

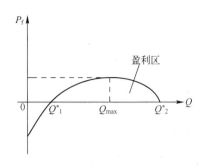

图 4-3　非线性利润函数曲线图

4.1.2　互斥方案盈亏平衡分析

当不确定性因素同时对两个以上互斥方案的经济效果产生不同影响时,可以利用盈亏平衡分析法,通过互斥方案在不确定条件下的比较,以确定方案的取舍,这种方法也称为优劣平衡分析。

设有两个互斥方案的经济效果都受不确定因素 x 的影响,若将不确定因素 x 看作一个变量,则两个方案的经济效果指标即为 x 的函数,即

$$\begin{cases} E_1 = f_1(x) \\ E_2 = f_2(x) \end{cases}$$

式中,E_1 和 E_2 分别为方案 1 与方案 2 的经济效果指标。

当两个方案的经济效果相同时,有

$$f_1(x) = f_2(x)$$

解出使这个方程式成立的 x 值,即为方案 1 与方案 2 的盈亏平衡点,也就是决定这两个方案孰优孰劣的临界点。结合对不确定因素 x 未来取值范围的预测,就可以做出相应的决策。

例 4.1　假设生产某种装备部件有 3 种工艺方案,采用方案 1,年固定成本为 800 万元,单位产品变动成本为 10 元;采用方案 2,年固定成本为 500 万元,单位产品变动成本为 20 元;采用方案 3,年固定成本为 300 万元,单位产品变动成本为 30 元。分析各种方案适用的生产规模。

解:各方案年总成本均可表示为产量 Q 的函数,即

$$\begin{cases} C_1 = C_{f1} + C_{v1} Q = 800 + 10Q \\ C_2 = C_{f2} + C_{v2} Q = 500 + 20Q \\ C_3 = C_{f3} + C_{v3} Q = 300 + 30Q \end{cases}$$

各方案的年总成本函数曲线如图 4-4 所示,从中可以看出,3 个方案的年总成本函数曲线两

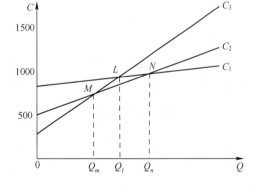

图 4-4　各方案的年总成本函数曲线

两相交于 L、M、N 三点,各个交点所对应的产量就是相应的两个方案的盈亏平衡点。在本例中,Q_m 是方案 2 与方案 3 的盈亏平衡点,Q_n 是方案 1 与方案 2 的盈亏平衡点。显然,当 $Q < Q_m$ 时,方案 3 的年总成本最低;当 $Q_m < Q < Q_n$ 时,方案 2 的年总成本最低;当 $Q > Q_n$ 时,方案 1 的年总成本最低。

当 $Q = Q_m$ 时, $C_2 = C_3$,即

$$C_{f2} + C_{v2}Q_m = C_{f3} + C_{v3}Q_m$$

于是, $Q_m = \dfrac{C_{f2} - C_{f3}}{C_{v3} - C_{v2}} = \dfrac{500 - 300}{30 - 20} = 20$ (万件)。

当 $Q = Q_n$ 时, $C_1 = C_2$,即

$$C_{f1} + C_{v1}Q_n = C_{f2} + C_{v2}Q_n$$

于是, $Q_n = \dfrac{C_{f1} - C_{f2}}{C_{v2} - C_{v1}} = \dfrac{800 - 500}{20 - 10} = 30$ (万件)。

由此可知,当预期产量低于 20 万件时,应采用方案 3;当预期产量在 20 万件至 30 万件之间时,应采用方案 2;当预期产量高于 30 万件时,应采用方案 1。

在此例中,使用产量作为盈亏平衡分析的共有变量,根据年总成本费用的高低判断方案的优劣。在各种不同的情况下,根据实际需要,也可以用投资额、产品价格、经营成本、贷款利率、项目寿命期、期末固定资产残值等作为盈亏平衡分析的共有变量,用净现值、净年值、内部收益率等作为衡量方案经济效果的评价指标。

4.2 敏感性分析

4.2.1 敏感性分析的概念

敏感性分析是通过测定一个或多个不确定因素的变化所导致的决策评价指标的变化幅度,了解各种因素的变化对实现预期目标的影响程度,从而对外部条件发生不利变化时的投资方案的承受能力做出判断。

进行敏感性分析的目的是通过分析和预测经济评价中的诸因素发生变化时,对项目经济评价指标的影响,从中找出敏感因素即确定其影响程度,并分析其原因,以便充分利用有利因素,尽量避免不利因素,改进方案和修正经济决策。使项目投产后的经济效果达到更优。敏感性分析是经济决策中常用的一种不确定性分析方法。

敏感性分析通常按敏感因素的多少分为单因素敏感性分析和多因素敏感性分析。单因素敏感性分析是就单个不确定因素的变动对方案经济效果的影响所做出的分析,在分析方法上类似于数学上的多元函数的偏微分,即在计算某个因素的变动对经济效果指标的影响时,假定其他因素均不变。多因素敏感性分析就是同时考虑多个不确定因素的变动对方案的经济效果所产生的影响,并区分出不确定性因素实际贡献率的大小。

4.2.2 敏感性分析的步骤

1. 选择需要分析的不确定因素,并设定这些因素的变动范围

影响投资方案经济效果的不确定因素有很多,严格说来,凡影响方案经济效果的因素都在某种程度上带有不确定性。但事实上没有必要对所有的不确定因素都进行敏感性分析,可以根据以下原则选择主要的不确定因素加以分析:第一,预计在可能的变动范围内,该因素的变动将会比较强烈地影响方案的经济效果指标;第二,对在确定性经济分析中采用的该因素的数据的准确性把握不大。

对于一般的工业投资项目来说,通常把投资额、项目建设期限、投产期限、投产时的产出能

力及达到设计能力所需时间、产品产量及销售量、产品价格、项目寿命期及折现率等选作敏感性分析的因素。在选择需要分析的不确定因素的过程中,应根据实际情况设定这些因素可能的变动范围。

2. 确定分析指标

讨论的各种经济效果评价指标,如净现值、净年值、内部收益率、投资回收期等,都可以作为敏感性分析的指标。由于敏感性分析是在确定性经济分析的基础上进行的,就一般情况而言,敏感性分析的指标应与确定性经济分析所使用的指标相一致,不应超出确定性分析所用指标的范围而另立指标。当确定性经济分析中使用的指标比较多时,敏感性分析可围绕其中一个或若干个最重要的指标进行。

3. 计算各不确定因素发生变动时所导致的方案经济效果指标的变动结果

计算各不确定因素在可能的变动范围内发生不同幅度变动所导致的方案经济效果指标的变动结果,建立起一一对应的数量关系,并用图或表的形式表示出来。

4. 确定敏感因素,对方案的风险情况做出判断

所谓敏感因素就是其数值变动能显著影响方案经济效果的因素。判别敏感因素的方法有两种:第一种是相对测定法,即设定要分析的因素均从确定性经济分析中所采用的数值开始变动,且各因素每次变动的幅度(增或减的百分数)相同,比较在同一变动幅度下各因素的变动对经济效果指标的影响,据此判断方案经济效果各因素变动的敏感程度。第二种方法是绝对测定法,即设各因素均向对方案不利的方向变动,并取其有可能出现的对方案最不利的数值,据此计算方案的经济效果指标,看其是否可达到使方案无法被接受的程度。如果某因素可能出现的最不利数值能使方案变得不可接受,则表明该因素是方案的敏感因素。方案能否接受的判据是各经济效果指标能否达到临界值,例如,使用净现值指标要看净现值是否大于或等于零,使用内部收益率指标要看内部收益率是否达到基准折现率。绝对测定法的一个变通方式是先设定有关经济效果指标为其临界值,如令净现值等于零,令内部收益率等于基准折现率,然后求待分析因素的最大允许变动幅度,并与其可能出现的最大变动幅度相比较。如果某因素可能出现的变动幅度超过最大允许变动幅度,则表明该因素是方案的敏感因素。

在实践中可以把确定敏感因素的两种方法结合起来使用。

例 4.2　现有某项目投资方案,用于确定性经济分析的现金流量如表 4-1 所列,所采用的数据是根据对未来最可能出现的情况的预测估算的。由于对未来影响经济环境的某些因素把握不大,投资额、经营成本和产品价格均有可能在 ±20% 的范围内变动。设基准折现率为10%,不考虑所得税,试分别就上述 3 个不确定因素做敏感性分析。

表 4-1　项目现金流量表 单位:万元

年份/年	0	1	2 ~ 10	11
投　　资	15000			
销售收入			19800	19800
经营成本			15200	15200
期末资产残值				2000
净现金流量	-15000	0	4600	4600 + 2000

解: 设投资额为 K,年销售收入为 B,年经营成本为 C,期末资产残值为 L。用净现值指标评价本方案的经济效果,计算公式为

$$NPV = -K + (B-C)(P/A,10\%,10)(P/F,10\%,1) + L(P/F,10\%,11)$$

按照表 4-1 中的数据,有

$$NPV = -15000 + 4600 \times 6.144 \times 0.9091 + 2000 \times 0.3505 = 11394(万元)$$

下面用净现值指标分别就投资额、产品价格和经营成本这 3 个不确定因素做敏感性分析。设投资额变动的百分比为 x,分析投资额变动对方案净现值影响的计算公式为

$$NPV = -K(1+x) + (B-C)(P/A,10\%,10) \times (P/F,10\%,11)$$

设经营成本变动的百分比为 y,分析经营成本变动对方案净现值影响的计算公式为

$$NPV = -K + [B - C(1+y)](P/A,10\%,10) \times (P/F,10\%,1) + L(P/F,10\%,11)$$

设产品价格变动的百分比为 z,产品价格的变动将导致销售收入的变动,销售收入变动的比例与产品价格变动的比例相同,故分析产品价格变动对方案净现值影响的计算公式为

$$NPV = -K + [B(1+z) - C](P/A,10\%,10) \times (P/F,10\%,1) + L(P/F,10\%,11)$$

按照上述 3 个公式,使用表 4-1 中的数据,分别取不同的 x,y,z 值,可以计算出各不确定因素在不同变动幅度下方案的净现值。计算结果如表 4-2 所列。根据表中数据可以绘出敏感性分析图,如图 4-5 所示。

表 4-2　不确定因素的变动对净现值的影响　　　　　　　　单位:万元

变动率／不确定因素	-20%	-15%	-10%	-5%	0
投资额	14394	13644	12894	12144	11394
经营成本	28374	24129	19884	15639	11394
产品价格	-10725	-5195	335	5864	11394

变动率／不确定性因素	+5%	+10%	+15%	+20%
投资额	10644	9894	9144	8394
经营成本	7149	2904	-1341	-5586
产品价格	16924	22453	27983	33513

由表 4-2 和图 4-5 可以看出,在同样的变动率下,产品价格的变动对方案净现值的影响最大,经营成本变动的影响次之,投资额变动的影响最小。

分别使用前面的 3 个公式,不难计算出:当 NPV = 0 时,$x = 76.0\%$;$y = 13.4\%$;$z = -10.3\%$。

也就是说,如果投资额与产品价格不变,年经营成本高于预期值 13.4% 以上,或者投资额与经营成本不变,产品价格低于预期值 10.3% 以上,方案将变得不可接受。而如果经营成本与产品价格不变,投资额增加 76.0% 以上,才会使方案变得不可接受。

根据上面的分析,对于本投资方案来说,产品价格与经营成本都是敏感因素。在做出是否

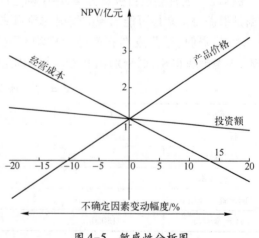

图 4-5　敏感性分析图

采用本方案的决策之前,应该对未来的产品价格和经营成本及其可能变动的范围做出更为精确的预测与估算。如果产品价格低于原预期 10.3% 以上或经营成本高于原预期值 13.4% 以上的可能性较大,则意味着这笔投资有较大的风险。另外,经营成本的变动对方案经济效益有较大影响这一分析结果还提醒我们,如果实施这一方案,严格控制经营成本将是提高项目经济效益的重要途径。至于投资额,显然不是本方案的敏感因素,即使增加 20% 甚至更多一些也不会影响决策结论。

敏感性分析在一定程度上就各种不确定因素的变动对方案经济效果的影响做了定量描述。这有助于决策者了解方案的风险情况,有助于确定在决策过程中及方案实施过程中需要重点研究与控制的因素。但是,敏感性分析没有考虑各种不确定因素在未来发生变动的概率,这可能会影响分析结论的准确性。实际上,各种不确定因素在未来发生某一幅度变动的概率一般是有所不同的。可能有这样的情况,通过敏感性分析找出的某一敏感因素未来发生不利变动的概率很小,因而实际上所带来的风险并不大,以致于可以忽略不计,而另一不太敏感的因素未来发生不利变动的概率却很大,实际上所带来的风险比那个敏感因素更大。这种问题是敏感性分析所无法解决的,必须借助于概率分析方法。

4.3　概　率　分　析

通过敏感性分析可知,当影响项目经济效果的某些敏感性因素变化时,项目未来的经济性将会发生怎样的变化,但敏感性分析并没指出这些敏感性因素可能出现的变动范围及在变动范围内的某一估计值出现的可能性有多大,这就可能影响分析的准确性。概率分析是对敏感性分析的一种补充,它是通过研究各种不确定因素发生不同幅度变动的概率分布及其对方案经济效果的影响,重新对项目的可行性进行分析,旨在提高项目经济效益预测值的准确性。概率分析也称为风险分析。

4.3.1　期望值与方差

一般来说,影响装备项目方案经济效果的大多数因素由于受各方面的影响都是随机变量,对于这些变量,可以估算其发生变化的范围,但不能确定其具体取何值。因此,根据这些变量对装备项目方案进行决策时,需用到期望值和方差。

期望值和方差是描述随机变量的两个重要参数。

期望值(也称数学期望值)是在大量的重复事件中随机变量取值的平均值,即以随机变量取值的概率作为权数的加权平均值。期望值(离散型)可用下式计算:

$$E(x) = \sum_{i=1}^{n} x_i P_i$$

式中　$E(x)$——随机变量 x 的数学期望值;

　　　　x_i——随机变量 x 的各种可能取值;

　　　　P_i——对应于 x 发生的概率,$\sum_{i=1}^{n} P_i = 1$。

方差是反映随机变量取值变化程度的参数,表示随机变量取值相对于期望值的偏离程度。当随机变量的可能值密集在期望值的附近时,方差就较小。反之,随机变量的可能值偏离期望值较远,方差就较大。方差可用下式计算:

$$D(x) = \sum_{i=1}^{n} [x_i - E(x)]^2 P_i = E(x^2) - [E(x)]^2$$

式中 $D(x)$——随机变量 x 的方差;

$E(x)^2$——随机变量 x^2 的期望值。

在对装备项目方案的经济效果进行分析时,还常用到均方差(标准差)这个参数来反映随机变量的离散程度,均方差的计算公式为

$$\sigma(x) = \sqrt{D(x)}$$

式中 $\sigma(x)$——随机变量 x 的均方差。

根据期望值评价装备项目方案的经济性时,到底期望值大好,还是期望值小好,要根据评价指标的具体情况决定。例如其评价指标是净现值,则期望值大的方案较好;若评价指标是投资回收期,则期望值小的方案较好。

根据方差评价装备项目方案的经济性时,一般认为在两个方案的评价指标的期望值相等时,则方差较小的方案风险也较小,可选择为决策方案,如果期望值不相等,则还需考虑其他因素。

4.3.2 风险分析方法

1. 根据期望值和方差决策方案

下面以实例介绍此法的应用。

例 4.3 某装备部门要从 3 个互斥项目方案中选择一个项目方案,各个方案的净现值及概率分布情况如表 4-3 所列,试选择最优项目方案。

表 4-3 方案净现值

概率 净现值/万元 项目方案	-30	20	50	120	160
A	0.2	0.2	0.2	0.2	0.2
B	0.1	0.1	0.5	0.2	0.1
C	0.1	0.2	0.3	0.3	0.1

解: 首选计算各方案净现值的期望值和均方差:

$$E(\text{NPV}_A) = \sum_{i=1}^{n} \text{NPV}_{A_i} \cdot P_i = 64(万元)$$

$$E(\text{NPV}_B) = \sum_{i=1}^{n} \text{NPV}_{B_i} \cdot P_i = 64(万元)$$

$$E(\text{NPV}_C) = \sum_{i=1}^{n} \text{NPV}_{C_i} \cdot P_i = 68(万元)$$

$$D(\text{NPV}_A) = E[(\text{NPV}_A)^2] - [E(\text{NPV}_A)]^2 = 4664$$

$$\sigma(\text{NPV}_A) = \sqrt{D(\text{NPV}_A)} = 68.3(万元)$$

同理,得

$$D(\text{NPV}_B) = 2724, \sigma(\text{NPV}_B) = 52.2(万元)$$

$$D(\text{NPV}_C) = 3176, \sigma(\text{NPV}_C) = 56.4(万元)$$

根据方案的期望值和均方差初步评价各方案。

对于方案 A 和方案 B,由于它们的净现值的期望值相等,均为 64 万元,故可比较两方案的

方差。由于方案 A 的方差大于方案 B 的均方差,所以,从方案 A 与方案 B 的比较上看,方案 B 优于方案 A。至于方案 B 与方案 C,因为方案 B 的净现值期望值小于方案 C 的净现值期望值,同时,方案 B 的均方差小于方案 C 的均方差,故从期望值与均方差角度看,哪个方案较优,还不是很明显。因此可考虑一下各方案净现值小于零的概率,根据概率论与数理统计的有关知识,可以将净现值 NPV 看作连续性随机变量且服从参数为 μ、σ 的正态分布,所以有

$$P(x < x_0) = P\left(z < \frac{x_0 - \mu}{\sigma}\right) = \Phi\left(\frac{x_0 - \mu}{\sigma}\right)$$

由标准正态分布表,可直接查出 $x < x_0$ 的概率值为

$$P(NPV_A < 0) = P\left(z < \frac{0 - 64}{68.3}\right) = P(z < -0.9370) = 0.17$$

$$P(NPV_B < 0) = P\left(z < \frac{0 - 64}{52.2}\right) = P(z < -1.2260) = 0.11$$

$$P(NPV_C < 0) = P\left(z < \frac{0 - 68}{56.4}\right) = P(z < -1.2057) = 0.11$$

从方案 A 与方案 B 看,方案 A 的净现值小于零的概率大于方案 B 的净现值小于零的概率,所以,方案 B 优于方案 A,此结论与前面期望值和方差的评价结论一致。

从方案 B 与方案 C 看,如前分析,净现值 NPV_B 小于净现值 NPV_C,但均方差 $\sigma(NPV_B)$ 小于均方差 $\sigma(NPV_C)$,从净现值看,方案 C 优于方案 B。从反映离散程度的参数均方差看,方案 B 优于方案 C,从方案净现值小于零的概率看,两个方案优劣程度差不多。因此,到底选择方案 B,还是选择方案 C,由决策者根据装备的实际情况及决策者的个人素质、经验及判断能力等因素决定。

2. 模拟法

模拟法又称蒙特卡罗方法,是用反复进行随机抽样的方法来模拟各种随机变量的变化,进而分析方案经济效果指标概率分布的一种分析方法。

在经济计算中,通常只有很少的量,如目前付出的投资额是比较确定的数值,而其他数据,如装备的成本、装备的使用寿命等基本上都是估计值,都会在一定范围内变动,如果把这些估计值看作确定的值进行计算,就会给方案带来某种风险。因此,分析和研究这种风险的程度和可能性就非常重要,模拟法就是解决这类问题的非常有效的分析方法。但是用模拟法进行风险分析,计算工作量很大,通常要做 50 ~ 300 次模拟试验,靠手工计算进行大样本模拟往往很困难,在实际工作中一般需要借助计算机进行模拟计算。

4.4 风 险 决 策

概率分析可以给出方案经济效果指标的期望值和标准差以及经济效果指标的实际值发生在某一区间的概率,这为人们在风险条件下决定方案取舍提供了依据。但是,概率分析并没有给出在风险条件下方案取舍的原则和多方案比选的方法。而这正是下面所要讨论的内容。

4.4.1 风险决策的条件

风险决策的条件包括:

(1) 存在着决策人希望达到的目标(如收益最大或损失最小)。

(2) 存在着两个或两个以上的方案可供选择。

(3) 存在着两个或两个以上不以决策者的主观意志为转移的自然状态(如不同的市场条

件或其他经营条件)。

(4)可以计算出不同方案在不同自然状态下的损益值(损益值指对损失或收益的度量结果,在经济决策中即为经济效果指标)。

(5)在可能出现的不同自然条件状态中,决策者不能肯定未来将出现哪种状态,但能确定每种状态出现的概率。

下面举例说明。

例4.4 某生产者拟开发一种新产品取代老产品,新产品的性能优于老产品,但生产成本要比老产品高,投入市场后可能面临4种前景:

(1)很受欢迎,能以较高的价格在市场上畅销(称为状态1,记作 θ_1)。

(2)销路一般,能以适当的价格销售出去(θ_2)。

(3)销路不太好(θ_3)。

(4)没有销路(θ_4)。

经过周密的市场研究,销售部门做出判断:

状态1出现的概率: $P(\theta_1) = 0.3$

状态2出现的概率: $P(\theta_2) = 0.4$

状态3出现的概率: $P(\theta_3) = 0.2$

状态4出现的概率: $P(\theta_4) = 0.1$

技术部门提出了以下 A_1、A_2、A_3 3种方案:

A_1:立即停止老产品生产,改造原生产线生产新产品,这一方案投资比较少但有停产损失,而且生产规模有限。

A_2:改造原生产线生产新产品,把部分零部件委托其他厂生产,以扩大生产规模。

A_3:暂时维持老产品生产,新建一条高效率的生产线生产新产品,这一方案投资较大。

这3个方案在不同的状态下具有不同的经济效果,在一定计算期内,各方案在不同状态下的净现值如表4-4所列。

表4-4 3种方案在不同状态下的净现值　　　　　　　　单位:万元

净现值/万元　方案 　　状态　概率	θ_1 $P(\theta_1) = 0.3$	θ_2 $P(\theta_2) = 0.4$	θ_3 $P(\theta_3) = 0.2$	θ_4 $P(\theta_4) = 0.1$
A_1	140	100	10	-80
A_2	210	150	50	-200
A_3	240	180	-50	-500

这个例子是一个典型的风险决策问题。生产者的目标是取得最好的经济效果,决策者面临3个备选方案4种可能状态,并且已了解各种方案在不同状态下的经济效果指标及各种状态发生的概率,决策者要解决的问题是确定应选择哪个方案。

4.4.2　风险决策的原则

要解决风险决策问题,首先要确定风险决策的原则,通常采用的风险决策原则有5种。

1. 优势原则

在 A 与 B 两个备选方案中,如果不论在什么状态下 A 总是优于 B,则可以认定 A 相对于

B 是优势方案,或者说 B 相对于 A 是劣势方案。劣势方案一旦认定,就应从备选方案中剔除,这就是风险决策的优势原则。在有两个以上备选方案的情况下,应用优势原则一般不能决定最佳方案,但能减少备选方案的数目,缩小决策范围。在采用其他决策原则进行方案比较之前,应首先运用优势原则剔除劣势方案。

2. 期望值原则

期望值原则是指根据各备选方案损益值的期望值大小进行决策,如果损益值用费用表示,应选择期望值最小的方案;如果损益值用收益表示,则应选择期望值最大的方案。

在例 4.4 中,设方案 A_1、A_2、A_3 的净现值的期望值分别为 $E(NPV)_1$、$E(NPV)_2$、$E(NPV)_3$,根据表 4-4 中的数据可求出:

$$E(NPV)_1 = 76(万元)$$
$$E(NPV)_2 = 113(万元)$$
$$E(NPV)_3 = 84(万元)$$

按照期望值原则应当选择方案 A_2。

3. 最小方差原则

由于方差越大,实际发生的方案损益值偏离其期望值的可能性越大,从而方案的风险也越大,所以有时人们倾向于选择损益值方差较小的方案,这就是最小方差原则。在备选方案期望值相同或收益期望值大(费用期望值小)的方案损益值方差小的情况下,期望值原则与最小方差原则没有矛盾,最小方差原则无疑是一种有效的决策原则。但是,在许多情况下,期望值原则与最小方差原则并不具有一致性。

在例 4.4 中,设方案 A_1、A_2、A_3 的净现值的方差为 $D(NPV)_1$、$D(NPV)_2$、$D(NPV)_3$,根据表 4-4 中的数据可求出:

$$D(NPV)_1 = 4764(万元)$$
$$D(NPV)_2 = 13961(万元)$$
$$D(NPV)_3 = 48684(万元)$$

按照最小方差原则,应当选择方案 A_1,这显然与按照期望值原则选择的结论不一致。对于在按照期望值原则与最小方差原则选择结论不一致的情况下如何权衡的问题,目前还没有找到广泛接受的解决办法,这是因为不同的投资者对于风险大小的判断是不一样的。投资者对风险的判断及态度一方面取决于决策者本人的胆略与冒险精神;另一方面取决于投资主体对风险的承受能力。一般来说,风险承受能力较强的投资者倾向于按期望值原则进行决策,而风险承受能力较弱的投资者则宁可按最小方差原则选择期望收益不太高但更安全的方案。

4. 最大可能原则

在风险决策中,如果一种状态发生的概率显著大于其他状态,那么就把这种状态视作肯定状态,根据这种状态下各方案损益值的大小进行决策,而置其余状态于不顾,这就是最大可能原则。按照最大可能原则进行风险决策实际上是把风险决策问题化为确定性决策问题求解。

值得指出的是,只有当某一状态发生的概率大大高于其他状态发生的概率,并且各方案在不同状态下的损益值差别不很悬殊时,最大可能原则才是适用的。在例 4.4 中,状态 θ_2 发生的概率最大,如果按最大可能原则决策,应选择在 θ_2 下净现值最大的方案 A_3,但是,必须注意到,θ_2 发生的概率 $P(\theta_2) = 0.4$,与其他状态发生的概率差别不大,而且方案 A_3 在不同状态下净现值相差较大,所以,在例 4.4 中用最大可能原则进行决策是不太合适的。

5. 满意原则

对于比较复杂的风险决策问题,人们往往难以发现最佳方案,因而采用一种比较现实的决策原则——满意原则,即定出一个足够满意的目标值,将各备选方案在不同状态下的损益值与此目标相比较,损益值优于或等于此满意目标值的概率最大的方案即为当选方案。

在例 4.4 中,假设满意目标是净现值不小于 30 万元,则各方案达到此目标的概率如下:

方案 A_1:$P(\text{NPV} \geq 30) = P(\theta_1) + P(\theta_2) = 0.7$

方案 A_2:$P(\text{NPV} \geq 30) = P(\theta_1) + P(\theta_2) + P(\theta_3) = 0.9$

方案 A_3:$P(\text{NPV} \geq 30) = P(\theta_1) + P(\theta_2) = 0.7$

方案 A_2 达到满意目标的可能性最大,故按满意原则应选择方案 A_2。

4.4.3 风险决策方法

常用的风险决策方法有矩阵和决策树法,这两种方法采用的决策原则都是期望值原则。

1. 矩阵法

表 4-4 实际上就是一个风险决策的矩阵模型,它给出了进行风险决策的所有要素,包括状态、状态发生的概率、备选方案以及各备选方案在不同状态下的损益值。风险决策矩阵模型的一般形式如表 4-5 所列。

表 4-5 风险决策矩阵模型

损益值 ＼ 状态 ＼ 概率 ＼ 方案	θ_1	θ_2	…	θ_j	…	θ_n
	P_1	P_2	…	P_j	…	P_n
A_1	v_{11}	v_{12}	…	v_{1j}	…	v_{1n}
A_2	v_{21}	v_{22}	…	v_{2j}	…	v_{2n}
⋮						
A_i	v_{i1}	v_{i2}	…	v_{ij}	…	v_{in}
⋮						
A_m	v_{m1}	v_{m2}	…	v_{mj}	…	v_{mn}

令

$$V = \begin{bmatrix} v_{11} & v_{12} & \cdots & v_{1n} \\ v_{21} & v_{22} & \cdots & v_{2n} \\ \vdots & \vdots & \vdots & \vdots \\ v_{m1} & v_{m2} & \cdots & v_{mn} \end{bmatrix}$$

为损益矩阵;P 为概率向量;E 为损益期望值向量。E 中的元素 $\min\{E_i \mid i = 1, 2, \cdots, m\}$ 为方案 A_i 的损益期望值。利用矩阵运算可以很方便地求出:

$$E = VP$$

当损益值为费用时,$\min\{E_i \mid i = 1, 2, \cdots, m\}$ 对应的方案为最优方案,当损益值为收益时,$\max\{E_i \mid i = 1, 2, \cdots, m\}$ 对应的方案为最优方案。

当备选方案数目和状态数目都很大时,采用矩阵法便于利用现代化计算手段进行风险决策。

2. 决策树法

风险决策问题可以利用一种树型决策网络描述与求解,这种方法称为决策树法。图 4-6

所示为用决策树描述的例 4.4 中的风险决策问题。

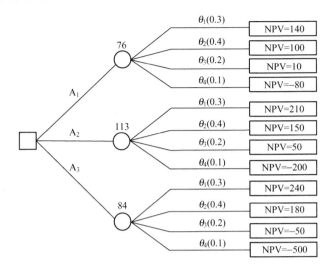

图 4-6 用决策树描述的风险决策问题

决策树由不同的节点与分枝组成。符号"□"表示的节点称为决策点,从决策点引出的每一分枝表示一个可供选择的方案;符号"○"表示的节点称为状态点,从状态点引出的每一分枝表示一种可能发生的状态。图 4-6 中 $\theta_j(j=1,2,3,4)$ 表示第 j 种状态,θ_j 后括号内的数值表示该状态发生的概率,每一状态分枝末端的数值为相应的损益值。根据各种状态发生的概率与相应的损益值分别计算每一方案的损益期望值,并将其标在相应的状态点上,就可以直观地判断出应该选择哪个方案。

决策树法常用于多阶段风险决策,下面举例说明。

例 4.5 某公司拟生产一种新研制的产品,根据技术预测与市场预测,该产品可行销 10 年,有三种可能的市场前景。

θ_1——10 年内销路一直很好,发生的概率为 $P(\theta_1)=0.6$;

θ_2——10 年内销路一直不好,发生的概率为 $P(\theta_2)=0.3$;

θ_3——前两年销路好,后 8 年销路不好,发生的概率为 $P(\theta_3)=0.1$。

公司目前需要做出的决策是建一个大厂还是建一个小厂。如果建大厂,需投资 400 万元,建成后无论产品销路如何,10 年内将维持原规模:如果建小厂,需投资 150 万元,两年后还可根据市场情况再做是扩建还是不扩建的新决策,如果扩建小厂需再投资 300 万元。各种情况下每年的净收益如表 4-6 所列。

表 4-6 不同情况下各年净收益 单位:万元

年净收益 方案	市场前景 年份	θ_1		θ_2		θ_3	
		1~2 年	3~10 年	1~2 年	3~10 年	1~2 年	3~10 年
建大厂		100	100	50	50	100	60
建小厂	两年后扩建	30	80	/	/	30	50
	不扩建	30	30	18	18	30	18

本例是一个两阶段风险决策问题,根据以上数据,可以构造如图4-7所示的决策树。

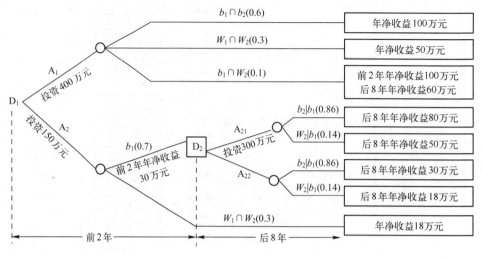

图 4-7　决策树

在图4-7所示的决策树上有两个决策点:D_1为一级决策点,表示目前所要做的决策,备选方案有两个,A_1表示建大厂,A_2表示建小厂;D_2为二级决策点,表示在目前建小厂的前提下两年后要做的决策,备选方案也有两个,A_{21}表示扩建,A_{22}表示不扩建。

3种市场前景可以看作是四个独立事件的组合,这四个独立事件是:前2年销路好(记作b_1);后8年销路好(记作b_2);前2年销路不好(记作W_1);后8年销路不好(记作W_2)。决策树上各种状态的发生概率可以假定如下:

已知:10年内销路一直很好的概率:

$$P(b_1 \cap b_2) = P(\theta_1) = 0.6$$

10年内销路一直不好的概率:

$$P(W_1 \cap W_2) = P(\theta_2) = 0.3$$

前2年销路好,后8年销路不好的概率:

$$P(b_1 \cap W_2) = P(\theta_3) = 0.1$$

则有前2年销路好的概率:

$$P(b_1) = P(b_1 \cap b_2) + P(b_1 \cap W_2) = 0.7$$

在前2年销路好的条件下,后8年销路好的概率:

$$P(b_2|b_1) = \frac{P(b_1 \cap b_2)}{P(b_1)} = \frac{0.6}{0.7} = 0.86$$

在前2年销路好的条件下,后8年销路不好的概率:

$$P(W_2|b_1) = \frac{P(b_1 \cap W_2)}{P(b_1)} = \frac{0.1}{0.7} = 0.14$$

利用决策树进行多阶段风险决策要从最末一级决策点开始,在本例中要先计算第二级决策点各备选方案净现值的期望值。设基准折现率$i_0 = 10\%$。

扩建方案净现值的期望值(以第二年末为基准年)为

$$E(\text{NPV})_{21} = 80(P/A, 10\%, 8) \times 0.86 + 50(P/A, 10\%, 8) \times 0.14 - 300 = 104.4(万元)$$

不扩建方案净现值的期望值(以第二年末为基准年)为

$E(\text{NPV})_{22} = 30(P/A, 10\%, 8) \times 0.86 + 18(P/A, 10\%, 8) \times 0.14 = 151.1(万元)$

$E(\text{NPV})_{21} > E(\text{NPV})_{22}$，根据期望值原则，在第二级决策点应选择不扩建方案（如果两方案净现值的期望值相等，可按方差原则进行选择）。

用不扩建方案净现值的期望值 $E(\text{NPV})_{22}$ 代替第二级决策点，可得到如图 4-8 所示的缩减决策树。

根据缩减决策树计算第一级决策点各备选方案净现值的期望值（如果缩减决策树有多个决策点，仍应从最末一级决策点开始计算）。

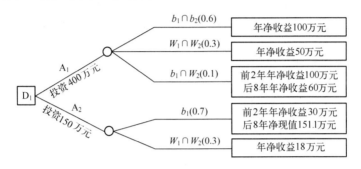

图 4-8 缩减决策树

建大厂方案净现值的期望值（以第 0 年末为基准年）为

$$E(\text{NPV})_1 = 100(P/A, 10\%, 10) \times 0.6 + 50(P/A, 10\%, 10) \times 0.3 + \big[100(P/A, 10\%, 2) + 60(P/A, 10\%, 8)(P/F, 10\%, 2)\big] \times 0.1 - 400$$
$$= 104.6(万元)$$

建小厂方案净现值的期望值（以第 0 年末为基准年）为

$$E(\text{NPV})_2 = \big[151.1(P/F, 10\%, 2) + 30(P/A, 10\%, 2)\big] \times 0.7 + 18(P/A, 10\%, 10) \times 0.3 - 150$$
$$= 7(万元)$$

$E(\text{NPV})_1$ 与 $E(\text{NPV})_2$ 均大于零，由于 $E(\text{NPV})_1 > E(\text{NPV})_2$，故在第一决策点应选择建大厂方案。

第5章 装备费用分析

装备费用分析是进行装备技术经济分析的重要基础,在装备技术经济分析中具有重要的地位和作用。尤其是现代装备系统复杂,采用多种新技术,费用影响因素众多,这对装备费用分析提出了更高要求。

本章首先阐述装备费用的基本概念,分析装备费用的构成及影响因素,介绍装备费用的估算程序,在此基础上重点针对工程估算法、参数法、类比法和专家判断法的核心思想、主要特点和应用步骤进行详细阐述。考虑到装备费用估算的动态性与持续性,本章还针对装备费用估算管理问题进行论述。

5.1 概 述

5.1.1 装备费用的基本概念

近年来,大量新技术、新材料和新工艺的不断应用,使得现代武器装备集机械、电子、现代光学和信息科学为一体,其复杂程度不断提高,这种趋势又使得装备研制、生产、使用和保障的费用大幅增长,这种情况不仅给国防经济造成了沉重负担,而且会进一步影响到对新武器的预研和投资,从而削弱武器装备更新换代的能力,制约武器装备的进一步发展。鉴于装备研制、生产和使用保障费用全面增长的严峻情况,人们逐渐认识到曾长期采用的装备采购费用最低的准则,本质上是一种“伪经济”的思想。因此,应从全寿命、全系统的角度去认识和研究装备费用问题。在这一背景下,美国国防部于20世纪60年代提出了寿命周期费用(Life Cycle Cost, LCC)的概念,装备寿命周期费用是指在预期的寿命周期内,为装备的论证、研制、生产、使用、维修与保障、退役所付出的一切费用之和。

5.1.2 装备费用分析的主要内容

装备费用分析就是通过分析装备研制、生产、使用、维修保障以及退役处置费用的主宰项目及影响因素,对各项费用进行科学预测,其目的在于为各项决策和控制提供依据。装备费用分析的主要内容包括装备费用的构成分析、装备费用的影响因素分析以及装备费用估算分析3个部分,如图5-1所示。装备费用构成分析就是主要依据装备系统寿命剖面分析其寿命周期内主要费用项目,这些费用项目明确了该装备系统寿命周期费用的大体轮廓;装备费用影响因素分析就是主要对影响费用较为显著的事项进行剖析,从而确

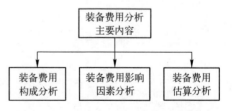

图5-1 装备费用分析的主要内容

定费用的主宰因素;装备费用估算分析就是根据费用构成项目的费用特点,应用相应的估

算方法,对装备寿命周期费用所包含的主要项目按一定的精度要求进行预测。上述 3 个方面研究虽然侧重点有所不同,但紧密相连,层层递进,密不可分,统一构成了装备费用分析的主要内容。

5.1.3　装备费用分析的意义

1. 装备费用分析是科学制定目标价格的重要依据

装备目标价格是在装备研制时按照预期的边界条件确定的对装备承制单位提供的产品或服务的期望价格。科学合理的装备目标价格对有效控制装备费用起着重要作用。通过装备费用估算与分析,能够获得装备系统、分系统及零部件在不同寿命周期中的估计值,从而为制定装备目标价格提供重要依据。为了进一步规范费用分析过程,提高费用估算的精度,确保军品价格科学合理,我国制定有国军标 GJBz 20517《武器装备寿命周期费用估算》和 GJB 3871—99《军品价格测算程序》作为依据,可见,装备费用分析对制定目标价格起着至关重要的作用。

2. 装备费用分析是方案科学决策的重要基础

装备方案的科学决策有赖于技术与经济、效能与费用的权衡分析,而装备费用分析是掌握方案所需费用大小、费用分布情况、费用构成情况的主要手段,是权衡分析的重要输入,因此,装备费用分析是确保方案科学决策的重要基础。

3. 装备费用分析是有效控制寿命周期费用的重要手段

在立项和方案论证阶段开展装备费用分析,对效能与费用进行综合权衡,提出费用指标并按指标进行费用设计,可以实现费用、进度、性能之间的最佳平衡和以最低的寿命周期费用满足装备作战需求的目标。另外,装备费用分析可使研制生产人员能够全面了解装备费用的构成,掌握各部分费用的分布规律,辨识与确定寿命周期费用主宰因素和费用高风险项目,以便有针对性地采取有效的控制措施。

5.2　装备费用构成及影响因素分析

5.2.1　装备费用的构成分析

对装备费用进行分析,首先要明确系统寿命周期费用所包括的费用项目,也就是必须列出寿命周期的费用构成体系或费用分解结构(Cost Breakdown Structure, CBS)。无论选择什么样的结构,计算寿命周期费用时都不应遗漏重要的费用项目,也不能容许有重复项。因此,明确各项费用内容和范围,以及它们在费用构成体系中的相互关系是十分重要的。

CBS 在 GJBz 20517 中定义为:按装备的硬件、软件和寿命周期各阶段的工作项目,将寿命周期费用逐级分解,直至基本费用单元为止,所构成的按序分类排列的费用单元的体系。实际使用过程中,可以根据系统的寿命剖面所包括的主要事件,有关武器装备费用数据(资料)的齐全情况,各项费用的重要性,以及问题的性质等具体编制。制定合适的费用分解结构,有助于了解费用的具体构成,理清各费用项目之间的相互关系,提高相关数据收集的针对性,为装备费用分析奠定基础。图 5-2 所示为装备典型费用分解结构。

典型的寿命周期费用分解结构的主要费用单元包括:论证与研制费、购置费、使用与保障费及退役处置费,其分解的详细程度,可以因估算的目的和估算所处的寿命周期阶段的不同而异。

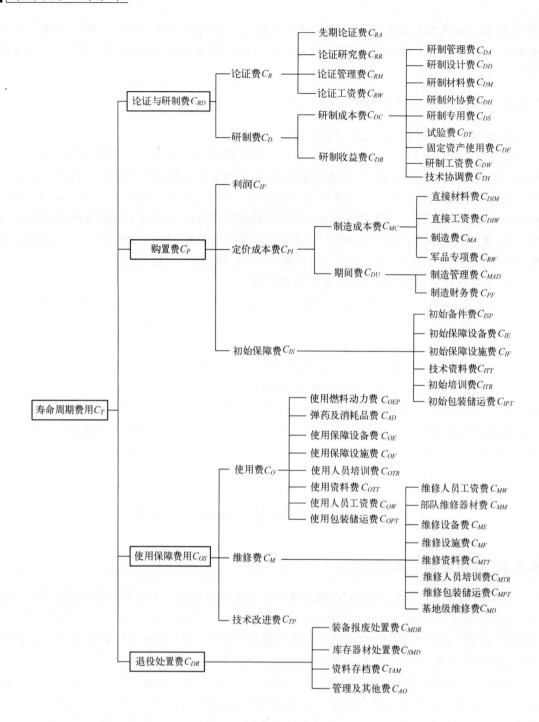

图 5-2 装备典型费用分解结构图

1. 论证与研制费用

1）论证费

论证费是指在论证阶段为进行装备的战术技术指标、研制总体方案论证及研制经费、保障条件、研制周期的预测,形成《武器系统研制总要求》所支出的全部费用。该项工作一般是由军队的装备科研主管部门主持下主要由军队论证研究所承担,这里将军队论证研究所参与的除先期论证(指装备立项之前所进行的新系统概念研究、选项研究及立项研究论证等论证工作)、招标、合同与型号管理及研制等论证之外其他工作所发生的费用也归入该项费用单元。论证费模型为

$$C_R = C_{RA} + C_{RR} + C_{RM} + C_{RW}$$

2) 研制费

装备研制费是指研制单位为研制装备所支出的全部费用,包括武器装备系统的全部技术研究、型号设计、样机和原型机制造、各种试验和鉴定等所有费用。其中研制费中的研制收益费参照《研制费计价办法》的规定,按研制费用扣除专用测试设备仪器和样品样机购置费、外购件费、外协费、分承包价款后的余额的5%(以下)计算。研制费模型为

$$C_D = C_{DC} + C_{DB}$$

2. 购置费用

购置费是指订购方向承制方购置装备并获得装备所需的初始保障所支出的全部费用。主要由定价成本费用、利润和初始保障费用构成。

1) 定价成本

定价成本费包括制造费用和期间费。制造费用包括直接材料费、直接工资费、制造费、军品专项费等。其中直接材料费是指生产某种、某批、某类产品直接发生并能直接计入产品成本的各种材料,包括生产单位在生产过程中消耗或预计消耗的原材料、辅助材料、外购件、外部协作件、燃料、动力、包装物以及其他直接材料。直接工资费是指企业生产一线直接从事基本生产的工人的工资总额和工资附加费。制造费是指企业各生产单位为组织和管理生产而发生的各项间接费用。军品专项费是指军品生产过程中所发生的专为某产品而耗费的特殊消耗费用,包括有专用工装费用、专用测试设备费用、专用试验费用、四随费用、售后服务费用、废品损失、专用原材料元器件等订货起点净损失、电子元器件质量筛选净损失费用、技术转让及专家费、跟产技术服务费等。

期间费包括制造管理费和制造财务费。制造管理费是指企业行政管理部门为组织和管理企业生产经营活动所发生的各种费用。制造财务费是指企业为筹集生产经营所需资金等而发生的费用,包括有利息支出(减利息收入)、汇兑损失(减汇兑收益)以及相关的手续费等。

2) 利润

购置费中的利润按照军品相关规定要求执行。

3) 初始保障费用

购置费中的初始保障费是指为使新研装备部署后约定的时间内形成作战能力而获得所需的初始保障所支出的费用,包括有初始备件费、初始保障设备费、初始保障设施费、技术资料费、初始培训费和初始包装储运费。

由此可得购置费计算模型为

$$C_P = C_{PI} + C_{IP} + C_{IS}$$

3. 使用与保障费用

使用与保障费用是指装备在长期的使用保障阶段为装备使用、维修、运输与储存等所支付的全部费用,由于它是多次重复性的费用,所以也称复生费用。其中,使用费是指部队使用装备所付出的全部费用,包括有使用燃料动力费、弹药及消耗品费、使用保障设备费、使用保障设施费、使用人员培训费、使用资料费、使用人员工资费、使用包装运输费等;维修费是指在装备

使用期间为维修装备所付出的全部费用,包括有维修器材费、维修设备费、维修设施费、维修资料费、维修人员培训费、维修人员工资费、维修包装储运费、基地级维修费等;技术改进费是指在使用期间对装备在技术上进行改装、改进、革新所付出的全部费用。

由于使用与保障费和装备的使用特点、维修保障体制与制度紧密相关,不同的军兵种及不同类型的装备其费用分解结构差别较大。因此,在分析使用与保障费用时,除必须明确装备的性能和技术状态外,还需要知道装备的使用方案、保障方案及保障计划,比如需要明了装备的部署位置、部队编制、使用环境、分几级维修及维修工作的分配、装备的任务频次或年任务时间等。

使用保障费用的计算模型为

$$C_{OS} = C_O + C_M + C_{TP}$$

4. 退役处置费

退役处置费是指装备已到使用寿命需报废处理、技术过时需淘汰或已到经济寿命(继续修复不如更新合算)需退出现役所需的全部费用。该费用可能是正值,也可能是负值(如卖做它用),由装备报废处置费、库存器材处置费、资料存档费、管理费等费用组成。退役处置费用的计算模型为

$$C_{DR} = C_{MDR} + C_{SMD} + C_{TAM} + C_{AO}$$

5.2.2 装备费用的影响因素分析

系统分析装备费用的影响因素,有利于明确费用主宰因素,明确费用分析方向和重点,是进行费用估算的基础工作。装备费用的构成极为复杂,影响和决定其变化的因素也比较多,这里仅对影响装备费用的主要因素进行分析。

1. 性能水平对装备费用的影响

装备性能特性的获得或发挥,都是要以费用消耗为代价的。应该说性能的大小是驱动装备费用的主要影响因素。尤其是现代装备,为了胜任高科技战争赋予的各种任务,对其性能提出了新的更高要求,这就使得现代装备集机械、电子、现代光学和信息科学为一体,并大量采用新技术、新材料和新工艺,这些都是推高现代装备费用的重要因素。比如,新技术所需的技术攻关、试验验证、复合材料的制造以及大量高可靠性要求的新工艺等,都会对装备费用产生重要影响。美国国防部曾于 20 世纪 70 年代对新旧两代战机的 13 项主要性能进行对比分析,研究表明:性能每提高 1~2 倍,研制费用将增加约 4.4 倍,远远超过性能提高的速度。

2. 可靠性对装备费用的影响

可靠性不仅会影响装备的研制生产费用,还严重影响着装备的使用保障费用,是装备费用的主宰因素。图 5-3 给出了可靠性与寿命周期费用的关系。

从图中可以看出,提高装备的可靠性,采购费用一般要增加,但维修保障费用会减少,当改善可靠性的费用在采购费用中递增的增额等于维修保障费用节约的份额时,寿命周期费用将趋于最小,相应于寿命周期费用最小时的可靠性显然是最佳可靠性。可靠性工程的实践表明了两点:一是可靠性是设计出来的、制造出来的、管理出来的;二是对提高可靠性的投资十分值

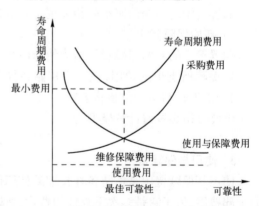

图 5-3 可靠性与寿命周期费用的关系图

得,它可换来后期使用费用几倍甚至几十倍的节约,起到一种杠杆效应。并且,由于项目早期的决策对寿命周期费用起着决定性作用,因此,必须在装备寿命的早期,充分重视可靠性、维修性、保障性的论证、设计和验证,这是降低装备费用的最基本和最有效的途径,并已被国内外装备建设的实践证明。

3. 物价变化对装备费用的影响

同样技术状态的装备,在不同年代研制、建造、维修等,其所需费用差异极大。以装备的建造费为例,1975—1983 年的 8 年间,美国建造的"洛杉矶"级核潜艇和"佩里"级护卫舰的费用,由于物价因素的影响,增加到了初始目标的 5～6 倍。1990 年前的 30 年间,英国护卫舰的实际价格上涨了 20 倍左右,扣除通货膨胀因素的影响后,舰船实际费用的上涨约为 4 倍。我国自 20 世纪 70 年代以来,装备费用上升较快,一个很重要的原因就是物价上涨的影响。

装备费用随物价提高而增大,究其原因,主要有以下几方面。

(1) 物价提高导致原材料、燃料等价格及工人工资上涨,进而使装备各阶段费用增加很快。

(2) 由于现代武器系统极为复杂,配套轮次越来越多,随着物价提高,装备寿命周期各项费用支付给承包商的价格利润含量也将逐步提高,最终也将使装备费用迅速增长。

4. 采购数量对装备费用的影响

一般新型装备定型后都要进行一定批量的建造,随着采购数量的增加,装备的制造工艺、技术水平将逐步提高。在生产首件装备时,会增添一些专用的固定资产,但随着批量的增加,固定资产折旧分摊到单个装备上的费用将下降,使单个装备的生产费用降低。同时承制方订货的经验将逐渐丰富,导致原材料和外购件的供应逐步达到供需平衡,从而可降低财务费用;企业管理水平将随之提高,进而可降低期间费用;生产工人的熟练程度也将随之提高,导致同样的工作,其工时下降很快。因而,批量生产会使装备费用下降。

因此,采购数量的增大会使装备费用降低,当然这种下降是有一定限度的。当技术、工人水平和管理水平随数量增加提高到一定程度后,就进入饱和状态,这时其制造费用趋于稳定。其影响可用学习曲线来描述。

1) 学习曲线概念

学习曲线又称熟练曲线,是说明生产劳动时间与反复的完成具有相同功能行为次数之间关系的曲线。随着重复进行某项作业次数的增加,逐渐走向熟练,可以使完成同一作业所需的工作时间缩短、工时减少,又因生产过程的完善、生产设备的改进以及加工机具的使用效率提高,从而达到了降低生产费用的效果。在计算装备费用时,考虑学习曲线的影响可以使批量生产的装备单价明显下降,学习曲线也可以运用于定期维修时间、准备时间等的计算。

2) 学习曲线描述

学习曲线的规律是当作为自变量的产量成倍增多时,作为因变量的劳动时间或费用成比例下降,形成指数关系曲线,如图 5-4 所示。

学习曲线可用下式表示:

$$Y = (T_1) \cdot x^b$$

或

$$\ln Y = \ln(T_1) + b\ln x$$

式中 Y——第 x 件产品费用(或累积生产 x 件产品的平

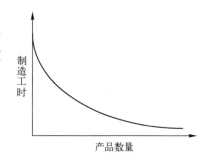

图 5-4 学习曲线示意图

均单件费用);

T_1——首件费用(理论值);

b——斜率(对数空间)。

在学习曲线理论中,假定生产数量每增加1倍,费用降低固定比例,这个比例称为学习曲线斜率(Learning Curve Slop,LCS),通过百分数表示。

这样,对于第1件产品,有

$$Y_1 = T_1 \cdot (1)^b = T_1(首件产品费用)$$

对于第2件产品,有

$$Y_2 = T_1 \cdot (2)^b(第2件产品费用)$$

因此,$\dfrac{Y_2}{Y_1} = \dfrac{T_1 \cdot (2)^b}{T_1 \cdot (1)^b} = 2^b = \text{lcs} = 常数,\text{lcs} = 2^b$,即

$$b = \frac{\ln(\text{lcs})}{\ln 2}$$

例5.1 设某项作业的原始劳动工时为200,重复生产时,所需工时的学习曲线斜率为0.8。试求第8次、第12次进行该项作业时所需的工时。

解:由题意知

$$T_1 = 200, \text{lcs} = 0.8, b = \frac{\ln(0.8)}{\ln 2} = -0.3219$$

当 $x = 8$ 时,有

$$Y = (200) \cdot (8)^{-0.3219} = 102.4$$

当 $x = 12$ 时,有

$$Y = (200) \cdot (12)^{-0.3219} = 89.9$$

值得说明的是,不同国家甚至不同生产单位的学习曲线斜率往往有不同程度差别,应当根据实际情况加以确定。很显然,由于学习曲线效应的存在,不同时期工时消耗差异明显。

5.3 装备费用估算的一般程序

装备费用估算的一般程序如图5-5所示。

1. 拟订估算目标

根据估算所处的阶段及估算的具体任务,拟定估算目标,包括估算内容及精度要求等。

2. 明确假设和约束条件

费用估算前,必须明确某些假设和约束条件,以避免出现不准确的或容易误解的估算结果。主要假设一般包括:装备研制的进度、数量、部署位置、供应与维修机构的设置、使用方案、保障方案、维修要求、任务频次、任务时间、使用年限、利率、物价指数、可利用的历史数据等。凡是不能确定而估算时又必需的约束条件都应假设。

约束条件能够用来缩小问题范围,但必须具有一定的伸缩性,不应妨碍到问题的解决。

随着研制、生产与使用的进展,原有的假设和约束条件会发生变化,某些假设可能要转换为约束条件,应当及时予以修正。

3. 建立费用分解结构

根据费用估算目标、假设和约束条件,采取自上而下的方法将费用项目逐级展开,直至达

到所需要的层次和范围,由此即可得到寿命周期费用分解结构(见5.2节)。

4. 选择费用估算方法

针对费用估算时机、目的等方面的不同,人们总结出了多种费用估算方法,(见5.3节)。在应用中应当根据实际情况灵活选择,以满足不同的估算要求。具体选择何种方法应视具体情况而定。主要原则是当采取更精确估算方法所需的条件成熟且认为有必要时,费用估算方法就应当及时进行调整,一般应考虑以下4个关键因素:

(1) 进度要求:主要考虑完成估算时间要求,是否有足够时间完成相关数据收集和分析数据等。

(2) 资源要求:主要考虑完成估算可以利用的人力及所需经费需求。

(3) 数据要求:主要考虑完成估算所需数据,以及可以采取的数据收集方案等。

(4) 用户期望要求:主要考虑估算的目的和用途以及估算精度要求等。

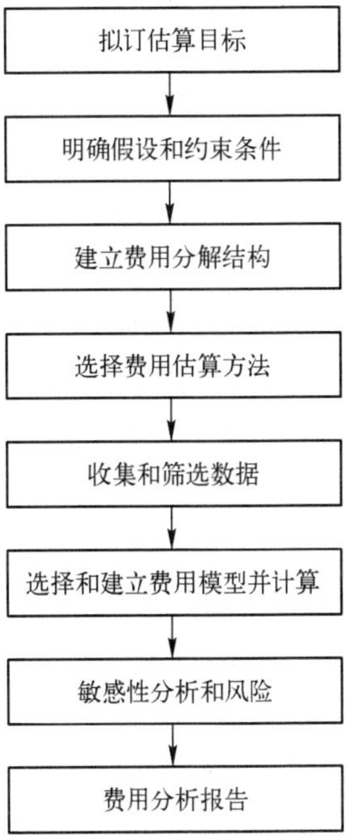

5. 收集和筛选数据

数据收集是费用分析中最为困难、费时,也最为重要的一项工作。为了保证费用估算要求,必须建立并不断完善费用数据收集体系。通常的数据类型及其可能来源如表5-1所列。

图 5-5 装备费用估算的一般程序

表 5-1 3 类典型的数据来源

数 据 种 类	数 据 类 型	数 据 来 源
费用数据	历史费用 工时费用	财务记录 费用报告 历史数据库 合同 费用建议
技术及使用数据	物理特性 性能特性 性能参数 技术描述 主要设计更改 使用环境	功能专家 技术数据库 工程说明书 工程图纸 性能/功能说明 最终用户及使用人员
计划数据	发展和生产进度 生产数量 生产率 生产中止情况 重要的设计更改 其他情况	计划数据库 功能机构 项目管理计划 主要转包商

6. 选择和建立费用模型并计算

根据已确定的估算目标、估算方法和已建立的费用分解结构、所收集的数据,采取一定方法来建立费用模型。然后输入数据进行计算。计算时,要根据估算要求和物价指数及贴现率,用普通复利基本公式表将费用换算到一个时间基准。

7. 敏感性分析和风险分析

寿命周期费用的置信水平取决于相关信息的可用性、所做假设的真实性以及输入数据的准确性。但在项目早期，掌握系统信息有限，不可避免会带来一定风险。为了减少估算中的风险，应进行敏感性分析和风险分析。

8. 费用分析报告

按规定要求撰写寿命周期费用估算报告。费用分析报告内容一般包括以下内容。

（1）按估算流程详细叙述和论证每一部分的工作内容及做法。

（2）将计算得到的数值变换成表格并绘制费用分布图。

（3）初步的分析、评价及建议等。

5.4 装备费用估算方法

5.4.1 工程估算法

1. 工程估算法的概念

工程估算法是按费用分解结构从基本费用单元起，自下而上逐项将整个装备系统在寿命周期内的所有费用单元累加起来得出寿命周期费用估计值。采用该方法进行估算时，对每一项已发生的费用单元的费用采用实际费用，当较低层次的费用单元的费用尚无实际值时，可以使用参数估算法、类比估算法或专家判断估算法的估算值进行估算。

寿命周期费用的通用数学表达式为

$$C_{\mathrm{T}} = \sum_{i=1}^{n} C_i \tag{5-1}$$

式中　C_{T}——寿命周期费用；

n——单元数；

C_i——第 i 项费用单元的费用。

2. 工程估算法的特点

工程估算法要求对产品全系统有详尽的了解，对产品的生产过程、使用方法和保障方案及历史资料数据等都应非常熟悉。因此，采用该方法估算费用是一项很繁复的工作。但是，这种方法的显著特点是估算的精度高而且能够清晰地得到各费用单元的细节，可以独立应用于各种零件、元器件、子系统或采办工作的各个阶段的费用估算，因此，它是目前被经常采用的一种估算方法。

使用工程估算法的主要困难在于，相比其他方法它需要更为详尽的装备结构与费用信息，这使得该方法主要用于工程研制阶段以后。因此，如果在装备研制过程中能及时、完整地收集到装备技术状态与费用数据，又有同类装备费用数据库的支持，克服这些困难，工程估算法可能是最好的费用估算方法。

综上所述，工程估算法有以下主要优点：

（1）能够按照费用分解结构清晰表达各费用单元的相互关系，估算结果准确。

（2）能够灵活、独立地估算出寿命周期费用中需要估算的装备任何部分、任一阶段和任何费用单元的费用。

（3）能够方便地为费用仿真和敏感度分析提供费用数据，以及可以应用各种方式重新组合并计算各费用单元的费用。

该方法的主要不足是:估算费时、费钱;检查与审核比较复杂;在没有足够的详细资料之前,难以进行有效的费用估算。

3. 工程估算法的实施步骤

工程估算法是诸估算方法中最详细的一种估算方法,其实施程序可按 5.3 节中讲述的装备费用估算的一般程序并结合费用估算的实际情况进行剪裁。下面说明工程估算法的实施步骤。

(1)确定估算目标。根据费用估算的需要,确定费用估算的任务,明确估算的费用是寿命周期费用、某个费用单元费用、某个分系统费用、某个保障设施费用,还是某个保障设备的费用,以及明确费用估算所要求的详细程度。

(2)明确假设和约束条件。假设和约束条件的数量与内容可因估算目标的不同而异。

(3)建立费分解结构与费用估算模型,收集费用数据进行估算。按 5.2.1 小节中讲述的要求建立寿命周期费用分解结构,其范围与详尽程度应与估算的目标、假设和约束条件相适应。与此同时,建立费用估算模型并进行计算。

(4)不确定因素与敏感度分析。根据费用估算与分析的要求进行不确定因素和敏感度分析。

(5)得出估算结果。整理估算结果,按要求编写装备费用估算报告。

4. 工程估算法示例

例 5.2　用工程估算法估算某型地空导弹的研制费用。

(1)估算目标。估算某型地空导弹研制费用。

(2)假设、约束条件及说明。该型地空导弹的研制周期为 7 年(从 1980 年开始至 1986 年结束),估算出的研制费用是以 1980 年作为基准年。由于缺少详细数据,故燃料动力费、研制工资费、研究室及车间经费等间接费用这里只按年给出总数,不再细分。

(3)建立费用分解结构与费用估算模型,收集费用数据进行估算。

① 该型地空导弹的费用分解结构如图 5-6 所示。

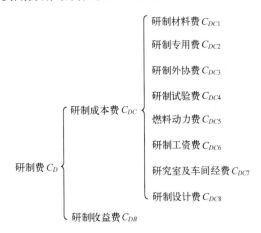

图 5-6　某型地空导弹的研制费用分解结构

② 研制费用计算模型如下:

$$C_D = C_{DC} + C_{DB} \tag{5-2}$$

$$C_{DC} = C_{DC1} + C_{DC2} + C_{DC3} + C_{DC4} + C_{DC5} + C_{DC6} + C_{DC7} + C_{DC8} \tag{5-3}$$

根据 1996 年颁布的《军品价格管理办法》,有下式:

$$C_{DB} = C_{DC} \times 5\% \tag{5-4}$$

③ 费用数据。某型地空导弹研制费各费用单元历史费用数据如表 5-2 所列。

表 5-2　某型地空导弹研制费各费用单元历史费用数据　　　　单位:万元

年份/年 费用单元	1980	1981	1982	1983	1984	1985	1986
研制材料费	0.17	38.33	83.99	30.82	24.70	18.34	33.68
研制专用费	10.74	0.00	8.98	90.60	11.03	27.27	5.84
研制外协费	0.00	11.09	35.15	6.32	18.61	22.11	28.51
研制试验费	0.00	0.30	15.18	28.03	29.20	18.49	16.05
间接费用	0.11	36.06	65.24	35.07	124.47	36.67	47.72
研制设计费	193.05	690.83	316.11	583.44	1047.52	1539.87	1653.73

考虑到通货膨胀、利率变化、供求变动等因素,利用式(5-5)将每年发生的实际费用转换成以 1980 年为基准年的现值,即

$$P_i' = \frac{X_t}{X_i} P_i \tag{5-5}$$

式中　X_t——第 t 年(基准年)的物价指数;

　　　X_i——第 i 年的物价指数;

　　　P_i'——第 i 年的现值;

　　　P_i——第 i 年实际发生的费用。

各年的物价指数如表 5-3 所列。

表 5-3　1980—1986 年全国商品零售物价指数(1977 年为 100)

年份/年	1980	1981	1982	1983	1984	1985	1986
零售物价指数	108.8	111.4	113.6	115.3	118.5	129.0	136.7

④ 费用计算。利用式(5-5)将表 5-2 中的实际费用转化为以 1980 年为基准年的现值,如表 5-4 所列。

表 5-4　某型地空导弹研制费各费用单元修正后费用数据　　　　单位:万元

年份/年 费用单元	1980	1981	1982	1983	1984	1985	1986	合计
研制材料费	0.17	37.44	80.44	29.08	22.68	15.47	26.87	212.09
研制专用费	10.74	0.00	8.60	85.49	10.13	23.00	4.65	142.61
研制外协费	0.00	10.83	33.66	5.96	17.09	18.65	22.69	108.88
研制试验费	0.00	0.29	14.54	26.45	26.81	15.59	12.77	96.45
间接费用	0.11	35.22	62.48	33.09	114.28	30.93	37.98	314.09
研制设计费	193.05	674.71	302.75	550.55	961.77	1298.74	1316.21	5297.78

由式(5-3)计算得
$$C_{DC} = 6171.90 \text{ 万元(以 1980 年为基准)}$$

由式(5-4)计算得
$$C_{DB} = 308.60 \text{ 万元(以 1980 年为基准)}$$

由式(5-2)计算得
$$C_D = C_{DC} + C_{DB} = 6480.50 \text{ 万元(以 1980 年为基准)}$$

5.4.2　参数估算法

1. 参数估算法的概念

若新系统与以前的老系统类似,且老系统的物理特性、性能参数、费用数据存在,则可利用它们通过一定的数学方法建立起系统费用与系统特征(尺寸、性能等)之间的关系,这种关系称为费用估算关系式。也就是说参数费用估算方法采用系统特征参数作为输入,通过参数费用估算模型来建立特征参数与相应费用之间的联系,并以此来估算系统全部费用或其中重要部分费用。

2. 参数估算法的特点

1)参数估算法的主要优点

(1)可在研制早期加以应用。由于参数费用模型仅依靠有限的特征参数就能够实现对系统费用的估算,而不必对系统详细设计参数有过多要求,所以在系统早期阶段(如方案论证阶段)可以使用。研究表明,系统早期阶段的决策对寿命周期费用具有决定性影响,因此,参数估算法的这一优点显得十分重要。

(2)使用快速、廉价且客观性比较好。费用估算关系式一旦建立,即提供了一系列输入参数与相关费用的逻辑关系,这些关系式可以重复、快速、廉价地使用,而且,由于参数估算法采用系统的特征参数作为输入,一定程度上避免了人为偏见造成的影响,客观性也较好。

(3)不仅可以提供预期的费用估算值,还可提供置信区间。

(4)可以应用于研制初期的技术经济权衡分析或按费用设计的方法中,以及为厂商提供价格建议、为政府提供价格评估等,因而备受重视。

2)参数估算法的主要缺点

(1)参数估算法在对新系统费用预测中会遇到难以克服的困难。参数估算法主要是通过收集相关产品性能和费用历史数据,通过建立费用估算关系式来对系统进行费用预测。然而,当预测的对象属于全新系统时,由于采用了大量新材料和新技术,使得装备具有了新的特点,这就导致很多历史数据不具有可借鉴性,这样进行费用预测会遇到很大的风险,严重影响预测精度。尤其是当今装备科技水平迅猛发展,应用了许多新技术、新材料、新工艺,在这种情况下,参数费用模型就表现出一定不足。

(2)即使用于一个改进的系统,该方法也需要进行一些调整。如设计方案、生产方法、使用与保障方案等,它们是不断变化的。

(3)参数估算法一般用于系统级的费用估算,也可用于组成系统的分系统级,但一般不宜用于分系统以下各级的费用估算。

(4)从目前情况分析,参数估算法对使用与维修保障费用估算尚有不少需要解决的问题。主要问题在于其影响因素繁多,有许多参数是很难估算费用的。

3. 参数估算法的实施步骤

参数估算法的实施步骤如图 5-7 所示。

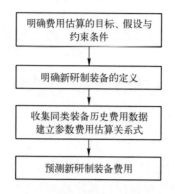

图 5-7 参数估算法的实施步骤

1）确定费用估算的目标、假设与约束条件

根据费用估算的需要,确定所估算的费用是寿命周期费用、某个费用单元的费用,还是某个分系统的有关费用(如某分系统的购置费、研制费等),并规定精度要求。

假设和约束条件包括研制生产的进度计划、生产数量、人员素质等,其具体内容因估算目标的不同而异。还可以规定回归模型的显著性水平和估计值的置信度。

2）明确新研制装备的定义

定义新研制装备的详细程度应满足费用估算目标与参数估算方法的要求,一般包括以下几个方面。

（1）作战任务、使用要求、使用方案与保障方案(可以是初始的)。

（2）包括作战性能与保障性能的指标在内的主要战术技术指标要求,特别要明确主要物理特性与性能特性的参数指标要求。

（3）研制技术方案(或研制总体方案),特别是指明采用了哪些可能对费用产生较大影响的新技术。

3）收集同类装备的历史费用数据,建立参数费用估算模型

（1）收集同类装备的历史费用数据。广泛地收集同类装备历史费用数据,如已建立费用数据库,可直接从库中提取所需的费用数据。

（2）选择费用驱动因子。选择费用驱动因子就是选择对费用起主要影响作用的参数(因素)。为不使估算关系式过于复杂,一般选取的参数不宜超过 5 个。

（3）建立参数费用估算关系式。根据费用驱动因子的数量及与费用的统计关系,采用各种有效的方法建立参数费用估算关系式。研究表明,即使采用相同的数据、选择相同的费用驱动因子,当采取先进的建模方法时,仍在一定程度上可以提高费用估算的精度。

（4）参数费用估算关系式的相关性检验。计算所建立的参数费用估算关系式的相关系数或 F 值,用相关系数检验或 F 检验判断在显著性水平 α 下的参数费用估算关系式是否有意义。

4）预测新研装备的费用

将确定的新研装备的参数值代入参数估算关系式,得出新研装备费用的估计值,并求得在置信度 $P = 1 - \alpha$ 时估计值的置信度区间。

4. 参数估算法示例

例 5.3 用参数估算法估算某新研电子对抗装备的购置费。

（1）明确费用估算的目标、假设与约束条件。估算新研电子对抗装备的购置费。估算费用估计值供论证阶段使用。要求参数费用估算关系式的显著性水平 $\alpha \leqslant 5\%$ 时，估计值的置信度 $P \geqslant 1 - \alpha$。

（2）明确新研电子对抗装备的各种参数。新研电子对抗装备，要求谐波抑制比为 1，干扰功率为 200W，接收机灵敏度为 -52dBm，干扰反应时间为 2s，引导时间为 2.5s，频率重合度为 0.5，干扰样式为 6 个，输出信噪比为 2dB，有效传输带宽为 130MHz，平均修复时间为 0.5h，平均故障间隔时间为 400h。

（3）收集同类装备的历史费用数据，建立参数费用估算模型。

① 运用层次分析法初选参数。新研电子对抗装备的购置费主要影响参数如图 5-8 所示。

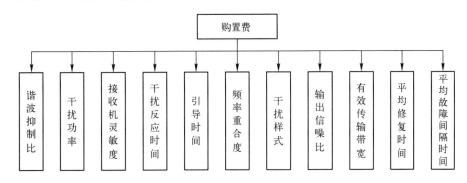

图 5-8 购置费主要影响参数

运用层次分析法可求出各个参数的权重值，如表 5-5 所列。

表 5-5 参数对费用的权重值

W_1	W_2	W_3	W_4	W_5	W_6	W_7	W_8	W_9	W_{10}	W_{11}
0.0199	0.2164	0.1522	0.0824	0.0236	0.0228	0.0495	0.0257	0.1461	0.0771	0.1845

根据表 5-5 中各参数的权重值，可以确定以下权重值排在前 5 位的参数为初选参数，即干扰功率、平均故障间隔时间、接收机灵敏度、有效传输带宽和干扰反应时间。

② 根据边际贡献筛选参数。这里所用的方法是根据边际贡献决定某个参数是否应纳入回归模型。一个参数的边际贡献是指如果一个新参数纳入模型使得回归平方和得到一个增量，则此增量称为该参数对费用的边际贡献。方法的具体应用可参考相关文献，这里不再赘述。通过该方法，得到这 5 个初选参数均可纳入方程，故模型为

$$Y = \beta_0 + \beta_1 X_1 + \beta_2 X_2 + \beta_3 X_3 + \beta_4 X_4 + \beta_5 X_5 \tag{5-6}$$

③ 建立多元线性回归分析模型。根据数理统计理论，利用与该装备类似的装备各种技术参数，用最小二乘法确定式(5-6)中的各回归系数，如表 5-6 所列，并进行相应的显著性检验，如表 5-7 所列。

表 5-6 回归系数

β_0	β_1	β_2	β_3	β_4	β_5
241.97	-3.772	0.0896	-37.407	-8.89	-0.144

表5-7 回归系数显著性检验值

参 数	β_1	β_2	β_3	β_4	β_5
统计值 T_i	-0.501	0.648	-1.51	-0.949	-1.22
临界值 $T_{a/2}$			0.4810		

同时,为确定式(5-6)中费用 Y 与参数 X_1、X_2、X_3、X_4、X_5 间的线性相关关系是否符合,需进行 F 检验,在显著性水平为5%时,计算结果为 $F=10.516$,查表得 $F_a=4.704$,$F>F_a$ 成立,所以 Y 与 X_1、X_2、X_3、X_4、X_5 间的线性相关关系显著。可见,对各回归系数都有 $|T|>T_{a/2}$,说明各回归系数都符合显著性检验。经过上述两种显著性检验,可以确定多元回归方程为

$$Y=241.97-4.772X_1+0.0896X_2-37.407X_3-8.89X_4-0.144X_5 \tag{5-7}$$

(4)预测新研电子对抗装备的购置费。将该装备的技术参数值分别代入式(5-7),得到其购置费的估计值 $Y=80.844$ 万元。

5.4.3 类比估算法

1. 类比估算法的概念

类比估算法也称类推法或模拟法,它是将待估算装备与有准确费用数据和技术资料的基准比较系统,在技术、使用与保障方面进行比较,分析两者的异同点及其对费用的影响,利用经验判断并求出待估装备相对于基准比较系统的费用修正方法,再计算出待估装备的费用估计值。

类比估算法是建立在待估装备与基准比较系统比较分析的基础上的。对于简单装备,其基准比较系统可以是一种现有的相似装备;对复杂装备,其基准比较系统可以是由多个不同装备的相似分系统组成的组合体。一般情况是选择与待估装备具有相近或相似特征的同类装备作为基准比较系统,如估算一种轻型战斗机的费用,则基准比较系统可选择不同型号某种轻型战斗机或几种轻型战斗机的组合体。但是,如果很难找到有详细技术资料和费用数据的同类装备作为基准比较系统时,也可以在具有某些相似特征和一定可比性的不同类型装备中寻找基准比较系统,例如估算某种飞航式导弹的费用可选用某型无人驾驶侦察机作为基准比较系统。

2. 类比估算法的特点

通过类比估算法进行比较分析的基本依据是待估装备与基准比较系统在结构上、功能上和性能特征上具有相似性与可比性,而比较分析的重点是分析待估装备与基准比较系统的差异对费用的影响并找出费用修正的方法。由于类比估算法是以对待估装备与基准比较系统的相似性与差异的主观评价为基础的,因此,对于复杂的装备可以与专家判断估算法相结合。该方法的精度主要决定于待估装备与基准比较系统的相似程度,其不确定性主要是由费用估算人员或专家的主观评价引起的。

类比估算法的主要优点为:

(1)方法简单,可适用于研制早期阶段,弥补参数估算法和工程估算法的不足;

(2)基准比较系统所具有的准确费用数据和技术资料,使估算结果较专家判断法更具客观性。

该方法的主要缺点是不适用于技术上变化跨度大、相似性小的装备。

3. 类比估算法的实施步骤

类比估算法的一般实施步骤如图5-9所示。

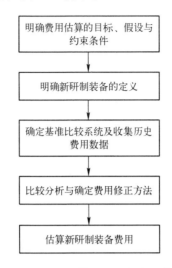

图5-9　类比估算法的一般实施步骤

（1）确定费用估算目标、假设与约束条件。根据费用估算的需要,确定所估算的费用是寿命周期费用、某个费用单元的费用,还是某个分系统的有关费用(如某分系统的购置费、研制费等)。

假设和约束条件的数量与内容可因估算目标的不同而异。

（2）明确新研装备的定义。描述待估费用的新研装备,定义的详细程度随装备研制的进展而提高,并应与估算目标和要求相适应,一般包括以下几个方面。

① 作战任务、使用要求、使用方案与保障方案;

② 包括作战性能与保障性能的指标在内的主要战术技术指标要求;

③ 按估算目标明确到所需层次的设计方案,特别要明确所采用的新的关键技术;

④ 保障方案与保障要求,特别是明确新的关键的保障资源要求;

⑤ 初始供应保障计划。

（3）确定基准比较系统与收集历史费用数据。根据定义的新研装备,调查并了解现有相似装备的技术资料,确定用于比较分析的基准比较系统,收集比较系统的历史费用数据。收集费用数据的详细程度应能满足估算目标要求。

（4）比较分析与确定费用修正方法。费用分析人员或所请的专家将新研装备与基准比较系统从技术、使用与保障诸方面对影响所估算的费用的各主要影响因素进行定性和定量的比较分析。因为类比估算法一般是用在尚不具备开展工程估算法的装备研制的早期,如方案阶段,所以这种比较分析往往是粗略的。通过分析要确定定量的费用修正方法,如确定调整的物价指数与贴现率、相对于基准比较系统的复杂性系数或调整因子、参数费用估算关系式等。由于相比较的装备之间的相似性是千差万别的,因此修正的方法也是多种多样的。

（5）估算新研装备费用。利用基准比较系统的历史费用数据与所确定的费用修正方法,按照费用估算的目标要求,估算出新研装备的费用估计值。

4. 类比估算法示例

例5.4　用类比法估算一种新型坦克的购置费。

（1）估算的目标与假设。研制一种 Z 型新坦克，坦克研制处于方案阶段，要求概略地估算坦克的购置单价。

假设年平均物价指数为 8%，费用估算的基准年为 1995 年。

（2）新研装备说明。正在研制的 Z 型坦克是一种重型坦克，它是在 2 型坦克的基础上做了重大改进。坦克的车体外形与重量、动力装置、传动装置、行动部分以及火炮基本上与 2 型坦克相同。该型坦克的主要改进项目有：采用新型燃料电池作为电源，采用新型的诊断与监测系统以及新型的炮瞄雷达。

（3）确定基准比较系统与收集历史费用数据。

① 确定基准比较系统。经调查，了解到可以作为 Z 型坦克的相似装备的现有装备列于表 5-8 中。

表 5-8　Z 型坦克及其相似装备

装备分系统	2 型坦克	4 型自行火炮	4 型装甲运兵车	Z 型坦克
车体、动力装置	重型 *	轻型	中型	重型
电源	蓄电池	蓄电池	燃料电池 *	燃料电池
诊断与检测	无	无	计算机辅助 *	计算机辅助
火力控制	光学	雷达 *	无	雷达
注：有 * 标记的表示相似部分				

由表 5-8 可知，综合 Z 型坦克的相似装备，确定 Z 型坦克的基准比较系统由以下几部分合成：4 型自行火炮的雷达系统，4 型装甲运兵车的诊断与监测系统和电源系统，2 型坦克的车体、动力装置等。

② 收集相似装备历史费用数据。收集到的相似装备历史费用数据（出厂单价）列于表 5-9 中。

表 5-9　Z 型坦克相似装备的出厂单价　　　　　　　　单位：万元

相似装备	2 型坦克 车体、动力装备及有关部分	4 型自行火炮 炮瞄雷达	4 型装甲运兵车	
			电源	诊断与检测系统
单价	660	130	8	85
年份/年	1998	1990	1992	1992

（4）比较分析与确定费用修正方法。

① 车体、动力装置及其他有关部分费用的修正。由于车体、动力装置及其他有关部分基本采用 2 型坦克相同的设计，概略估计时可直接用 2 型坦克相应部分的价格以 8% 的年平均物价指数修正到基准年。

② 炮瞄雷达费用的修正。4 型自行火炮雷达系统的各项指标及雷达平台基本满足 Z 型坦克的要求，概略估计时可直接用 4 型火炮雷达的单价以 8% 的年平均物价指数修正到基准年。

③ 电源费用的修正。4 型装甲运兵车电源的燃料电池电容量为 300Ah，仅为 Z 型坦克要求电源的电容量 400Ah 的 75%。要利用由燃料电池的电源生产费用与电容量的回归分析得出的估算关系式确定燃料电池的电源单价并修正到基准年。

燃料电池电源电容量费用估算关系式为

$$C_D = 0.8 + 0.024Q$$

式中 C_D——燃料电池电源单价(万元);

0.8——常数项;

0.024——价格系数(万元/Ah);

Q——以 Ah(安时)为单位的电容量。

④ 诊断与监测系统费用的修正。诊断与监测系统需要在 4 型装甲运兵车诊断与监测系统基础上改进,主要是增加 10 个测量参数和扩大 9 个测量参数的测量范围与精度,经专家判断估算法估计其生产费用约增加 30%,即费用调整因子为 1.3。此外,还要修正到基准年。

(5) 估算 Z 型坦克的购置费。

车体、动力装置及其他有关部分的费用:

$$C_1 = 660(1 + 0.08)^7 = 1131.1(万元)$$

炮瞄雷达费用:

$$C_2 = 130(1 + 0.08)^5 = 191(万元)$$

电源费用:

$$C_3 = (0.8 + 0.024 \times 400)(1 + 0.08)^3 = 13.1(万元)$$

诊断与检测系统费用:

$$C_4 = 1.3 \times 85(1 + 0.08)^3 = 139.2(万元)$$

Z 型坦克购置费的估计值:

$$C_Z = C_1 + C_2 + C_3 + C_4 = 1131.1 + 191 + 13.1 + 139.2 = 1982.1(万元)$$

5.4.4 专家判断估算法

1. 专家判断估算法的概念

专家判断估算法是由专家根据经验判断估算出装备的寿命周期费用的估计值。它是预测技术中的专家意见法(或称德尔菲法)在寿命周期费用估算中的应用。该方法是以专家为索取信息的对象,利用专家所具有的装备与费用估算的知识和经验,对待估装备或类似装备的费用,技术状态以及研制、生产和使用保障中的情况进行分析与综合,然后估算出装备的寿命周期费用。

采用专家判断估算法要为估算某装备费用成立专家小组,采取函询方式多次征求并收集专家对待估装备费用估算的意见,然后将专家们的估算意见经过综合、归纳和整理,匿名反馈给每位专家再次征求意见;这样多次征询与反馈使专家们有机会将自己的估计意见和别人的意见进行比较,不断地修正自己的判断;最后,将专家们分散的估计值加以统计,用中位数或平均数加以综合,得出费用的估计值。

2. 专家判断估算法的特点

专家判断估算法主要用于费用数据不足,难以采用参数估算法、类比估算法或工程估算法而又允许对费用做出粗略估算的场合。

专家判断估算法的主要优点如下:

(1) 适用性好,它适用于装备寿命所有阶段对寿命周期费用以及各种费用单元费用的粗略估算;

(2) 估算所需的费用较低。

该方法的主要缺点是估算精度取决于专家的知识与经验,受主观因素影响大,因而估算精度一般较低。

3. 专家判断估算法的实施步骤

专家判断估算法一般由费用估算征询小组负责组织实施。

(1)成立费用征询小组,做好准备工作。成立由装备主管部门和技术、经济以及管理等单位的人员组成的费用估算征询小组,负责专家判断估算法组织实施。

① 明确目标、假设和约束条件。提出具体的费用估算目标及相应的假设和约束条件。如估算某装备的研制费,则应明确研制周期、贴现基准年、研制设计样机数等。

② 确定估算程序和征询方式。专家判断估算法的一般实施步骤如图5-10所示。只要时间允许尽量采用函询方式。

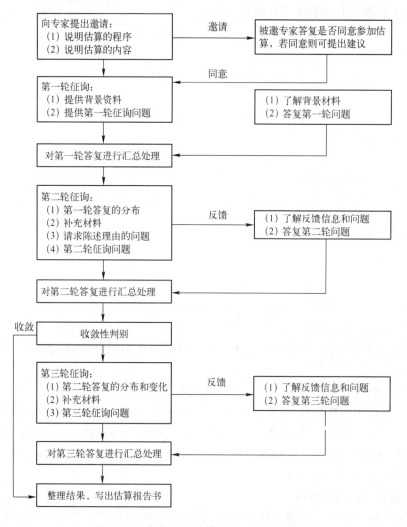

图 5-10　专家判断估算法的一般实施步骤

③ 编制背景材料。新研装备背景材料的内容一般应包括:任务与体制;主要战术、技术性能;初步原理组成框图;关键技术及其研究状况;主要器件的国内价格;已了解到的相似装备及其分系统的费用以及其他有关材料等。

④ 拟定专家名单。聘请13～15名学术水平高、实践经验丰富与综合判断能力强且专业

范围覆盖装备科研、生产、使用、维修与经济管理方面的专家。

⑤ 编制征询表。编制的征询表要求费用数据清晰,简明扼要,便于填写。第一轮征询表应有估算的依据、对征询内容的熟悉程度及需说明的问题;第二轮以后的征询表应给出上一轮征询的结果。第一轮和第二轮的征询表的示例见表 5-10、表 5-11。

表 5-10　第一轮征询表示例

装备型号:	分系统名称:			
费用估计值	中估值 C_M	高估值 C_H	低估值 C_L	计量单位
估算依据	经验	理论计算	直观	综合	参考资料
熟悉程度	很熟悉	熟悉	一般	不熟悉
其他需要说明的问题				

表 5-11　第二轮征询表示例

装备型号:	分系统名称:		
费用估计值	中估值 C_M	高估值 C_H	低估值 C_L	计量单位
第一轮征询结果四分位区间	中位数	上四分位区间	下四分位区间
补充说明的问题			

(2)进行第一轮征询。

① 向专家发出邀请。邀请函中,除有第一轮征询表外,还应有背景材料、估算目标、假设和约束条件等资料。

② 对第一轮答复进行汇总处理

a　计算每位专家估计值。每位专家估计值 Y_i 可由式(5-8)得出

$$Y_i = (4C_M + C_H + C_L)/6 \tag{5-8}$$

式中　C_M——估算的最有可能的费用;

C_H——估算的最不顺利情况下的费用;

C_L——最顺利情况下的费用。

b　用四分位点法求出专家计算值的中位数。假设回收到的征询表的数量为 n,将专家的估算值 Y_i 按由小到大的顺序排列,即 $Y_1 < Y_2 < Y_3 < \cdots < Y_{n-1} < Y_n$,则估算值的中位数为

$$Y = \begin{cases} Y_{(n+1)/2} & n \text{ 为奇数} \\ (Y_{n/2} + Y_{(n+2)/2})/2 & n \text{ 为偶数} \end{cases} \tag{5-9}$$

在小于或等于中位数的估算值中再取中位数为下四分位数;在大于或等于中位数的估算值中取中位数为上四分位数。上、下四分位点之间的区域为四分位区间。

c　用加权平均法求出专家估算平均值。根据征询结果表 5-10 中熟悉程度、估算依据及通过其他途径对专家的了解,确定每位专家的权重,按加权平均法求估算平均值,即

$$Y = \sum_{i=1}^{n}(Y_i \times F_i) / \sum_{i=1}^{n} F_i \qquad (5-10)$$

（3）进行第二轮征询。第二轮征询表见表 5-11。背景材料以外的材料也应同时向专家提供。

① 对第二轮征询表的汇总处理。同第一轮征询结果的处理一样，分别用四分位点法和加权平均法进行处理。

② 收敛性判别。收效性判别是指判别所处理的数据趋于某一固定值的程度。根据征询结果数据，绘出四分位区间曲线。若收敛，则征询可以结束；如果四分位区间不收敛，输出结果不稳定，则应进行第三轮征询（总次数一般不超过 3 次）。

（4）写出估算报告。征询小组根据估算结果，按照要求写出估算报告。

4. 专家判断估算法示例

例 5.5 采用专家判断估算法估算某火控系统的研制费。

（1）估算的目标与假设。研制一种新型火控系统，要求在论证阶段概略地估算其单机研制费。

假设研制周期为 10 年，年平均物价指数为 8%，费用估算的基准年为 1996 年，研制的样机数为 3 台。

（2）实施估算。聘请装备科研、生产、使用、维修和管理单位的 12 名专家组成专家小组。由于时间与经费允许，采用函询方式。

① 第一轮征询和估算结果处理。征询小组向 12 名专家发出征询表（表 5-10）和该火控系统的背景材料（此略）。12 名专家经过分析、判断与估算，反馈估算结果。将专家们对该火控系统的研制费估算结果，用式（5-8）计算出估算值，排序后如表 5-12 所列。

表 5-12 12 名专家对某火控系统的研制费估算值排序（第一轮征询结果）

专家	A	B	C	D	E	F	G	H	I	J	K	L
估计值 Y_i/万元	150	160	165	175	180	183	185	185	190	200	210	220
序号 i	1	2	3	4	5	6	7	8	9	10	11	12

利用四分位点法式（5-9），分别计算出中位数、下四分位数与上四分位数。

中位数为

$$(Y_{12/2} + Y_{(12+2)/2})/2 = (Y_6 + Y_7)/2 = 184（万元）$$

小于中位数的估计值有 6 位，则下四分位数为

$$Y = 170（万元）$$

同理，上四分位数为

$$Y = 195（万元）$$

征询小组列出 12 名专家对该火控系统的研制费估算值，排序及权重，如表 5-13 所列，其中权重最大取 3，最小取 1。

表 5-13 12 名专家对某火控系统的研制费估算值排序及权重

专家	A	B	C	D	E	F	G	H	I	J	K	L
估计值 Y_i/万元	150	160	165	175	180	183	185	185	190	200	210	220
权重	2	2	2	2	3	1	2	2	3	2	2	3

利用式(5-10),用加权平均法求得第一轮估算值为

$$\sum_{i=1}^{n} F_i = 26 ; \quad \sum_{i=1}^{n} (Y_i \times F_i) = 4413$$

$$\overline{Y} = 4413/26 = 169.7(万元)$$

② 第二轮征询。将第一轮征询结果和第二轮征询表(见表5-11)分发给12名专家。专家们经过分析、判断与估算,反馈估算结果。将专家们对该火控系统的研制费估算结果用式(5-8)计算出估算值,排序后如表5-14所列。

表5-14　12名专家对某火控系统的研制费估算值排序(第二轮征询结果)

专家	A	B	C	D	E	F	G	H	I	J	K	L
估计值 Y_i/万元	160	165	175	175	180	185	185	190	190	190	200	210
序号 i	1	2	3	4	5	6	7	8	9	10	11	12

利用四分位点法公式(5-9),分别计算出中位数、下四分位数与上四分位数。

中位数为

$$(Y_{12/2} + Y_{(12+2)/2})/2 = (185 + 185)/2 = 185(万元)$$

下四分位数为

$$Y_4 = 175(万元)$$

上四分位数为

$$Y_{10} = 190(万元)$$

专家估算值及其权重如表5-15所列。

表5-15　12名专家对某火控系统的研制费估算值排序及权重

专家	A	B	C	D	E	F	G	H	I	J	K	L
估计值 Y_i/万元	160	165	175	175	180	185	185	190	190	190	200	210
权重	2	2	2	2	3	1	2	2	3	2	2	3

利用式(5-10),用加权平均法求得第二轮估算值为

$$\sum_{i=1}^{n} F_i = 26 \quad \sum_{i=1}^{n} (Y_i \times F_i) = 4805(万元)$$

$$\overline{Y} = 4805/26 = 184.8(万元)$$

③ 收敛性判别。用两次征询的计算结果,绘出四分位区间曲线,如图5-11所示。

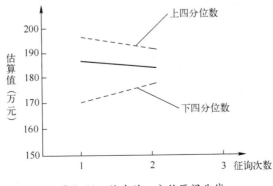

图5-11　绘出的四分位区间曲线

从图中可以看出,上、下四分位数逐渐趋向中位数,四分位区间已经收敛,该火控系统的研制费为185万元。至此,获得专家判断估算法对该火控系统研制费的估算值。

（3）编写估算报告。由征询小组整理估算结果,编写出估算报告。

5.4.5 估算方法的适用性

根据费用估算与分析的目标、所处的寿命周期阶段、可利用数据及其详细程度、允许进行费用估算与分析的时间与经费要求,选择适用的费用估算方法。4 种常用的费用估算方法在寿命周期各个阶段的适用性如表5-16 所列。

表 5-16　费用估算方法在寿命周期各阶段的适用性

估算方法 ＼ 阶段	立项论证阶段	方案论证阶段	工程研制阶段	生产部署阶段	使用保障阶段
工程估算法	不适用	不适用	适用	适用	适用
参数估算法	适用	适用	较适用	不适用	不适用
类比估算法	较适用	适用	较适用	不适用	不适用
专家判断估算法	较适用	较适用	较适用	较适用	较适用

在估算时,可以同时采用几种不同的估算方法,也可以在一种方法中部分地使用另一种估算方法,以补充一种方法的不足和提高估算与分析的精度。

5.5　典型的装备参数费用估算模型介绍

正如前面章节介绍,参数费用模型由于建立起了产品特征参数与费用之间的相关关系,受到广泛重视。经过近50 余年的发展,国内外许多单位针对不同对象已发展出多种参数费用估算模型和商用软件,受篇幅所限,本节仅对其中典型的 DAPCA IV 模型和 PRICE 软件进行介绍。

5.5.1　DAPCA IV 模型

美国兰德公司(RAND)受美国军方委托,在此领域开展了大量工作。开发了飞机研制与生产费用系列模型,即 DAPCA(Development and Procurement Costs of Aircraft),其目的是改善对新武器系统研制、生产费用估算的方法。1967 年就开始提出第一种模型 DAPCA I,随后在1971 年建立 DAPCA II,在 1976 年又建立了 DAPCA III 模型,1984 年建立 DAPCA IV 模型,随后,又根据新型飞机发展情况,提出了包括最新型的 F/18E/F、F-22 等在内的 10 多个机型数据的参数费用模型。本章重点介绍 DAPCA IV 模型。

DAPCA IV 模型通过工程、工艺、装备、制造、质量控制等小组来估算研究、发展、试验与鉴定及生产所需的工时。将这些工时乘以相应的小时费率,就可算出费用。

1. 费用项目设置

1）工程工时

工程工时包括机体设计与分析、试验工程、构型控制和系统工程所需要的工时。工程工时主要花费在研究、发展、试验与鉴定期间,但有一些工程工作是贯彻于整个生产期间的。

2) 工艺装备工时

工艺装备工时用于所有的生产准备,即工夹具的设计与加工、模胎和磨具准备、数控加工编程和生产试验设备的开发和制造。工艺装备工时也包括生产期间打算进行的工艺装备保障设备的制造工时。

3) 制造工时

制造工作是直接制造飞机的工作,它包括成形,机加,连接,分组件制造,总装,线路铺设(包括液压、电气、冷气等线路)和外购件安装(如发动机、航空电子设备、分系统)等。

4) 质量控制工时

质量控制实际上是制造的一部分,只不过是分别评估而已。它包括入厂检验、生产检验和最终检验。质量控制检验的对象包括工夹具、飞机分装组件和整机。

5) 发展支援费用

发展支援费用是研究、发展、试验与鉴定中制造支援的偶生费用,其用于研究、发展、试验与鉴定期间使用的样机、分系统模拟器、结构试验件和其他各种试验件的制造。尽管有些模型分别估算发展支援的人工费用和材料费用,但是在飞机发展与采购费用模型中,这些费用却是直接估算的。

6) 飞行试验费用

飞行试验费除了试验机本身的费用以外还包括为民用机获取适航证或检验军用标准符合性的费用。飞行试验费用包括计划、测试设备、飞行实施、数据处理以及进行飞行试验的工程和制造支援所需用的费用。

7) 制造材料费用

制造材料就是用来制造飞机的原材料以及购置的硬件和设备。具体来说,它包括铝、钢或预浸处理石墨复合材料等的结构原材料,以及电气系统、液压系统、冷气系统、环控系统、紧固件、夹紧件和类似的标准件等。制造材料实际上包括除了发动机和航空电子设备以外的飞机上一切东西。

8) 发动机生产费用

最初,DAPCA IV 费用模型假设发动机费用是已知的。为了应用于发动机费用未知的情况,对 DAPCA IV 模型进行修改,给出了涡喷发动机费用估算方程式。对于涡扇发动机来说,其费用要比该方程式预测的费用高 15% ~ 20% 。要注意,该方程式不包括发展新发动机的费用。

2. DAPCA IV 估算方程式(费用以 1986 年美元为单位)

工程工时: $H_E = 4.86 \cdot W_e^{0.777} \cdot v^{0.894} \cdot Q^{0.163}$

工艺装备工时: $H_T = 5.99 \cdot W_e^{0.777} \cdot v^{0.696} \cdot Q^{0.263}$

制造工时: $H_M = 7.37 \cdot W_e^{0.82} \cdot v^{0.484} \cdot Q^{0.641}$

质量控制工时: $H_Q = \begin{cases} 0.076 H_M & \text{货运机} \\ 0.133 H_M & \text{其他飞机} \end{cases}$

发展支援费用: $C_D = 45.42 \cdot W_e^{0.630} \cdot v^{1.3}$

飞行试验费用: $C_F = 1243.03 \cdot W_e^{0.325} \cdot v^{0.822} \cdot \text{FTA}^{1.21}$

制造材料费用: $C_M = 11.0 \cdot W_e^{0.921} \cdot v^{0.621} \cdot Q^{0.799}$

发动机生产费用: $C_{发动机} = 1.548[0.043 T_{max} + 243.25 Ma_{max} + 0.969 T_{涡轮进口} - 2228]$

95

$$研究、发展、试验与鉴定费用 + 出厂费用 = H_E R_E + H_T R_T + H_M R_M + H_Q R_Q + C_D + C_F +$$
$$C_M + C_{发动机} N_{发动机} + C_{电子}$$

式中，W_e——空重(kg)；

$\quad\quad v$——最大飞行速度(km/h)；

$\quad\quad Q$——产量；

$\quad$ FTA——飞行试验机架数(一般为 2~6 架)；

$\quad N_{发动机}$——总产量乘以每架飞机的发动机台数；

$\quad\quad T_{max}$——发动机最大推力(N)；

$\quad Ma_{max}$——发动机最大 Ma 数；

$\quad T_{涡轮进口}$——涡轮进口温度；

$\quad\quad C_{电子}$——航空电子设备费用；

$\quad\quad R_E$——工程综合费率；

$\quad\quad R_T$——工艺装备综合费率；

$\quad\quad R_Q$——质量控制综合费率；

$\quad\quad R_M$——制造综合费率。

用 DAPCA IV 模型估算的工时，是以铝制飞机的设计和制造为基础的。对于大量采用其他材料制造的飞机，必须调整工时，以估算更加困难的设计和制造费用。如数据少时，建议采用下列的调整系数：

铝	1.0
石墨环氧复合材料	1.5~2.0
玻璃纤维	1.1~1.2
钢	1.5~2.0
钛	1.7~2.2

将此模型估算的工时乘以相应的小时费率，就可算出人工费用。这些小时费率叫做"综合费率"，因为其中包括付给职工的工资以及职工津贴、日常开支和管理费用。以美国 1986 年为例，其综合费率如下：

工程综合费率	$R_E = 59.1$ 美元
工艺装备综合费率	$R_T = 60.70$ 美元
综合费率	$R_Q = 55.40$ 美元
制造综合费率	$R_M = 50.10$ 美元

将估算费用除以一定的物价膨胀系数，就可算出所选年度的定值货币。DAPCA IV 模型不估算航空电子设备的费用。航空电子设备的费用视其先进程度大约在飞机出厂费用的 5% ~ 25% 之间变化。

将预计的飞机费用，乘以"投资费用系数"就可算出用户的买价。投资费用系数包括货币费用和承包商利润。可以把投资费用系数大约估算为 1.1 ~ 1.2。

5.5.2 TruePlanning 系统介绍

TruePlanning 是世界著名的 PRICE Systems 公司基于 40 余年积累的实际项目数据，并结合成本估算理论基础和最佳实践经验开发的第三代集成化成本估算软件。可以对复杂装备甚至体系(SOS)的硬件、软件、IT 系统的成本、进度和风险进行评估和分析。TruePlanning 软件包含以下模块。

（1）TruePlanning Platform：估算平台，是 TruePlanning 软件运行的基础框架。

（2）True Systems：系统工程成本估算模块，主要用于与系统工程相关的项目管理、系统设计和集成测试成本估算。

（3）True H：硬件成本估算模块，用于硬件的研制、生产和使用保障成本估算。

（4）True S：软件成本估算模块，用于软件的开发和维护成本估算。

（5）True M：微电路成本估算模块，用于对电路模块、芯片和 FPGA 等电子器件进行详细估算。

（6）True MFG：结构件制造成本估算模块，用于对零件和结构装配件等结构件进行详细估算。

（7）True IT：信息技术系统成本估算模块，用于对 IT 项目开发、构建以及维护成本进行估算。

（8）TrueFindings：是成本知识管理及数据分析工具。

（9）TrueMapper：是估算结果映射工具。

（10）True Analyst：成本对象的二次开发工具，用于定制、开发估算模型。

TruePlanning 软件可以在各个阶段估算、控制装备成本。具体应用主要表现在以下几个方面。

（1）辅助进行方案权衡分析，确定最优方案。

（2）在立项综合论证阶段，辅助目标价格制定。

（3）支持制定项目研制经费预算，评估经费风险。

（4）在研制阶段，辅助过程成本监控。

（5）供应商选评。

（6）在生产阶段选择更经济的制造工艺，合理组批生产，积累实际成本数据校准模型，逐渐丰富成本估算知识库。

目前，我国也有多个单位引进 TruePlanning 软件，并将其应用于费用估算、目标价格论证等工作中。例如，中国兵器工业集团系统总体部、中国商飞上海飞机设计研究院、中国航天科技集团一院一部、中国航天科技集团六院研发中心等。

由于 PRICE－H 模块在系列中的核心地位，下面将主要针对此模块进行简要介绍。

PRICE－H 的建模方法从总体上是一种参数估算方法，因为该软件模块包含了 3000 多个数学公式——费用估算关系式，用于描述费用与输入变量间的关系，这些数学公式是软件的主体，同时，它又不是一种纯粹传统意义上的参数估算方法，因为它以详细的估算分解结构为基础，具有工程估算方法的典型特征。其估算的核心思路是：将估算结构层层分解，直至分解至一种基本的结构或设备，这种基本的结构或设备的费用可以用以上的数学关系式估算得到。

1. PRICE－H 的输入参数

PRICE－H 的输入参数很多，并且对于其中不能准确确定的参数需要另外输入其他参数进行估计，层层嵌套，数量根据现实数据的可能与估算的精确度要求而不同。例如对于飞机这样复杂的大系统，粗略的估算就需要数百个输入参数，精确的估算则可能需要上千乃至数千个输入参数。如某一分系统或设备的研制费用估算，最基本的输入参数为：样机数量、总重量、体积、工作环境、结构部分的重量、结构件的制造复杂度、新设计的结构、电子器件密度或电子器件的体积与总体积的比例、电子器件的制造复杂度、新的电子设计百分比、研制开始日期、工程复杂度。

另外,根据需要可选的输入参数包括:样机总数量、研制工程分配百分比、机械结构的重复设计量、机械结构的可靠性、电子器件的重复设计量、电子器件的可靠性等。

而对于其中某些部分,如结构件的制造复杂度、新设计的结构、电子器件的制造复杂度、工程复杂度等参数又是其他参数的综合。

图5-12给出了PRICE-H模型费用建模考虑的主要因素。

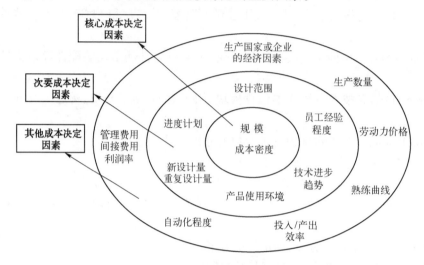

图5-12 PRICE-H模型费用建模考虑因素

2. PRICE-H 的核心估算关系式

虽然PRICE-H的输入参数很多,但参与实际回归建模的费用因子只有两个:一个是产品规模;另一个是成本密度。产品规模一般就用重量表述,而反映成本密度的因素比较复杂,是PRICE的核心专利,它主要由制造技术和使用环境决定,如机械产品成本密度考虑了产品的使用环境、材料、工艺、加工精度、零件数量、装配难度、材料利用率、表面处理面积、表面粗糙度等因素。PRICE-H对硬件设备费用估算的核心思想就是:费用 C 是重量 W 和成本密度的函数,核心估算式的形式为

$$C = A \times W^B$$

式中:A 和 B 均为成本密度的函数,即

$$A = f_1(\text{成本密度})$$
$$B = f_2(\text{成本密度})$$

成本密度的构建是PRICE公司的商业机密,没有具体说明,但它也是其他一些参数的综合,如结构的制造复杂度(Manufacturing Complexity of Structure,MCPLXS)和电子器件的制造复杂度(Manufacturing Complexity of Electronics,MCPLXE)分别为

$$C_{\text{MCPLXS}} = f(\text{材料,生产性,加工性,产出率})$$
$$C_{\text{MCPLXE}} = f(\text{组成结构,封装密度,测试和可靠性要求,产出率})$$

次要成本决定因素和其他成本决定因素是通过成本密度的合成、数量的变化等方式实现对核心估算式的调整。

3. PRICE 软件的工程校准

通过工程校准来确定成本密度是PRICE-H的一大优势。PRICE软件全球都在用,但其

数据库中积累的工业历史数据均来自不同的工业发达国家。由于各个国家工业化水平不一，依据数据库查表或通过生成器生成确定的成本密度一般并不能良好地反映应用国的技术水平，因此根据本国已有历史数据对模型和参数进行校准是十分重要的。校准的思路如图 5-13 所示。

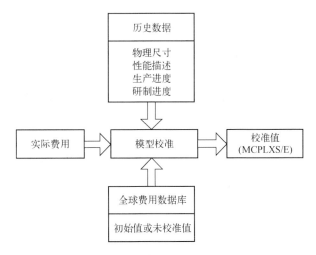

图 5-13　成本密度的工程校准思路

对于一个已有的系统或设备，首先输入各种输入参数，仍然利用查表、生成器生成的方法从全球费用数据库中获得成本密度的数值，然后计算得到该系统或设备的费用估算值，将实际的费用发生值输入，程序将对这两个费用数值进行比较，反向推算成本密度，得到一个新的数值，并将此数值存入数据库，作为本国工业技术水平的数据积累。因此，利用已有数据进行校准的次数越多，模型和参数也就越准确。事实上，PRICE - H 的校准功能是一个自学习的过程，每做完一个项目就会将所有数据存入数据库，等项目的实际费用确定后可据此进行校准，这样，项目做得多了，模型也就逐渐国情化了。这一特点对于我国来说尤其重要，应用时不能仅迷信于 PRICE 软件的估算结果，而要根据我国国情特点进行不断地校准，这样才能最终提高估算精度。

5.6　装备费用估算管理

装备费用估算贯穿整个寿命周期，是一个不断持续的过程，不是一劳永逸的，并且持续的估算与项目动态监控是紧密协调的。可以说，费用估算是一项系统工程，必须要以系统的观点来统筹装备费用估算的各项工作。因此，如何组织装备费用估算，如何有效运用成熟估算技术方法使之发挥作用，也就是如何科学实施装备费用估算管理工作，是确保装备费用估算顺利进行和取得预期效果的重要保证。

5.6.1　费用估算管理机制

费用估算工作的顺利实施需要一套科学合理的估算管理机制来保障。美国在费用估算领域的成熟经验和做法就值得我们学习。例如，美军建立的寿命周期费用三级管理机制，即国防部在"成本评估与计划鉴定局"下设有成本分析与改进小组，对三军装备费用进行统一的协调和管理，并受理由下面上报的费用分析报告；在军兵种级，设立有成本分析中心或经济分析中心;在项目办一级设有专门的成本管理机构。这种三级的垂直管理机制,有效地将装备寿命周期的各个阶段和各项费用都纳入进来而进行统一协调和管理,有利于寿命周期费用的估算与控制。另外,NASA建立了专门的成本估算组织机构,并发布了《成本估算手册》,对成本估算工作进行规范和指导,取得了良好的效果。

建立符合我国国情的费用估算管理机制,应重点把握以下3个方面的内容。

1. 设置职能明确的费用估算组织管理机构

为确保装备费用估算工作顺利进行,在装备管理体制框架结构内,设置装备费用估算管理机构,并明确职能,确保其管理范围能涉及装备寿命周期的各个阶段。只有这样才能确保装备寿命周期各个阶段的费用估算工作顺利进行,并满足估算需求。表5-17列出了NASA的主要成本估算组织及其职责,可用来学习参考。

表5-17　NASA的主要成本估算组织及其职责

组　　织	职　　责
项目分析评价办公室	该办公室成立于2005年4月29日,负责NASA的战略规划工作,对NASA项目进行客观、公正的多学科分析,以进行战略性决策
成本分析部	属于项目分析评价办公室内部机构,具体负责其成本估算业务。成本分析部负责制定成本估算政策,以及建立和维护成本估算方法、工具和数据库。该部也负责与内外部利益相关者沟通成本政策。必要时还会负责特定NASA项目的估算和分析。其首要目标是提高NASA的成本估算质量,以支撑预算要求
独立项目评价办公室	属于项目分析评价办公室的内部机构,负责在寿命周期里程碑节点时独立、公正地审查项目的成熟度、健康状态等。该独立审查流程由项目分析和评价办公室、总工程师办公室、工程和安全中心以及NASA各研究中心的独立技术组织协作完成
成本分析指导协会	负责NASA成本与风险政策、标准研究及相关活动的学术机构。目的是通过改进成本估算的工具、流程和资源来提升NASA的成本估算工作质量和标准。该工作小组负责调查研究本估算领域如参数成本模型技术和方法论等方面的主要创新成果,加强各成本分析组织的协作和交流,促进成本估算在政府和商业实务中的应用
NASA各研究中心的成本办公室	也称为成本工程或分析办公室,负责执行各研究中心的成本估算政策和指导,提供保障成本估算有效进行的工具、模型、培训以及其他资源。许多情况下,各研究中心的成本办公室既进行独立的成本估算、方案估计,也进行中心层面的项目分析

2. 制定有关费用估算管理的政策和规定

通过科学地制定有关费用估算管理的相关政策和规定约束,使得费用估算工作法制化、规范化、制度化,使得各个相关部门能够积极主动、协调统一,为装备寿命周期各阶段的费用估算工作提供最大支持与便利,否则在执行的过程中就可能因人而异,标准不一。例如,制定有关数据收集的相关政策,规定费用估算涉及的费用分解结构及内涵,明确费用估算模型建立的要求等。

3. 建立并完善费用估算程序和方法

完善的费用估算程序是费用估算工作得以有效实施的基础。例如美国的NASA专门制定有《成本估算手册》,对NASA内部各类成本估算工作的流程进行了详细的规范和指导。NASA将寿命周期费用估算程序划分为3个步骤和12项具体任务,如图5-14所示。

参照国外的做法和经验,结合我国装备管理实际,制定并完善符合我国国情的装备费用估算程序和方法,对于有效落实费用估算的各项工作具有十分重要的意义。

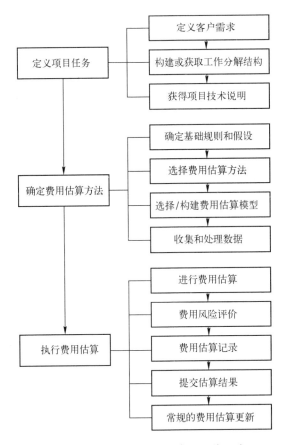

图 5-14 NASA 寿命周期费用估算程序

5.6.2 费用估算管理主要内容

通常,费用估算工作可分为估算工作计划、工作实施、结果检验与评价三个阶段。其管理内容包括估算时机的选择、估算目标的确立、估算团队的建立、估算方法的选择、估算结果检验以及估算结果评价。

1. 估算工作计划

1) 估算时机的选择

一般地,装备发展建设决策与管理的需要决定了费用估算的时机。及时地把握估算时机,全面地收集项目所需数据信息并进行费用估算,是装备寿命周期费用分析与管理的重要手段。

根据我军装备相关法规,武器装备在早期如下阶段有费用估算需求,如图 5-15 所示。

其中,A 点、B 点是经费指标值的估算,C 点是经费概算。由于国家战略需求,某型武器装备从装备建设十年规划中纳入到装备建设五年规划或直接纳入到装备建设中长期专项计划,然后再纳入装备研制年度计划。这期间有 3 个决策点需要费用估算来辅助决策,主要分析可预期的军费规模能否满足战略需求,如果不能满足,经费缺口有多少。

武器装备列入年度计划之后,在如下阶段有费用估算需求,如图 5-16 所示。

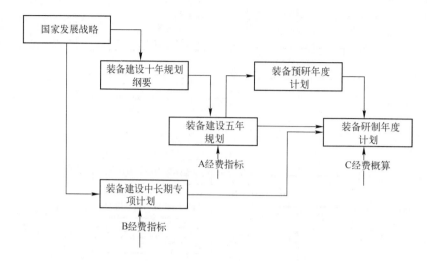

图 5-15　武器装备发展规划计划期费用估算需求

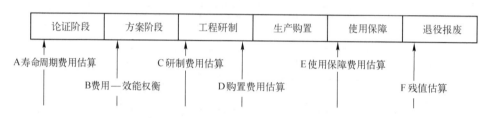

图 5-16　武器装备寿命周期费用估算需求

（1）论证阶段。现代大型武器装备都要求在论证阶段需要进行可行性论证,其中,经济可承受性是一个重要方面,它是项目能否立项的重要依据之一。因此,在论证阶段,应当采用合适的方法对装备的全寿命周期费用进行估算。

（2）方案阶段。这一阶段的主要任务是在各备选方案选择过程中,确立决策准则,综合权衡费用、进度、性能等方面的要求。这就需要对各备选方案进行功能分析与分配,并采用合适的方法对系统及各分系统的寿命周期费用进行估算。

（3）工程研制阶段。随着研制工作的进展,装备寿命周期费用将从设计要素转化为项目控制要素。由于可以利用的信息量大大增加,费用估算的精度也显著提高。这一阶段的前期,应对研制费用进行准确估算,以便能够对设计师提供实时支持,实现项目的动态监控,使产品同时满足性能和费用要求;另外,这一阶段的后期,项目要进行设计/生产定型,需要对购置费用进行估算,从而确定未来装备价格。

（4）使用维护阶段。不同的装备使用和保障策略,对使用保障费用的影响非常大。因此,这一阶段对装备的使用保障费用进行估算:一方面,为制定科学的装备使用和保障费用计划提供支持;另一方面,进一步详细地分析影响该阶段费用的主要因素,以便为装备更新、改造、延长寿命以及使用与维修的改进措施提供支持。

（5）退役报废阶段。确定装备残值,控制报废处置费用,进一步积累各种费用资料。

需要注意的是,估算时机不只是一个点,而是一个时间区间。在一个估算点上,可能需要对多个待估内容进行估算,而同一个待估内容也需要随着项目进展在不同的时机进行渐进估算。通常,估算时机的选择同时也决定了所能获取信息的程度。

2）估算目标的确立

根据估算所处的时机及估算的具体任务，拟定估算目标，包括：

（1）识别估算内容，待估装备属于什么类别，估算哪个阶段费用。

（2）确定假设与约束条件。

（3）确定估算精度要求。

估算内容是待估项目的一项费用指标值，比如飞机的研制费用、大修费用等。准确识别待估装备的类别以及费用阶段，是后续估算方法选择的前提。

假设与约束条件是估算理论方法及其应用的基本前提条件，主要包括装备项目需求定义、生产率、劳动力价格、技术水平、物价指数等。

估算精度是估算结果的置信区间，不能凭主观意愿确定，也不是越高越好，而是要综合考虑估算时机、决策需求以及具体装备来确定。

2. 估算工作的实施

1）估算团队的建立

大型项目一般需要建立估算团队进行费用估算。团队建立要遵循两个原则：一是业务素质互补原则；一是独立客观原则。

估算的业务素质包含两个部分，一是相关知识储备，二是估算从业经验。一个合格的估算者要具备数据统计分析、数学建模、工程经济学、估算预测理论、估算支持软件运用等相关知识储备。从业经验要求估算者要有一定的实践经验，不能是纸上谈兵。除此之外，估算团队成员还应该有待估装备的工程技术知识背景。比如飞机研制费用估算，就要求估算者能对飞机地结构及性能参数有一定了解。

独立客观原则要求估算者能独立客观地进行估算。这就要求，直接涉及到项目结果（成本、时间）的任何人都不应该参与到估算工作中来，包括项目经理、技术工程师等。只有相对客观的估算结果才有助于科学的管理决策。所以费用估算团队成员的选择要慎重考虑装备项目结果对他们是否有直接或间接的利益关系。只有脱离利益关系，才有可能得到相对客观的估算结果。

2）估算方法的选择

目前常用的装备费用估算方法主要有类比法、参数法、工程估算法、专家判断法等，其具体含义见5.4节，这里不再赘述。估算方法的选择是装备费用估算取得预期效果的核心。在选择估算方法时应遵循如下原则。

（1）该方法是否容易被人接受，能否获得管理层认可；

（2）该方法是否易于使用，所需时间和人力资源是否容易满足；

（3）该方法所必需的数据信息是否易于获得；

（4）如果是国外的方法模型，要考虑该方法模型建立的背景是否与国内类似，以及如何修正等。

3. 估算结果检验及评价

通过估算结果的检验与评价，找出费用估算过程中存在的问题，对于方法手段的改进，进一步提高费用估算精度具有非常重要的意义。装备费用估算的评价一般在装备项目结束后进行，目前装备费用估算评价主要做法是，直接把估算值与实际值相比较，通过误差率计算精度，一般公式是

$$A = \left(1 - \frac{C_e - C_r}{C_r}\right)$$

其中　A 表示估算精度；

　　　C_e 表示估计值；

　　　C_r 表示实际发生值。

如果是多次渐近估算，则可以就多次渐近估算的结果进行综合评价，公式为

$$\sigma = \frac{1}{n} \sum_{i=1}^{n} \left(\frac{C_i - C_r}{C_r}\right)^2$$

其中　σ 表示估算值近似标准差；

　　　n 表示进行 n 次估算；

　　　C_i 表示第 i 次估算值；

　　　C_r 表示实际发生值。

显然上述评价方式的估算精度越高越好，近似标准差越小越好。

第6章 装备费用—效能分析

装备费用—效能分析是以装备效能和费用两方面的研究成果为基础,对装备的效能与费用进行综合分析,从而为装备发展、选型、研制和改进等决策提供依据。

本章首先介绍装备系统效能的概念以及系统效能评估方法的分类,详细介绍了 ADC 系统效能模型的计算过程,在此基础上对装备费用—效能分析的内容和程序进行说明;最后重点介绍装备费用—效能权衡分析的常用的效费比权衡分析法和基于理想点的多目标决策与评估方法。

6.1 装备系统效能评估基础

6.1.1 装备系统效能的概念

装备是"用以实施和保障作战行动的武器、武器系统和军事技术器材的统称,主要指武装力量编制内的武器、弹药、车辆、机械、器材、装具等。"是人们为作战需求而加工制造的一种为战争服务的特定产品。它的使用同其他普通产品一样都要追求从中所能获取的效益,为了科学直观地反映这种效益的大小,人们最初引入了性能指标来对其进行评价,而伴随武器装备系统的日益复杂,它们也越来越难以反映武器装备系统对作战需求的真实满足程度,为此人们对武器装备系统的性能追逐逐步转化为对其效能的追逐。

关于效能(Effectiveness)的概念目前还缺乏一种较为明确一致的定义。GJB 1364—92《装备费用—效能分析》中关于装备效能的定义为:"在规定的条件下达到规定的使用目标的能力。"该定义中所表述的装备的效能体现了装备的使用价值。这里的"规定的条件"是指环境条件、人员、时间、使用方式等等因素;"规定的使用目标"是指所要达到的目的;"能力"是指达到使用目标的定量或定性程度。

根据研究问题的需要,通常将效能分为以下三类。

(1)指标效能。运用装备时,达到单一使用目标的程度。如防空武器装备的射击效能、探测效能等。单项效能对应的作战行动是目标单一的行动,如侦察、干扰等火力运用与火力保障中的各个基本环节。

(2)系统效能。装备系统在一定条件下,满足一组特定任务要求的可能程度,是对装备效能的综合评价。

(3)作战效能。在规定条件下,运用装备的作战兵力执行作战任务所能达到的程度。

指标效能是从某一侧面刻画武器装备效能的一种度量,如火炮射程、飞机作战半径、通信误码率等。

在效能分析领域,用得比较多的一个概念是系统效能(System Effectiveness)。在 GJB451—91《可靠性维修性术语》中,对装备系统效能给出了一个更加明确而广泛的定义,即

"在规定的条件下满足给定定量特征和服务要求的能力。它是系统可用性、可信性及固有能力的综合反映。"该定义中装备系统的效能是可用性、可信性和固有能力这 3 个综合指标的进一步综合。

其他还有一些类似的定义。在美国军用标准 MIL – STD – 721 B 中,系统效能的定义是:"产品能够预期完成一系列专门任务要求的程度的量度,它可以理解为有效性、可信赖性和能力的函数。"美国陆军导弹司令部给出的定义是:"对使用者满意程度的度量。即在规定的设计范围内工作时,该系统满足任务要求的概率;或者说,当正常工作时,对它的那份工作做得有多好。"美国洛克希德导弹和空间公司对系统效能下的定义是:"系统效能指的是当需要系统工作时,该系统能达到其任务目标的能力。对武器系统来说,可以是指它能予以发射、飞行所需的距离,并能摧毁目标的能力。广义上,它还有型号能满足费用及进度指标的能力这一含义。为了发挥效能,一个系统必须是随时可用的,又必须是持续可用的。"

综上所述,武器装备系统效能所能概括的含义就是装备系统所具有的使用价值和作战能力的体现,它是武器装备系统在规定的使用环境条件、装备管理维护条件、使用方式等条件下达到某个或某些任务目标的能力的大小。

6.1.2　装备系统效能评估方法概述

从目前的研究现状来看,装备系统效能评估方法主要分为以下几类。

1. 作战模拟法

作战模拟法又称为作战仿真法,实质是以计算机模拟模型进行作战仿真实验,由实验得到的关于作战进程和结果的数据,可直接或经过统计处理后给出效能指标评估值。作战模拟法考虑了对抗条件下,以具体作战环境和一定兵力编成为背景所做的评价,能够实施战斗过程的演示,比较形象,但需要大量可靠的基础数据和原始资料作依托。

2. 统计实验法

所谓统计实验法是在规定的现场中或精确模拟的环境中,对具有随机因素影响的系统进行统计分析的方法,通过实验获得大量统计资料以评估效能指标。在使用前应对研究对象尽可能建立确定性数学模型,对统计数据的随机特性可以清楚地用模型表示并加以利用。统计实验法不但能得到效能指标的评估值,还能显示装备系统性能、作战规则等影响因素对效能指标的影响,从而为改进装备系统性能和作战规律提供定量分析基础,其结果比较准确。应用统计实验法开展装备系统效能评估的前提是必须能构造出装备系统作战使用过程的物理和事理特征,具有高分辨力的数学模型。除此之外,还需要以大量的装备实验作为基础,因此所需耗费较大,所需时间较长。

3. 专家评分法

专家评分法注重发挥专家知识在效能评估中的作用,其一般过程是选取最能反映系统效能的特征指标,由一组专家打分,最后通过对专家意见的处理,得到装备系统效能。这种方法在评定难以定量计算的指标时比较有效,难点在于如何选取专家以及如何选取合适的参数让专家进行评价。专家评分法的缺点是主观因素过多,专家评估时有很大的倾向性。且评估结果只能给出相对比较,不能准确给出系统效能的差别程度。

4. 指数法

指数法源于经济活动,曾作为"中国、美国国防系统分析方法学术研讨会"研讨的重要内容之一。指数法具有结构简单、使用方便的特点,适于宏观分析和快速评估,而且效能建立在装备系统自身的战术技术性能指标的基础上,避开了大量不确定因素的影响,从而增强了评估的准确性。比如,以指数法建立的飞机效能指数模型为例,有

$$E = a_1 C + a_2 K_1 D$$

式中　E——总作战能力指数;

C——空战能力指数;

D——对地攻击能力;

a_1, a_2——空地任务分配系数;

K_1——调节系数。

指数法虽然在一定程度上可以评估装备系统的效能,但由于指数法在描述模型时过于简单粗糙,因而在使用上受到一定的限制。

5. 解析法

解析法是根据描述效能指标与给定条件之间的函数关系的解析表达式计算指标,可根据数学方法求解建立的效能方程。解析法的优点是公式透明性好,易于了解,计算简单。下面简要介绍几种经典的基于解析法的效能评估模型。

1) ARINC 的系统效能模型

ARINC(航空无线电公司)是最早进行系统效能研究的机构之一,对于系统效能的概念及其描述较为清晰。该公司采用概率度量来研究系统效能,认为系统效能是在给定的时间内和规定的条件下工作时,能成功地满足某项工作要求的概率。按照 ARINC 的系统效能模型,系统效能为

$$E = P_{OR} \times P_{RM} \times P_{DA} \tag{6-1}$$

式中　E——系统效能;

P_{OR}——战备完好率;

P_{RM}——任务可靠度;

P_{DA}——设计恰当概率。

2) 美国海军的系统效能模型

美国海军提出的系统效能模型中,系统效能由系统的 3 个主要特性(性能、可用性、适用性)组成。它可以表示为:在规定的环境条件下和规定的时间内,系统能够完成其给定任务的程度的度量。其数学表达式为

$$E = P \times A \times U \tag{6-2}$$

式中　E——系统效能;

P——系统性能指标,表示系统能力的数字指标,假设在实际工作中具有 100% 的系统性能的可用度及利用率;

A——系统可用度指标,系统准备好并完满执行其规定任务所能达到的程度的数字指标;

U——系统利用率指标,系统性能在任务完成期间被利用程度的数字指标。

3) 美国空军的系统效能模型

装备系统效能工业咨询委员会(The Weapon System Effectiveness Industry Advisory Committee, WSEIAC)是由当时的美国空军系统司令部建立的。该委员会对系统效能的定义是:系统效能是系统预期达到一组专门的任务要求的程度的度量,而且是系统可用性、可信性及固有能力的函数。其系统效能的表达式为

$$E = A \times D \times C \tag{6-3}$$

式中　E——系统效能；

　　　A——可用度向量，在任务开始时系统各种状态的概率；

　　　D——可信度矩阵，描述任务完成期间状态转移的概率；

　　　C——固有能力矩阵，在给定的任务和系统状态下代表系统性能的概率矩阵。

6. DEA 法

DEA(Data Envelopment Analysis)法是由 A. Charnes 和 W. WCooper 等人发展起来的一种评价方法。它应用数学规划模型计算比较决策单元之间的相对效率，对评价对象做出评价。该方法的一个主要特点是以方案的各输入/输出指标的权重为变量，避免了事先确定各指标在优先意义下的权重，使之受不确定主观因素的影响较小。DEA 法在效能分析中主要用于方案的有效性评估。

7. 人工神经网络(ANN)法

一般的效能评估方法在信息含糊、不完整、存在矛盾等复杂环境中往往难以适应，而 ANN 能跨越这一障碍，其非线性处理能力突破了基于线性处理的现有效能评估方法的局限，网络所具有的自学习能力使得传统上最困难的知识获取工作转变为网络的变结构调整过程。ANN 方法是效能评估智能化发展方向上一个比较有代表性的方法。

6.2　ADC 系统效能评估模型

6.2.1　ADC 系统效能评估模型特点分析

ADC 系统效能评估模型简称 ADC 模型。ADC 模型是由美国装备系统效能工业咨询委员会最早提出的装备系统效能评估模型，是具有一定代表性的模型，应用广泛，其表达式如下所示：

$$E = A \times D \times C$$

该模型具有如下特点。

1. 关于系统在任务初始时的状态

ADC 模型利用可用度来描述系统在任务初始时的状态，含义是在某一随机时刻要求完成任务时，系统在任务开始时处于能工作和可投入使用状态的度量。进行度量的基础是工作时间和停机时间(不包括任务时间)，影响因素是可靠性、维修性以及保障性等。

2. 关于系统在任务期间的状态

ADC 模型对任务期间状态采用可信性描述。主要包含两部分：任务可靠性及生存性。主要影响因素是健壮性、可维修性、安全性、敏感性以及易损性等。

3. 关于任务结果

ADC 模型利用作战能力描述任务结果。所强调的是系统为完成预期任务所应具备的战术、技术性能及其组织形式。

由此可以看出，ADC 模型实际上是 3 个矩阵的乘积，即可用度行向量 A、可信度矩阵 D 及固有能力矩阵 C 的乘积。在多数情况下，系统可能处于不同的状态，即某一随机时刻可能处于一种状态，也可能处于另一种状态，假设状态数为 n，则可用度向量为

$$A = (a_1, a_2, \cdots, a_n)$$

可信度是一个 $n \times n$ 的方阵,式中元素 d_{ij} 定义为系统初始状态 i 经历任务期间预期的部分任务时间后转移到状态 j 的转移概率。如果系统输出在任务期间不是连续的,而要求仅在任务的特定点输出时,d_{ij} 定义为由初始状态 i 到要求输出时状态 j 的转移概率。

可信度矩阵为

$$D = \begin{bmatrix} d_{11} & d_{12} & \cdots & d_{1n} \\ d_{21} & d_{22} & \cdots & d_{2n} \\ \vdots & \vdots & \vdots & \vdots \\ d_{n1} & d_{n2} & \cdots & d_{nn} \end{bmatrix}$$

C 是固有能力矩阵。C_j 表示在可能状态中,系统处于状态 j 时完成任务的概率或所能完成的任务量,即

$$C = \begin{bmatrix} C_1 \\ C_2 \\ \vdots \\ C_n \end{bmatrix}$$

系统效能中的可用度矩阵、可信度矩阵和固有能力矩阵实际上是受多种因素共同作用得到和形成的,各矩阵的影响因素如图 6-1 所示。

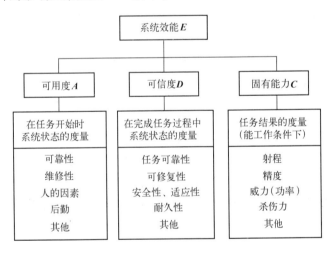

图 6-1 ADC 系统效能模型各种影响因素分析

6.2.2 装备系统可用性评估

1. 装备系统可用性内涵

可用度(可用性度量)是描述装备系统效能的主要参数之一,综合反映了系统的可靠性、维修性和保障性,是对一个系统可工作状态的综合描述。可用度是以工作时间和停机时间定义的,是时间的函数。若要提高系统的可用度,一方面要增加能工作时间,另一方面要缩短不能工作时间。能工作时间包括:不工作时间、待命时间、反应时间和任务时间,主要由装备的可靠性和维修性决定;不能工作时间主要包括预防性维修时间、修复性维修时间、保障延误时间和行政延误时间,主要决定于装备的可靠性、维修性和保障性。可用度的影响因素及时间分解

如图6-2所示。

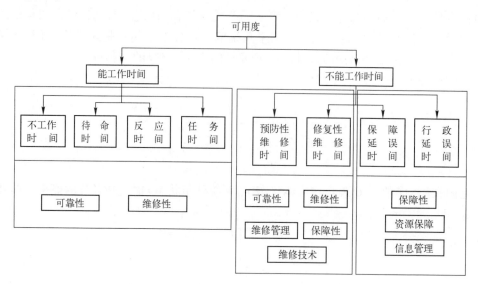

图6-2　可用度的影响因素及时间分解

图6-2中各项时间的含义如下：

（1）能工作时间（up time）：装备处于能执行规定任务状态的时间。

（2）不能工作时间（down time）：装备处于不能执行规定任务状态的时间。

（3）不工作时间（not operating time）：装备处于可用状态，但不要求其工作的时间。

（4）待命时间（alert time）：装备处于规定的工作状态，并待命执行预定任务的时间。

（5）反应时间（reaction time）：从接到预令的时刻到装备开始执行任务时刻的时间。

（6）任务时间（mission time）：装备完成规定的任务剖面所需时间。

（7）预防性维修时间（preventive maintenance time）：对装备进行预防性维修所需的时间。

（8）修复性维修时间（corrective maintenance time）：对装备进行修复性维修所需的时间。

（9）保障延误时间（logistic delay time）。由于人员、备件、设备等原因，致使装备无法得到必要的保障资源，从而不能对装备进行维修所延误的时间。

（10）行政延误时间（administrative delay time）：由于行政方面的原因，未能及时对装备进行维修所延误的时间。

2. 可用性度量

在实际应用中，可用性描述装备在规定的时间内、规定的条件下以及具有规定的资源时能够开始执行任务的能力。可用性是装备系统效能的重要因素，可用性分析又是确定装备（RMS）参数，并对这些参数进行权衡分析的依据之一。可用性可以将装备的可靠性、维修性、测试性和保障性等设计特性综合为军方所关心的各种装备使用参数。常用的可用性参数如表6-1所列。

表6-1　常用的可用性参数

参　数　名　称	定义及其适用范围
固有可用度 A_i	仅与工作时间和修复性维修时间有关的稳态可用性参数
可达可用度 A_a	仅与工作时间、修复性维修和预防性维修时间有关的稳态可用性参数

（续）

参 数 名 称	定义及其适用范围
使用可用度 A_o	与能工作时间和不能工作时间有关的稳态可用性参数
能执行任务率 MCR	装备处于在编状态，至少能够执行一项规定任务所用时间占任务总时间的比率
储存可用度 SA	装备在规定的储存条件下和规定的储存寿命内，当要求执行任务时，处于能工作或可使用状态的概率

在表 6-1 中，能执行任务率、储存可用度等参数按照定义计算。下面对固有可用度、可达可用度、使用可用度的计算方法进行详细说明。

1）固有可用度（Inherent Availability）

固有可用度是只考虑装备的实际工作时间和修复性维修时间的稳态可用度，记为 A_i。如故障概率密度函数为 $f(t)$：维修时间密度函数为 $m(t)$，则

$$\overline{U} = \int_0^\infty tf(t)\,\mathrm{d}t = \overline{T}_{bf} = \mathrm{MTBF}$$

$$\overline{D} = \int_0^\infty tm(t)\,\mathrm{d}t = \overline{M}_{ct} = \mathrm{MTTR}$$

由此可得

$$A_i = \frac{\mathrm{MTBF}}{\mathrm{MTBF} + \mathrm{MTTR}} \tag{6-4}$$

固有可用度反映了装备可靠性和维修性的固有属性，未考虑预防性维修时间、保障延误时间、行政延误时间，因而一般不能用于实际使用条件下的装备可用性评价。但由于其所需参数易于获得，也易于使用，在装备方案论证以及型号研制阶段经常被采用。

2）可达可用度（Achieved Availability）

为使装备处于可用状态，维修活动应包括修复性维修和预防性维修，如将装备的不能工作时间定义为预防性维修时间和修复性维修时间之和，此时的稳态可用度为可达可用度，记为 A_a，由定义可得

$$A_a = \frac{\text{工作时间}}{\text{工作时间} + \text{维修时间}}$$

或

$$A_a = \frac{\overline{T}_{bm}}{\overline{T}_{bm} + \overline{M}} \tag{6-5}$$

式中 $\overline{T}_{bm}$ ——平均维修间隔时间；

$\overline{M}$ ——平均维修时间。

显然，可达可用度没有考虑保障延误时间和行政延误时间，是系统所能达到可用度的最大值。但是，对于装备这样的复杂系统，可达可用度往往不能够达到，只能反映系统运行过程中期望可用度实际达到的一种理想状态。对于承制方，需要确保装备的可靠性、维修性和保障性等特性符合要求；对于使用方，需要在科学的理论指导下，制定维修规划、保障方案，进行科学管理，这样才能提高可达可用度，使其达到规定值（或接近理想值）。

3）使用可用度（Operational Availability）

使用可用度是基于能工作时间和不能工作时间的可用性度量，记为 A_o。在装备的不能工

作时间内综合考虑了预防性维修时间、修复性维修时间、保障延误时间和行政延误时间等，较为全面而真实地描述了实际使用情况下系统的可用状态，即

$$A_o = \frac{工作时间 + 待命时间}{工作时间 + 待命时间 + 维修时间 + 延误时间}$$

或

$$A_o = \frac{\overline{T_{bm}}}{\overline{T_{bm}} + \overline{D}} \tag{6-6}$$

式中　$\overline{T_{bm}}$——平均维修间隔时间；

　　　$\overline{D}$——平均不能工作时间。

使用可用度与装备的设计特性、维修体制、维修作业和保障系统密切相关，同时还受管理水平以及人员的技术水平等因素影响。

固有可用度、可达可用度和使用可用度分别从不同的范围描述系统的可用性。由于考虑影响因素的不同，一般情况下可以认为：$A_o \leqslant A_a \leqslant A_i$。通过合理的设计、科学的管理和有效的维修活动，可以使 A_o 和 A_a 逐步接近 A_i。但不可能高于 A_i。使用方最关心的是 A_o，它反映系统在实际使用情况下的可用性。在研制过程中，由于诸多因素并不明确，故使用 A_i 作为合同参数。

6.2.3　装备系统可信性评估

1. 可信性内涵

可信性是指装备在任务开始时可用性给定的情况下，在规定的任务剖面中的任一随机时刻，能够使用且完成规定功能的能力。可信性的实质是描述装备在完成任务期间所处的状态，即能否连续工作。它受装备的任务可靠性、任务维修性、安全性和生存性等因素的影响。

2. 可信性度量

可信性度量按照装备的实际使用情况，大体可以分为两类：一是以平时训练的任务可靠性作为可信性度量；二是以战时的装备生存性作为可靠性度量。

1）平时的可信性度量

可信性的概率度量是可信度。在系统效能模型中，可信度 D 表示为装备在某一任务期间条件概率的矩阵，其元素分别表示装备各个初始状态从任务开始到任务结束时的状态转移概率。在已知装备的可靠性、维修性的某些基本参数（如平均故障间隔时间和平均修复时间）的情况下，可信度一般可直接计算得到。

例 6.1　设某型歼击机的平均故障间隔时间 MTBF = 2.4h，平均故障修复时间 MTTR = 0.6h。对于作战飞机而言，飞机有两种状态：1—工作状态，2—故障状态。飞机执行任务的时间 $t = 1$h，则

$$\begin{cases} d_{11} = \exp(-t/\mathrm{MTBF}) = \exp(-1/2.4) = 0.6592 \\ d_{12} = 1 - d_{11} = 1 - 0.6592 = 0.3408 \\ d_{22} = 1 \\ d_{21} = 0 \end{cases}$$

由于系统在执行任务期间对发生的故障不能修复，故障状态不能向工作状态转移，故

$$D = \begin{bmatrix} 0.6592 & 0.3408 \\ 0 & 1 \end{bmatrix}$$

这样得到的系统效能通常是对装备"相对静态"效能的一种度量,是对装备在无人为敌对威胁条件下正常使用时可持续执行任务能力的描述。在这种情况下,可信性主要取决于装备在正常条件下的可靠性、维修性、保障性等特性,可信度的计算也相对比较简单,一般只需考虑装备的平均故障间隔时间(MTBF)、平均修复时间(MTTR)、任务成功概率(MCSP)和致命性故障间的任务时间(MTBCF)等参数。

2)战时的可信性度量

在实际作战环境下,装备在执行作战任务过程中,由于敌方可能使装备的部分效能不能得以产生或发挥,如受电子战系统的干扰使警戒系统失灵,或者受打击、遭破坏而使部分装备不能工作等,从而影响作战任务的完成。因此,如果考虑实际作战对抗环境,装备的生存性就成为装备可信性的主要内容。由于不同装备的特性不同,其生存性评估时的具体指标也就不同。

下面,以飞机装备为例,对装备的生存力评估问题进行分析和说明。

飞机装备的生存性是指飞机在敌对环境下作战时能避免被敌方发现,或虽然被敌方发现但能避开其攻击,或虽然受到攻击并被击中但能承受这一打击并保持一定作战状态的能力。飞机的生存性主要包括敏感性和易损性两个方面,前者衡量飞机系统避免被敌方发现和击中的能力,后者衡量飞机系统被击中后承受该击中而不被杀伤的能力。

飞机的敏感性用击中概率 P_H 进行度量,它是飞机被探测到的概率 P_d 和探测到后被敌方威胁物击中的概率 $P_{H/d}$ 的乘积,即

$$P_H = P_d \cdot P_{H/d}$$

飞机特征信号的大小是飞机探测概率 P_d 分析的核心内容。任何一架飞机都具有电磁、红外、光学、声学等多种辐射特征。因此,敌方防御系统的探测手段也是多种多样的,有雷达探测、红外探测、可见光探测、声波探测等,其中又以雷达探测最为重要,约占 60%以上。

飞机被击中的概率 $P_{H/d}$ 主要取决于敌方威胁物的脱靶距离和飞机在威胁物方向上的物理尺寸。脱靶距离是对导弹、弹丸、辐射束等敌方威胁物接近飞机特定位置最近点的度量。通常,脱靶距离越小,飞机越容易被击中。

飞机的易损性用被击中一次后杀伤的条件概率 $P_{K/H}$ 来表示。这样飞机的杀伤概率为

$$P_K = P_H \cdot P_{K/H} = P_d \cdot P_{H/d} \cdot P_{K/H}$$

由于飞机所遭受的敌方威胁环境不同,其易损性测度也随遭遇威胁类型的不同而不同。当飞机遭到非爆或接触式引信的战斗部时,飞机在遭受单点打击后的杀伤概率为 $P_{K/H}$。杀伤概率 $P_{K/H}$ 的度量都是以飞机上致命性部件在给定击中下的杀伤概率 $P_{K/H}$ 为基础的。$P_{K/H}$ 函数定义了部件在碎片和穿透物打击下的杀伤概率,它可表示为威胁物的质量和速度的函数。确定飞机上每一个部件的 $P_{K/H}$ 值是一项非常困难的任务,一般主要由战争损伤报告和试验结果来提供数据素材,最终在经验数据、工程判断和试验综合的基础上得出。

飞机被一次攻击后的生存性用生存概率 P_S 来表示,所以有

$$P_S = 1 - P_K$$

显然,当飞机遭受 n 次独立打击后仍能生存的概率 $\overline{P}_S^{(n)}$ 为

$$\overline{P}_S^{(n)} = P_S^{(1)} \cdot P_S^{(2)} \cdots P_S^{(i)} \cdots P_S^{(n)}$$

其中:$P_S^{(i)}$($i = 1, 2, \cdots, n$)是指飞机能承受第 i 次打击而生存的概率。

需要说明的是,许多文献把生存性归入作战能力中来分析,但是实际上两者之间并没有明确的界限。从可信性角度分析生存性是以更好地"保存自己"为出发点的;而从作战能力角度分析生存性是以更好地"消灭敌人"为出发点的,两者的侧重点有所不同,本质是一致的。

6.2.4 装备系统固有能力评估

计算装备固有能力 C,很大程度上取决于所评价的装备系统的任务,因此应根据实际问题的特定条件来建立能力向量,例如可采用品质效用函数的方法。

装备常具有多个品质因素,有的品质因素要求越大越好,有的要求越小越好,还有的要求在一定范围之内,而且不同的品质因素在装备中发挥的作用也有差异。为统一品质因素的量纲,采用效用函数。对每一品质因素建立一个适当的效用函数,然后计算不同品质因素的效用函数值。效用函数值是 $[0,1]$ 范围内的一个实数。

若装备有 m 个品质因素 $\boldsymbol{P}_k=(p_1,p_2,\cdots,p_m)$,其性能值 $\boldsymbol{d}_k=(d_1,d_2,\cdots,d_m)$,品质因素的权重向量 $\boldsymbol{W}=(w_1,w_2,\cdots,w_m)$,性能指标的最大值点 $\boldsymbol{d}_{\max}=(r_{\max}^1,r_{\max}^2,\cdots,r_{\max}^m)$,最小值点 $\boldsymbol{d}_{\min}=(r_{\min}^1,r_{\min}^2,\cdots,r_{\min}^m)$。

若品质因素 P_k 要求越大越好,则采用如下形式的品质效用函数(图6-3):

$$\mu_k(d_k)=d_k/r_{\max}^k \qquad d_k\in[r_{\min}^k,r_{\max}^k] \tag{6-7}$$

若品质因素 P_k 要求越小越好,则采用如下形式的品质效用函数(图6-4):

$$\mu_k=1+\frac{(r_{\min}^k-d_k)}{r_{\max}^k} \tag{6-8}$$

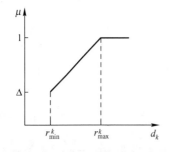

图6-3 品质因素要求越大越好时的效用函数

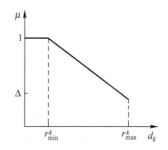

图6-4 品质因素要求越小越好时的效用函数

若品质因素 P_k 要求在 $[r_1,r_2]$ 范围为宜,则采用如下形式的品质效用函数(图6-5):

$$\mu_k=\begin{cases}\dfrac{d_k}{r_1} & d_k\in[r_{\min}^k,r_1]\\ 1 & d_k\in[r_1,r_2]\\ 1+\dfrac{(r_2-d_k)}{r_{\max}^k} & d_k\in[r_2,r_{\max}^k]\end{cases} \tag{6-9}$$

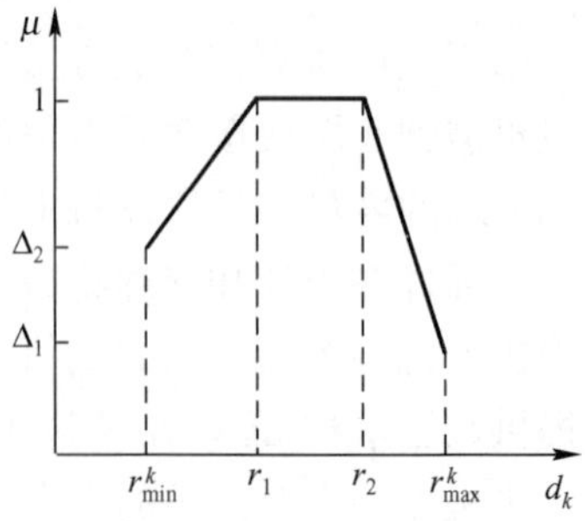

图6-5 品质因素要求在一定范围内时的效用函数

因此,品质因素效用函数值的计算结果为

$$\boldsymbol{\mu}=(\mu_1,\mu_2,\cdots,\mu_m)$$

应用线性加权计算系统能力量化值为

$$C_k=\sum_{k=1}^m w_k\mu_k$$

6.2.5 装备系统效能评估案例

本节以作战飞机为例,按照 WSEIAC 系统效能模型对飞机的系统效能进行分析,加深对模型的理解。

例 6.2 设某飞机的 MTBF = 4.2h, MTTR = 0.8h。飞机执行任务的时间 $t=2$h,且假设飞机在任务期间所发生的故障不能修复。作战飞机的性能参数如表 6-2 所列。

表 6-2　作战飞机的性能参数

性　　能	数　　据
上升速度/(m/s)	170
稳定盘旋过载($H=5$km, $M=0.9$s)/g	4.75
最大可用过载/g	8.0
最大飞行速度/(km/h)	1350
最小飞行速度/(km/h)	230
加速时间($M=0.6\sim0.9$s)/s	24

其性能指标的最大值点向量 $d_{max}=(270,5.4,8.5,1588,240,30)$,性能指标的最小值点向量 $d_{min}=(150,3,7.5,1100,115,13)$,指标因素权重向量 $W=(0.2,0.25,0.3,0.05,0.05,0.15)^{\mathrm{T}}$。试对系统进行分析,提出改进意见。

1. 可用度的计算

可用度向量 $A=(a_1,a_2,\cdots,a_n)$,它是 $1\times n$ 维可用度。A 的任意分量 a 是开始执行任务时系统处于状态 i 的概率。一般而言,系统可能状态由可工作状态、工作保障状态、定期维修状态、故障状态、等待备件状态等组合而成。对于作战飞机而言,有两种状态:1 为工作状态,2 为故障状态。因此有

$$a_1=\frac{\mathrm{MTBF}}{\mathrm{MTBF}+\mathrm{MTTR}}=\frac{4.2}{4.2+0.8}=0.84$$

$$a_2=\frac{\mathrm{MTTR}}{\mathrm{MTBF}+\mathrm{MTTR}}=\frac{0.8}{4.2+0.8}=0.16$$

故

$$A=[0.84,0.16]$$

2. 可信度的计算

可信度是系统在执行任务状态的条件下,描述任务完成期间状态转移的概率。假定系统有 n 个可能状态,则可信度有 $n\times n$ 种状态转移概率,故可信度 D 是一个 $n\times n$ 矩阵。对于作战飞机而言,飞机有两种状态:1—工作状态,2—故障状态。由于系统在任务执行过程中所发生的故障不能修复,故障状态不能向工作状态转移,因此可信度为

$$d_{11}=\exp(-1/\mathrm{MTBF})=\exp(-1/4.2)=0.7881$$
$$d_{12}=1-d_{11}=1-6211=0.2119$$
$$d_{22}=1$$
$$d_{21}=0$$

故

$$D=\begin{bmatrix}0.7881 & 0.2119\\0 & 1\end{bmatrix}$$

3. 固有能力的计算

装备系统的能力反映了设计者赋予装备系统的"本领",是系统在执行任务过程这一状态条件下,对系统达到任务目标的能力的量度。装备系统的固有能力可定量地表示为当系统在设计技术要求范围内工作时,该系统成功地完成其任务的概率。通常,装备系统成功完成其任务并不是通过单一事件,而是通过一系列不同的基本事件实现的,因而系统能力是这一系列个别事件或组合事件的综合结果。由于作战飞机只有工作状态和故障状态两种,因此,系统固有能力向量为

$$C = \begin{bmatrix} c_1 \\ c_2 \end{bmatrix}$$

作战飞机在工作状态下的固有能力 c_1 是通过对飞机各项能力参数的综合评判得到的,作战飞机在故障状态下不能执行作战任务,有 $c_2 = 0$。下面用品质因素法计算在工作状态下的固有能力 c_1。

因为

上升速度:	$\mu_1 = 170/270 = 0.63$
稳定盘旋过载/g:	$\mu_2 = 4.75/5.4 = 0.87$
最大可用过载:	$\mu_3 = 8/8.5 = 0.95$
最大飞行速度/(km/h):	$\mu_4 = 1350/1588 = 0.85$
最小飞行速度/(km/h):	$\mu_5 = 1 + (115 - 230)/240 = 0.52$
加速时间($M = 0.6 \sim 0.9s$)/s:	$\mu_6 = 1 + (13 - 24)/30 = 0.64$

所以有

$$C_k = \sum_{k=1}^{m} w_k \mu_k = 0.2 \times 0.63 + 0.25 \times 0.87 + 0.3 \times 0.95 + 0.05 \times 0.85 + 0.05 \times 0.52 + 0.15 \times 0.64 = 0.793$$

故

$$C = \begin{bmatrix} 0.793 \\ 0 \end{bmatrix}$$

4. 作战飞机的效能计算

$$E = A \cdot D \cdot C = [0.84, 0.16] \begin{bmatrix} 0.7881 & 0.2119 \\ 0 & 1 \end{bmatrix} \begin{bmatrix} 0.793 \\ 0 \end{bmatrix} = 0.414$$

通过定性的分析可以看到,装备系统效能的提高可以通过改善装备的 MTTR、MTBF 和装备的固有能力等影响因素来实现,但是各因素对装备效能的影响很难用定性的方法得到结论。可以采取逐步调整各影响因素量值的方式以找出对装备效能影响较大的因素,从而为装备的设计、使用与维护提供辅助决策支持。

6.3 装备费用—效能分析的主要内容

装备费用—效能分析可表述为以寿命周期费用所获得的装备系统效能的大小为标准,对装备的各种备选方案进行评价,并逐步进行分析与比较,使选择的方案获得满意解的系统分析方法。由于装备的使用是为了满足军事需求,而军事需求的价值往往不能或难以用金钱来衡量,因此用效能作为衡量指标既可以避免这种衡量方式的困难,又能够直接与军事需求相联

系,具有直观性。

6.3.1 装备费用—效能分析的要求

1. 分析目的

费用—效能分析的目的是给决策者提供有关装备费用效能方面的信息,以便决策者可以根据费用—效能分析的结果及其他需要考虑的因素进行决策,以提高装备的费用效能。

2. 应用场合和时机

在装备寿命周期各阶段,当达到规定的目标存在多种实现方案,且方案的选择需要考虑各方案的费用和效能时,就可采用费用—效能分析方法。对于装备的重大决策问题,应进行费用—效能分析。

装备重大决策问题主要有:

(1) 装备规划、计划决策;

(2) 战术技术指标论证决策;

(3) 方案论证决策;

(4) 工程研制决策;

(5) 重大设计变更决策;

(6) 生产决策;

(7) 订购决策;

(8) 部署后的使用方案决策;

(9) 维修和保障决策;

(10) 更新、改装、封存和延寿等决策;

(11) 战役决策。

在装备论证以及方案、工程研制和生产阶段,应运用费用—效能分析作为提出和确定定量指标和定性要求的依据,并采用费用—效能准则来评审方案和用分析的结果监督方案的实施。费用—效能分析应在决策之前完成,以便为决策提供依据。也可以在方案实施过程中进行,以评价该方案所导致的费用和效能。应特别强调在寿命周期早期阶段进行此项工作,以有效地保证装备系统效能和控制寿命周期费用。

经订购方的装备主管部门认可后,下述情况可不进行费用—效能分析:

(1) 进行这种分析的收益明显地不能抵消为进行分析而付出的代价。

(2) 有关文件规定采用其他的分析方法(如寿命周期费用评价、费用—效益分析等)以代替费用—效能分析。

3. 分析的层次和详细程度

费用—效能分析方法,可应用于装备系统各个功能层次的各类需决策的问题。这些层次有系统、分系统、设备、部件等。分析的详细程度取决于装备主管部门的要求,进行分析所具备的条件(如数据、模型等),以及装备所处的寿命周期阶段等等。

4. 实施分析的单位

开展费用—效能分析的单位主要分为以下三类:

(1) 订购方的装备主管部门或下属的科研机构;

(2) 承担装备论证、研制、生产、使用、维修、改装、退役等业务的单位;

(3) 订购方的装备主管部门委托的其他单位。

在实施单位的选择上,应根据管理职责和所具备的分析能力等来选择和确定分析单位。订购方、承制方和承担费用—效能分析的单位应密切合作,相互提供必要的资料和数据有关文件,以利于费用—效能分析的顺利进行。

5. 分析的准备与结束

为使分析能得到可信的结果,应在着手正式分析前,考察以下条件是否具备:

(1) 是否有明确的目标;

(2) 是否存在两种或两种以上的可行方案可供选择;

(3) 是否有现成的或可建立的适合分析需要的费用模型和效能模型以及决策的模型;

(4) 是否有必需的、可信的资料和数据。如不具备,应采取有效措施,创造条件使之具备。在分析之前,应拟定一个分析的基本流程,保证按此流程进行分析时,可系统地综合比较各个备选方案。

费用—效能分析按照分析基本流程法进行,当出现以下两种情况时结束分析:

(1) 分析所取得的结果是令人满意的;

(2) 受到分析所需时间和经费的限制不能继续进行。

6. 决策准则的选择

评价各备选方案优劣的准则,应当是慎重而合理的。这个准则由装备主管部门选定或经装备主管部门认可。

7. 分析报告及评审

分析结束时,应提出费用—效能分析报告。订购方的装备主管部门应负责对分析报告进行评审,以确定报告结论的可信性和完整性。

8. 方案实施中的费用—效能评价

在经过费用—效能分析后,决策选定的方案付诸实施的过程中,装备主管部们应根据实施的进度和情况,适时地评价进行中方案的费用和效能。必要时提出新方案及意见,并提交给决策机关。

6.3.2 装备费用—效能分析的内容

1. 论证及方案阶段

在论证和方案阶段,费用—效能分析的主要工作包括:

(1) 估算效能、寿命周期费用、研制与生产费用和各年度所需费用,以及重要的费用项目;

(2) 确定和评价装备的固有能力、可靠性、维修性、安全性、保障性、进度等因素对装备系统效能、寿命周期费用、研制与生产费用的影响;

(3) 进行费用和效能诸因素(固有能力、可靠性、维修性、安全性、保障性等)以及进度的权衡研究;

(4) 对各备选方案进行评价;

(5) 评价和比较参与投标的研制方案,为选择研制单位与签订合同提供依据;

(6) 以文件形式确定研制单位应达到的效能、费用及其主要影响因素的要求,以及需完成的费用效能方面的工作;

(7) 提出关于研制、生产、使用与维修管理的建议。

2. 工程研制阶段

在工程研制阶段,费用—效能分析的主要工作包括:

（1）在整个工程研制过程中,研制单位应按照订购方所提出的费用—效能指标和要求,采用费用—效能分析方法来评价设计方案,并选择费用—效能最佳的设计途径,以减少寿命周期费用。

（2）评价变更设计方案对费用—效能的影响。

（3）控制重要的费用项目。

（4）分析效能及其主要影响因素和研制费用的实现值,以研制费用的实现值和其他已确定的因素为依据重新估算寿命周期费用。

（5）确定和评价研制单位所实现的固有能力、可靠性、维修性、保障性等因素对效能、寿命周期费用及其主要部分的影响,以此作为转入生产阶段的决策依据之一。

（6）评价和比较参与投标的生产方案,为生产单位的选择和签订合同提供依据。

3. 生产阶段

在生产阶段,费用—效能分析的主要工作包括:

（1）监督承制方完成订购方提出的费用—效能要求。

（2）评价变更生产方案对费用—效能的影响。

（3）分析和确定效能及其主要影响因素和生产费用的实现值,以研制与生产费用的实现值和其他已确定的因素为依据,重新估算寿命周期费用。

4. 使用阶段

在使用阶段,费用—效能分析的主要工作包括:

（1）评价实际使用过程中装备所能达到的效能和所支付的费用。

（2）评价和改进使用与保障方案。

（3）为执行任务选择优化的使用与保障方案。

（4）为改进型设计、现代化改装、封存决策和新装备的研制提供信息。

（5）评价退役时机和延寿方案。

（6）对装备更新提出建议。

5. 退役阶段

在使用阶段,费用—效能分析的主要工作包括:

（1）评价退役处置方案。

（2）全面收集整理装备的费用及效能资料以便为今后新装备的费用—效能分析提供信息。

6.3.3 装备费用—效能分析的基本程序

当对装备进行费用—效能分析时,其基本流程如图6-6所示。

装备费用—效能分析大体上可以分为"分析准备"和"实施分析"两个部分,每个部分又包含若干环节。各环节的工作内容分别为:

（1）收集信息。收集一切与分析有关的信息,特别是现有类似装备的费用—效能信息、指令性和指导性文件的要求等。

（2）确定目标。目标是指使用装备所要达到的目的。应根据订购方的装备主管部门的要求来明确费用—效能分析所需要的、可接受的目标。

（3）建立假定和约束条件。建立假定和约束条件,以限制分析研究的范围。应当说明建立这些假定和约束条件的理由。在进行分析的过程中,还可能需要再建立一些必要的假定和约束条件。

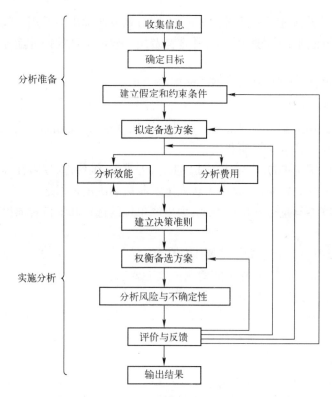

图 6-6 费用—效能分析的基本流程

（4）拟定备选方案。提出可行方案，并通过初步的权衡分析淘汰掉明显差的方案，从而选出进一步进行费用—效能分析的备选方案。在以后的分析过程中，还可能会拟定出新的备选方案。

（5）分析效能。根据装备的特点和分析的目的，分析效能的主要因素，确定合理的效能度量，选用或建立合适的效能模型，并运用模型计算各备选方案的效能。

（6）分析费用。根据装备的特点和分析的目的，提出费用结构，确定合理的费用度量，选用或建立合适的费用模型，并运用模型计算各备选方案的费用。

（7）权衡备选方案。在计算和确定备选方案的效能和费用之后，通过选定或建立出的决策准则和模型，权衡比较各备选方案的优劣。

（8）分析风险和不确定性。对建立的假定和约束条件以及关键性变量的风险与不确定性进行分析。可分别采用概率分析和灵敏度分析等方法。

（9）评价与反馈。在权衡备选方案及进行风险与不确定性分析之后，要评价分析的全部过程和所得到的结果，并运用评价结果和分析过程中得到的信息不断进行信息的反馈，做进一步的分析。

（10）输出结果。将分析研究的结果以费用—效能分析报告的形式提供给决策机关，内容包括：①方案优选顺序及理由；②备选方案效能和费用的绝对值，以及各方案间的相对值；③费用—效能分析的基本过程，所采用的效能模型、费用模型以及决策准则和模型；④风险分析的结果；⑤分析研究的局限性，包括假定条件及数据的选定条件；⑥其他。

在进行装备费用—效能分析时，可以根据实际情况对分析程序进行必要的修改，主要有：（1）各类装备的特殊性；（2）需决策问题的特殊性；（3）进行分析所需条件具备的程度;(4) 以前是否进行过类似的分析以及分析的结果;(5) 分析所需时间和经费的限制;(6) 其他。

在开展装备费用—效能分析时,不允许将分析的方法和步骤剪裁到没有费用—效能分析实质内容的程度,即任何费用—效能分析都应当具备目标、方案、费用、效能、模型、决策准则这6个要素。

6.4　装备费用—效能综合分析方法

6.4.1　装备效费权衡分析模型

1. 装备效费比概念

如果单从寿命周期费用角度看问题,则装备寿命周期费用越少越好,因而会得出装备越简单越好的结论;而如果单从效能的角度看问题,则装备效能越高越好,因而会得出装备越先进、越复杂越好的结论。实际上,二者都具有片面性。因为装备越简单,效能越低,越不能完成规定的任务要求,装备寿命周期费用再低,已经没有实际意义;而效能越高,有可能引起寿命周期费用的急剧增加,以致超过了国防经费所能负担的能力,"买不起,又养不起",或者"买得起,养不起",这样的装备也没有实际意义。因此,必须从装备寿命周期费用和装备效能两个方面来考虑问题。为便于分析,引入"装备效费比"的概念。

1) 装备效费比的概念和内涵

效费比的定义式为

$$M = E/\mathrm{LCC}$$

式中　　M——装备效费比;

　　　　E——装备效能;

LCC——装备寿命周期费用。

所谓效费比,其含义是单位寿命周期费用所获取的装备效能。它直接反映了国防资源的利用率。效费比越高,国防资源利用率就越高,方案也就越好。装备效费权衡分析的目标就是要追求高的效费比。而不应该是片面追求高的效能,或者片面追求低的寿命周期费用。

效费比作为评价装备(方案)优劣的指标,具有很高的综合性,主要表现在:装备效能 E 是评价装备战斗力的指标,它不仅包含了装备的所有性能指标,还包含了可靠性和维修性、保障性、生存性等特性,是全面表征装备硬件和软件特性的综合性参数;装备寿命周期费用既具有全寿命全系统的特征,也是一个与装备的硬件和软件特性相联系的综合性参数。

效费比又将上述两个高度综合的参数效能和寿命周期费用综合起来考虑,可以说是一种高度的综合。这种高度的综合把很丰富很复杂的内容"隐"去了。因此,我们不能仅仅从表面将效费比看成是一个枯燥的数值,而要把它与深层次的装备的各种特性联系起来。

2) 提高装备效费比的途径

效费权衡分析的目的就是要实现高效费比。固然我们可以应用效费比的概念去评价不同型号的装备和同一型号的不同方案,而更重要的是要在效费权衡分析中能动地寻求高效费比的途径。

由装备效费比的公式可以得到提高效费比的途径如下：

$$\uparrow \text{效费比} = \frac{E\rightarrow}{\text{LCC}\downarrow}\ (\text{方式}1)$$

即在保持装备效能不变的情况下,通过降低寿命周期费用来提高效费比。此时,应着眼于寿命周期费用的降低,可以通过改进制造工艺,提高管理水平等途径,以降低生产费用,通过提高可靠性和维修性以降低使用维修和保障费用。

$$\uparrow \text{效费比} = \frac{E\uparrow}{\text{LCC}\rightarrow}\ (\text{方式}2)$$

即在保持装备寿命周期费用不变的情况下,通过提高装备效能来提高效费比。此时,应着眼于装备效能的提高,如通过装备电子设备和装备系统的更新换代,以提高装备效能,但这可能引起费用的增长,不过可通过提高可靠性、维修性和生存性以降低使用维修和保障费用,从而抵消上述费用的增长,保持LCC不变。

$$\uparrow\uparrow \text{效费比} = \frac{E\uparrow}{\text{LCC}\downarrow}\ (\text{方式}3)$$

即一方面着眼于提高装备的效能,另一方面又着眼于降低装备的寿命周期费用。这样可使装备效费比大幅度提高。这应该是装备效费权衡的主攻方向。这一途径表面看来似有矛盾,但在实践中已有成功的经验。例如,提高装备的可靠性和维修性,就会收到这种效果。因为可靠性一方面是装备战斗力的倍增器,即有效地提高装备效能,另一方面又可以降低装备的维修保障费用。

$$\uparrow \text{效费比} = \frac{E\uparrow\uparrow}{\text{LCC}\uparrow}\ (\text{方式}4)$$

即在装备寿命周期费用略有增加的情况下,使装备效能有大幅度的提高,同样可使装备效费比提高。此时主要着眼于装备效能的提高,只不过效能提高速度大于LCC增长的速度。

$$\uparrow \text{效费比} = \frac{E\downarrow}{\text{LCC}\downarrow\downarrow}\ (\text{方式}5)$$

即在装备效能略有下降的情况下,使装备的寿命周期费用大幅度减少,仍然可使装备效费比提高。此时,着眼于装备寿命周期费用的减少。

上述5种途径,只是一种理论上的划分,实际上,在一种方案中可能几种途径同时并存,选择何种途径要依具体情况而定。例如,在和平时期,由于国防资源有限,主要应着眼于降低装备寿命周期费用,所以可选择方式1、方式3、方式5这几种途径。在国家安全压力较大时,装备的效能提高往往成为首要关注,所以可选择方式2、方式3、方式4这几种途径。由于方式3无论在和平时期还是在战争时期都是适用的,而且提高效费比的效果最为明显,所以应花大力气进行研究。

2. 权衡分析的比例模型

1）装备效费指数

在装备效费比公式中,装备效能E和装备寿命周期费用LCC的单位不同,效费比的量值还会随E和LCC的单位的变化而变化,且不直观。为此应将其规格化,使其变为无量纲值。于是引入"装备效费指数"的概念,即有

$$M(M) = \frac{M(E)}{M(\text{LCC})}$$

式中 $M(M)$——装备的效费指数；

$M(E)$——规格化的装备效能；

$M(\text{LCC})$——规格化的装备寿命周期费用。

$$M(E) = \frac{E}{E_{基准}}$$

式中 $E_{基准}$——选定的基准装备效能；

E——待评装备的效能。

$$M(\text{LCC}) = \frac{\text{LCC}}{\text{LCC}_{基准}}$$

式中 $\text{LCC}_{基准}$——选定的基准装备的寿命周期费用；

LCC——待评装备的寿命周期费用。

在选择基准装备时,应选择服役的国产最先进的新型装备,一般不宜以国外装备为基准。同时,应注意,基准效能和基准寿命周期费用应对应同一型号。

2）装备效费比例模型

装备效费比例模型的表达式为

$$M(M_i) = \frac{M(E_i)}{M(\text{LCC}_i)} \tag{6-10}$$

式中 $M(M_i)$——第 i 个方案或第 i 个型号的效费指数；

$M(E_i)$——第 i 个方案或第 i 个型号的规格化的效能；

$M(\text{LCC}_i)$——第 i 个方案或第 i 个型号的规格化的寿命周期费用。

由装备效费比例模型公式可知,若效费指数 $M(M_i) > 1.0$,则必有 $M(E_i) > M(\text{LCC}_i)$,即产出大于投入,这是一个合算的方案,是可以接受的。

装备效费比例模型的物理意义如图 6-7 所示。

图中的射线上各点均有 $M(M) = 1.0$,即 $M(E) = M(\text{LCC})$。在射线以下的区域内由于 $M(M) < 1.0$,所以是不可行区域。在射线以上的区域内 $M(M) > 1.0$,所以是可行区域。

3）以装备效费比例模型为基础的效费权衡

以装备效费比例模型为基础的效费权衡分析图如图 6-8 所示。

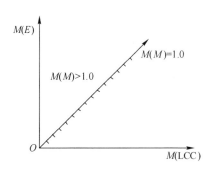

图 6-7 装备效费比例模型的物理意义

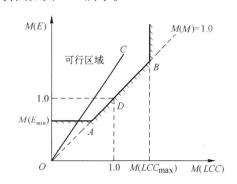

图 6-8 效费权衡分析图

（1）可行区域。在实际的研制计划中，往往要受到如下两个条件的约束。

① 最大费用约束。该约束可表示为

$$M(\mathrm{LCC}_i) \leqslant M(\mathrm{LCC}_{\max})$$

式中：$\mathrm{LCC}_{\max}$ 为装备寿命周期费用的最大值，由国防资源的承受能力决定。

② 最小效能约束。该约束可表示为

$$M(E_i) \geqslant M(E_{\min})$$

式中的 $E_{\min}$ 为装备效能的阈值，由装备战术技术要求的阈值决定。

由最大效能约束、最小效能约束以及效费指数 $M(M_i) > 1.0$ 的共同约束可得装备方案的可行区域如图6-8中所示。

（2）特性分析。

① 基准点。在图6-8中，纵、横坐标轴上各有一个数值为1.0的点，它们分别表示规格化的装备效能 $M(E)$ 和规格化的装备寿命周期费用 $M(\mathrm{LCC})$ 值等于1.0，此时有

$$E_i = E_{基准}$$
$$\mathrm{LCC}_i = \mathrm{LCC}_{基准}$$

即它们分别表示规格化的基准效能和规格化的基准寿命周期费用。该点的位置由基准值和坐标轴的比例尺决定。一般应使之在两坐标轴上离 O 点的距离相等。

② 基准线。在图6-8中，分别过纵、横坐标轴上1.0的点作垂线交于 D 点，连接 OD 使之交于过 $M(E_{\min})$ 的水平线于 A 点，延长 OAD 使之交过 $M(\mathrm{LCC}_{\max})$ 的垂线于 B 点，由于 $OADB$ 及其延长线上各点其效费指数 $M(M)$ 均为1.0，故称之为基准线。一般应使基准线位于分角线上。

③ 等效费指数线。在图6-8中，自 O 点向基准线上方任做一射线 OC，其上各点有

$$M(M)_\infty = 常数$$

即在任一射线上其效费指数均相同。这样，按比例模型的判据，便可得出同一射线上各点所代表的设计方案的优劣相同的结论。但我们应当看到，在同一射线上的各点，离坐标原点越远的点，其效能值越大，方案的技术含量越高。当然由于效能的提高也会使费用有所增加，只是效能和费用的增长速率相同，才使得效费指数不变。所以，对于等效费指数线上的点，应以矢径越长越好。

（3）标准效费权衡分析图。符合下述3个条件的效费权衡分析图，称为标准效费权衡分析图，其特点是：

① 作为代表一项已经实现了的成功计划的装备型号已选定，即 $\mathrm{LCC}_{基准}$、$E_{基准}$ 已给定；

② 根据用户要求，装备效能门限值 $E_{\min}$ 和装备寿命周期费用上限值 $\mathrm{LCC}_{\max}$ 已给定；

③ 两个基准点的位置已定，且使基准线位于分角线上。

标准效费权衡分析如图6-9所示。

设在可行区域中有代表不同设计方案且不在等效费指数线上的3个设计点。将3个设计点分别与 O 点相连，得等效费指数线 $O\mathrm{I}$、$O\mathrm{II}$、$O\mathrm{III}$，它们与横轴的夹角分别为 α_{I}、α_{II}、α_{III}。

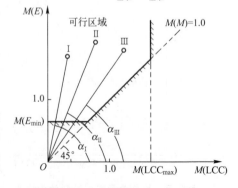

图6-9 标准效费权衡分析图

由于
$$M(M) = \frac{M(E)}{M(LCC)} = \tan\alpha$$

$$M(M_{\mathrm{I}}) = \tan\alpha_{\mathrm{I}}$$

$$M(M_{\mathrm{II}}) = \tan\alpha_{\mathrm{II}}$$

$$M(M_{\mathrm{III}}) = \tan\alpha_{\mathrm{III}}$$

式中，$M(M_{\mathrm{I}})$、$M(M_{\mathrm{II}})$、$M(M_{\mathrm{III}})$ 分别表示 Ⅰ、Ⅱ、Ⅲ 点的效费指数。

又因为
$$\alpha_{\mathrm{I}} > \alpha_{\mathrm{II}} > \alpha_{\mathrm{III}}$$

所以
$$\tan\alpha_{\mathrm{I}} > \tan\alpha_{\mathrm{II}} > \tan\alpha_{\mathrm{III}}$$

即有
$$M(M_{\mathrm{I}}) > M(M_{\mathrm{II}}) > M(M_{\mathrm{III}})$$

由此可以得出优化判据为
$$\alpha_{\max} = \mathrm{MAX}(\alpha_i)$$

由于 Ⅰ、Ⅱ、Ⅲ 点均在可行区域内，究竟选择哪一点，还应引入决策者的偏好。比如，当着眼于装备效能时，可能会选择 Ⅱ 点，此时的判据变为
$$\overline{ON}_{\max} = \mathrm{MAX}(\overline{ON}_i)$$

式中　$\overline{ON}_{\max}$——矢径的最大值；

　　　$\overline{ON}_i$——第 i 点的矢径值。

作为特例，在图 6-9 中还会出现如下两种情况：① n 个设计点均落在同一条垂直线上；② n 个设计点均落在同一条水平线上。

对于情形①，因为 $M(LCC)$ 均相等，即寿命周期费用 LCC 均相等，此时，当然是设计点所处位置越高越好，即效能 E 越高越好。

对于情形②，因为 $M(E)$ 均相等，即效能 E 均相等，此时，当然是设计点越靠近纵坐标越好，即 $M(LCC)$ 亦即装备寿命周期费用越小越好。

这两种特例，实际上就是以等费用为约束或等效能为约束的两类优化问题。

下面通过具体算例加深理解。

例 6.3 某型军用飞机 A 是我国 20 世纪 80 年代研制、90 年代末装备部队的主战飞机型号。B 型号飞机(以下简称 B 型机)是在 A 型号飞机(以下简称 A 型机)基础上，立足国内成熟技术和成品，为适应航空兵部队 2000 年以后作战环境而改进研制的改型型号。B 型机主要配置基本与 A 型机相同，主要改进有：

(1) 座舱采用红光照明；

(2) 配装脉冲多普勒雷达；

(3) 配装头盔瞄准具；

(4) 改装整体式圆弧风挡；

(5) 改装 0 - 0 弹射座椅。

下面，通过分析 A 型机和 B 型机的效费特性开展费用—效能分析。选取 A 型机为基准型号，B 型机为待评估型号。

(1) 计算效能和寿命周期费用。计算两种型号飞机效能和寿命周期费用，计算结果分别如表 6-3、表 6-4 所列。

表6-3　飞机效能计算值

效能指数	对空作战能力指数	对地攻击能力指数	空/地任务分配比例	可用度	任务可靠度	作战效能指数
A 型	9.92	7.04	0.6/0.4	0.77	0.867	5.85
B 型	18.47	12.64	0.4/0.6	0.66	0.824	8.14

表6-4　飞机寿命周期费用计算值

寿命周期费用/万元	每飞行小时研制费	每飞行小时采购费	每飞行小时维护费	寿命周期小时费
A 型	0.058	0.718	1.531	2.037
B 型	0.062	1.301	1.787	3.150

（2）计算装备效费指数：

$$M(M_i) = \frac{M(E_i)}{M(\text{LCC}_i)} = \frac{8.14/5.85}{3.15/2.037} = 0.8998$$

（3）结果分析。计算结果表明，B型机与A型机相比，改型研制后，作战能力有很大提高，但效费指数却小于1。分析其原因，虽然飞机的空战能力提高了86.2%，空地作战能力提高79.5%，但由于飞机的可用度和可靠度下降，飞机的综合作战效能只提高了39.1%，同时寿命周期费用却增加了54.6%，表明此研制方案并非优化方案。方案的优化应将提高可用度和可靠度作为主要途径。

进一步，如果优化方案中B型机能保持与A型机相同的可用度和可靠度水平，则B型机的作战效能指数可达到9.995，同时寿命周期费用可略有减少，为3.12万元/飞行小时。因此，B型机优化方案的效费指数为1.116。飞机改型研制后效费指数会有很大提高。

6.4.2　基于理想点的多目标决策与评价方法

前面介绍了装备费用—效能权衡分析的比例模型，主要通过规格化的装备效能和规格化的寿命周期费用及其比值作为评价基准。但当需要权衡的因素多于两个时，比例模型就显得无能为力，因为实际装备系统是一个多目标的系统，既有技术因素，又有经济因素，又有时间因素等。这就需要考虑各个项目进行综合评价。为此，这里采用基于理想点的多目标决策与评价方法。

1. 基本原理

基于理想点的多目标决策与评价方法的基本思想是先定义决策问题的理想解与负理想解，然后在可行方案集中找到一个方案，使其既距理想解的距离最近又离负理想解的距离最远。

理想点是一假定的最好方案。它可从各种方案的不同属性中选取其最优值得到。负理想解与之相反，即为假定的最劣方案。它可从各种方案的不同属性中选取其最劣值得到。理想点与负理想点往往在实际中都不会出现，它代表了决策中努力追求与竭力避免的极端情况。

为了度量可行方案与理想点、与负理想点的接近程度，定义如下相对接近测度。设决策问题有 m 个目标 f_j，n 个可行方案 X_i，设问题的规范化矩阵为 Z_{ij}，加权目标的理想点为 Z^*，其中 $Z^* = [Z_1^*, \cdots, Z_m^*]^T$。

$$Z_j^* = \{ (\max_i Z_{ij} \mid f_j \text{ 属效益型指标时}), (\min_i Z_{ij} \mid f_j \text{ 属成本型指标时}), i = 1, 2, \cdots, n \} \quad (6\text{-}11)$$

用欧几里得范数作为距离测度,则任意可行点到 Z^* 的距离为

$$S_i^- = \sqrt{\sum_{j=1}^{m} (Z_{ij} - Z_j^*)^2} \quad i = 1, 2, \cdots, n \tag{6-12}$$

其中,Z_{ij} 是第 j 个目标对于第 i 个方案的规范化加权值。

类似地,可定义任意解与负理想解之间的距离,$Z^- = [Z_1^-, \cdots, Z_m^-]^T$

$$Z_j^- = \{(\min_i Z_{ij} | f_j \text{ 属效益型指标时}), (\max_i Z_{ij} | f_j \text{ 属成本型指标时}), i = 1, 2, \cdots, n\} \tag{6-13}$$

$$S_i^- = \sqrt{\sum_{j=1}^{m} (Z_{ij} - Z_j^-)^2} \quad i = 1, 2, \cdots, n \tag{6-14}$$

由此,某一可行解对于理想解的相对接近度定义为

$$C_i^* = S_i^- / (S_i^- + S_i^*)$$
$$0 \leqslant C_i^* \leqslant 1 \quad i = 1, 2, \cdots, n \tag{6-15}$$

由此,可以看出,若 X_i 是理想解,则相应 $C_i^* = 1$;若 X_i 是负理想解,则相应 $C_i^* = 0$。按照这一测度可以对所有方案排队。

上述思想示意图如图 6-10 所示。图中虽然方案 Z^1、Z^2 与 Z^* 等距,但由于 Z^1 远离 Z^-,故方案 Z^1 更优。

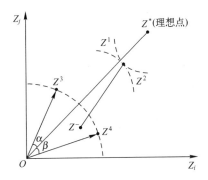

图 6-10　基于理想点法示意图

2. 计算步骤

(1)决策矩阵规范化,即属性的无量纲化和归一化。有多种规范化方法,如向量规范化方法、比例变换法、非比例变换法等。由于本书将所有可行解均视为目标空间的一个向量,并以此定义各点之间的距离,因此采用向量规范化方法。

其方法如下:

把第 j 个属性 $f_j(X)$ 的值域 Y_j 视为向量,通过令向量 Y_j 各分量的平方和为 1 对其规范化,即

$$Z'_{ij} = f_j(X_i) / \sqrt{\sum_{i=1}^{n} f_j^2(X_i)} \tag{6-16}$$

式中:Z'_{ij} 表示 Y_{ij} 规范化后的值。

显然,这种处理办法满足无量纲化和归一化的要求。同时,由于这样的处理办法仅改变了向量大小而不改变其方向,因而很适合将 Y_j 视为向量的情况,这是其他处理办法如比例变换法与非比例变换法所不能达到的。

由此,构造规范化决策矩阵 Z',其元素为 Z'_{ij}。

（2）构造规范化的加权矩阵 $\boldsymbol{Z}$，其元素为 Z_{ij}，有

$$Z_{ij} = W_j Z'_{ij} \quad (i = 1, \cdots, n; \, j = 1, \cdots, m)$$

其中 W_j 为权重系数。

（3）按照(6-11)、(6-13)式确定理想解与非理想解 $\boldsymbol{Z}^*$ 和 $\boldsymbol{Z}$。

（4）利用(6-12)、(6-14)式计算 S_i^* 及 S_i^-。

（5）利用(6-15)式计算 C_i^*。

（6）按 C_i^* 大小对方案排序。

3. 算例分析

设有 5 种不同型号的防空导弹，各型号的抗电子干扰能力指标评价值如表 6-5 所列，利用理想点法对各导弹性能进行评价。

表 6-5 各型号的抗电子干扰能力指标

导弹型号	雷达最大探测距离/km	发现概率	稳定跟踪概率	制导误差	杀伤概率
导弹 1	52000	0.36	0.43	53	0.33
导弹 2	65000	0.56	0.62	20	0.67
导弹 3	77000	0.68	0.37	34	0.52
导弹 4	81000	0.72	0.69	26	0.23
导弹 5	46000	0.64	0.56	15	0.41

1）构造规范化矩阵

首先将各型号导弹的抗电子干扰能力指标写成矩阵形式，用 $\boldsymbol{X}$ 表示，然后利用式(6-16)进行规范法处理，得到规范化矩阵 $\boldsymbol{Z}'$。

$$\boldsymbol{X} = \begin{bmatrix} 52000 & 0.36 & 0.43 & 53 & 0.33 \\ 65000 & 0.56 & 0.62 & 20 & 0.67 \\ 77000 & 0.68 & 0.37 & 34 & 0.52 \\ 81000 & 0.72 & 0.69 & 26 & 0.23 \\ 46000 & 0.64 & 0.56 & 15 & 0.41 \end{bmatrix}$$

$$\boldsymbol{Z}' = \begin{bmatrix} 0.354 & 0.266 & 0.351 & 0.730 & 0.322 \\ 0.443 & 0.414 & 0.507 & 0.276 & 0.654 \\ 0.525 & 0.502 & 0.302 & 0.469 & 0.508 \\ 0.552 & 0.532 & 0.564 & 0.358 & 0.225 \\ 0.314 & 0.473 & 0.458 & 0.207 & 0.400 \end{bmatrix}$$

2）构造规范化的加权矩阵 $\boldsymbol{Z}$

通过分析，确定各指标的权重为

$$W_j = (0.0974, 0.1086, 0.1100, 0.4154, 0.2686)^{\mathrm{T}}$$

利用公式 $\boldsymbol{Z}_{ij} = W_j Z'_{ij}$，构造加权规范化矩阵 $\boldsymbol{Z}$ 为

$$\boldsymbol{Z} = \begin{bmatrix} 0.0354 & 0.0289 & 0.0386 & 0.3032 & 0.0865 \\ 0.0431 & 0.0450 & 0.0558 & 0.1147 & 0.1757 \\ 0.0511 & 0.0545 & 0.0332 & 0.1948 & 0.1364 \\ 0.0538 & 0.0578 & 0.0620 & 0.1487 & 0.0604 \\ 0.0306 & 0.0514 & 0.0504 & 0.0860 & 0.1074 \end{bmatrix}$$

3）确定理想点和负理想点

由加权规范化矩阵 $\mathbf{Z}$，利用(6-11)式、(6-13)式计算得到理想点和负理想点如下：

理想点：

$$\mathbf{Z}^* = [Z_1^*, Z_2^*, \cdots, Z_m^*]^T = (0.0538, 0.0578, 0.0620, 0.0860, 0.1757)$$

负理想点：

$$\mathbf{Z}^- = [Z_1^-, Z_2^-, \cdots, Z_m^-]^T = (0.0306, 0.0289, 0.0332, 0.3032, 0.0604)$$

4）计算各方案到理想点和负理想点的距离

利用(6-12)、(6-14)式计算 S_i^* 及 S_i^-，可得

$$\begin{cases} s_1^* = 0.23851, s_2^* = 0.03378, s_3^* = 0.11929, s_4^* = 0.13125, s_5^* = 0.07334 \\ s_1^- = 0.02694, s_2^- = 0.22305, s_3^- = 0.13639, s_4^- = 0.16147, s_5^- = 0.22399 \end{cases}$$

5）计算各评价对象对理想点的相对接近度

由(6-15)式可得

$$C_1^* = 0.101488, C_2^* = 0.868473, C_3^* = 0.533440, C_4^* = 0.551619, C_5^* = 0.753338$$

6）得出导弹电子抗干扰能力强弱的顺序

由以上判断，导弹电子抗干扰能力强弱的顺序为

导弹 2 > 导弹 5 > 导弹 4 > 导弹 3 > 导弹 1

第7章 价值工程

价值工程是成本控制及经济分析中常采用的一种方法。在装备建设中,运用价值工程方法,综合考虑武器装备的经济性和技术性,不但可以达到预期效能,而且可以节约装备经费,有效缓解经费紧张的矛盾。通过持续研究和不断推广,价值工程在装备的研制、生产、使用和维修保障中能够发挥更大的作用。

本章介绍了价值工程的产生和发展,重点分析了价值工程活动的过程和方法,并探讨了价值工程在装备建设和管理中的应用。

引例　麦尔斯(L. D. Miles)与"石棉板事件"

20世纪40年代,当时正是第二次世界大战时期,美国的军事工业迅速膨胀,致使物资、资源严重短缺,供应紧张,在100种重要资源中,有88种需要进口,采购工作遇到很大困难。美国通用电器公司在大战期间生产B-29型轰炸机,该公司当时急需一种耐火材料——石棉板,因为美国消防法规定,该类企业的作业地板上一定要铺上一层石棉板,以防火灾。石棉板在当时不仅价格昂贵而且供应十分紧缺,严重影响了公司的正常生产运营。该公司设计工程师麦尔斯(Lawrence D. Miles)对产品的成本一直很关注,他悉心研究发现,采购某种原材料的目的并不在该材料本身,而在于该材料的功能,在一定的条件下,虽然买不到某种指定的材料,但能找到具有同样功能的其他材料来代替,仍然能满足其使用要求。麦尔斯弄清石棉板功能之后,结果找到一种货源充足,价格便宜,又能满足防火要求的防火纸,用它来代替石棉板垫地,同样能起到防火的作用,经过几次与政府部门交涉,美国消防部门通过了这一代用材料。这就是价值工程史上有名的"石棉板事件"。

7.1　价值工程概述

价值工程是生产技术与管理科学相结合的产物,既是一门现代科学管理技术,又是一种追求创新的思想方法。它通过有组织的活动,运用集体智慧,着重对产品(项目)进行功能分析,使之以低的寿命周期成本,可靠地实现产品必要的功能,从而有效地提高产品(项目)价值。价值工程以提高对象的价值为出发点和归结点,进行功能成本系统分析和创新,在推动技术进步、优化产品(及服务)结构、合理配置资源、转变经营方式、增创经济效益等方面具有独特的功能。

7.1.1　价值工程的产生、发展和应用

1. 价值工程的产生

价值工程(Value Engineering, VE)也称价值分析(Value Analysis, VA),作为一门理论产生于20世纪40年代后,它的起源与本章开篇的引例中的"石棉板事件"密不可分。当时,在

美国通用电器公司任设计工程师的麦尔斯逐渐总结出一套解决采购问题的行之有效的方法，并且把这种方法的思想及应用推广到其他领域，例如，将技术与经济价值结合起来研究生产和管理的其他问题，这就是早期的价值工程。麦尔斯认为在产品制造过程中也可以运用这种分析方法发现问题和解决问题，使产品在达到相同功能的条件下，设法消除不必要的费用，使产品的成本明显下降，从而取得更好的经济效果。麦尔斯等人通过他们的实践活动，逐步总结出了一套在保证产品功能的前提下，降低产品成本的科学方法，当时称为价值分析。

经过综合、整理和归纳，麦尔斯提出了价值工程的基本理论，并于 1947 年以"价值分析"（Value Analysis，VA）为题，在《美国机械师》杂志上公开发表。1959 年，麦尔斯协助创办了美国价值工程协会（SAVE）并担任首届主席。由于在价值工程方面的杰出贡献，麦尔斯被誉为"价值工程之父"。

2. 价值工程的发展

20 世纪 50 年代，美国三军相继采用价值工程组织装备的采办。1961 年美国国防部召开价值工程会议，明确规定："凡军事工程或军工产品的承包合同，都必须经过价值分析"。自 1963 年美国国防部发布第一项价值工程大纲以来，不间断地发布了一系列的指令、手册、军用标准来支持和推广这一重要的采办策略，这些文件均作为美军各级官员、工程技术人员、规划计划管理人员以及同政府签订有军工研制、生产合同的企业开展价值工程的依据。由于美国国防部在装备采办中大力推行价值工程，在节省经费和降低寿命周期费用方面取得了显著的成效。

价值工程在美国由于得到国会和历届总统的重视，在民用企事业中也得到积极广泛的应用和研究。例如，1964 年美国联邦政府各部门相继推行价值工程，节约金额超过 10 亿美元。又如，1969 年，连不太考虑成本的美国航天局在阿波罗计划实施中也应用价值工程。再如 1978 年美国休斯飞机公司有 4000 人参加价值工程活动，提出了改革方案 3714 件，平均每件提案节约 3 万多美元，年节约经费超过 1 亿美元。

1955 年，这一方法传入日本后与全面质量管理相结合，得到进一步发扬光大，成为一套更加成熟的价值分析方法。1959 年，价值工程活动在世界范围内达到了一个新的高度，相继传到西欧、东欧、苏联等国家，有些国家还制定了关于价值工程的国家标准，成立了价值工程或价值分析的学会、协会，在政府、军队和企业大力推广和应用价值工程，也都得到不同程度的发展并收到了显著成效。

我国从 1978 年引入价值工程以来，于 1981 年一机部组织召开了价值工程经验交流会，并发出了"关于积极推行价值工程的通知"。1982 年，全国第一家"价值工程"杂志诞生。1986 年，召开了全国第三次价值工程学术讨论会，1987 年 8 月成立了价值工程研究会和全国高校价值工程研究会。1987 年 10 月 4 日，经国家标准局批准，我国价值工程的第一个国家标准《价值工程基本术语和一般工作程序》颁布实施。这是我国从国外引进价值工程以来，在研究、应用和推广价值工程中的一个里程碑，标志着我国已经通过国家标准形式，将研究、应用和推广价值工程的理论、实践成果和经验标准化、规范化，用以指导我国的价值工程研究和实践。1988 年 7 月，首次举行了全国高校价值工程学术理论研讨会。从 1978 年以来，我国已在大部分省市广泛推行价值工程，其应用的范围遍及机械、化工、建筑、电子、交通等许多部门，取得的经济效益愈来愈大。目前我国价值工程的研究和应用已从原材料的节约代用和产品与工程设计的改进，发展到企事业内部的设计、生产、经营管理的全过程，而且不仅遍及各企事业单位，而且还遍及了每个企事业单位的人事、财务、行政管理、后勤服务等各个方面，例如教学、科研和各项作业管理等。

价值工程之所以能得到迅速推广和发展,是因为它给企业带来了较好的经济效益,其内在的原因主要有两个方面:一是传统的管理方式强调分系统,造成人为的割裂,管理人员注重经营效果,侧重产品产量和成本,而技术人员只管技术设计,侧重产品性能方面的考虑,加上设计者个人考虑,自然会提高设计标准,特别是诸如保险系统、安全系数、装备可靠性等标准,这就形成了技术与经济脱节的现象,而价值工程则着眼于从两方面挖掘潜力达到最佳经济效益,是符合现代化生产和现代科技发展规律的有效方法;另一方面,传统人才培训方法也是分割的、孤立式的,而价值工程则是二者合理的结合,以求得最佳价值。

3. 价值工程在我军装备建设和管理中的应用

我军部分工程技术院校从20世纪80年代初期先后开设了价值工程课程,军内系统也有不少单位和个人从事价值工程的理论研究或实际应用。1984年,兵器工业部召开了"价值工程应用研究会议",1989年,在石家庄军械工程学院召开了"国防价值工程座谈会"。2004年6月,国家军用使用标准GJB/z 20517—1998《武器装备寿命周期费用估算》实施指南发布。其中对价值工程的有关概念和使用方法进行了明确,指出实施价值工程的主要做法是:将价值工程条款纳入采办合同;在采办中制定价值工程计划,规划寿命周期各阶段的价值工程活动;提出价值工程更改提案;对参加采办的技术与管理人员进行价值工程培训;对实施价值工程的效果进行跟踪检查与评估。特别是,当费用过高或大大超过费用设计目标,或当设计或合同的要求超过使用要求,或者当备件的价格超过固定的价格时,则专门组织价值工程小组开展调查高费用区域,并提出降低费用的备选方案。2013年7月,国家军用使用标准GJB/z 170.16—2013《军工产品设计定型文件编制指南》发布,标准共分18个部分,其中第16部分为价值工程和成本分析报告,规定了军工产品价值工程编制内容、要求和评估。

经过近30年的研究和推广使用,价值工程在军队装备建设和管理中得到了迅速发展,许多单位应用价值工程取得了丰硕的成果。如某军工企业对药筒工艺实施价值工程,每年可节约38万元;为某炮弹实施了价值工程,提出了6个改进方案,其威力平均提高20%,而单发成本降低15%;某航空吊舱预研项目由于研制成本严重超支在评审中未能通过,经过价值工程分析后,对部分模块功能重新定义,核减部分过剩的功能,使总成本降低近1/3,项目从而顺利通过评审。

7.1.2　价值工程的基本概念

价值工程也称价值分析,是指以产品或作业的功能分析为核心,以提高产品或作业的价值为目的,力求以最低寿命周期成本实现产品或作业使用所要求的必要功能的一项有组织的创造性活动,故又称其为功能成本分析。我国的国家标准GB 8223—87《价值工程基本术语和一般工作程序》中定义:价值工程是通过各相关领域的协作,对所研究对象的功能与费用进行系统分析,不断创新,旨在提高所研究对象价值的思想方法与管理技术。

价值工程涉及到价值、功能和寿命周期成本这3个基本要素。

1. 功能(Function)

美国国防部IE手册将功能定义为"具有某种意图的特定目的或用途"。一般认为,产品的功能,主要是指产品的使用效能,即产品的技术性能和质量等技术指标。具体来说,功能就是功用、效用。它是根据用户的特定要求,由设计者通过产品的结构设计决定的,它所回答的问题是:"它是做什么的?"或者"它是做什么用的?",表征为功用、效用、能力等。如果军方购买航空方舱,军方需要的不是这个航空方舱本身,而是它能迅速方便地"装载航空设备"的功能。"装载航空设备"就是航空方舱的用途和使用价值。

功能是包含很多属性的,按不同的属性,可以分为不同的类别。按重要程度可分为基本功能和辅助功能。基本功能是指实现该事物的用途必不可少的功能,即主要功能。例如,钟表的基本功能是显示时间。基本功能改变了,产品的用途也将随之改变;按功能的性质可分为使用功能和美学功能,使用功能是指提供的使用价值或实际用途。使用功能通过基本功能和辅助功能反映出来,如带音响的石英钟,既要显示时间,又要按时发出声音。美观功能是指外表装饰功能,如产品的造型、颜色等等。美观功能主要是提供欣赏价值,可起到扩增价值的作用。有些产品纯属欣赏的,如美术工艺品、装饰品等。有些产品不追求美观,如煤、油、地下管道等。有些产品,要讲求美观功能,如服装等。按照用户对功能的要求可分为必要功能和不必要功能,用户所需要和承认的功能是必要功能,它包括用户直接要求的功能和设计人员为了实现用户要求而在设计上附加的必要的辅助功能。用户不需要的功能就是不必要的功能。满足程度超过必要功能要求的那部分功能就是过剩功能。达不到用户要求水平的功能是不足功能。生产单位为用户提供的产品既能满足用户需要,又不使功能有所过剩。价值工程提出要实现必要功能,正是为了解决这个问题,使生产者用最低寿命周期费用满足用户的功能要求。

2. 寿命周期成本(LCC)

对于产品来说,寿命周期成本(或寿命周期费用)是指产品从研制、生产、销售、使用直到报废的整个时期内,所发生的各项成本费用之和,如图7-1所示。它是为实现用户所要求的功能而需要消耗的一切资料的货币表现,一般由两部分组成,即

$$LCC = C_1 + C_2 \tag{7-1}$$

式中 　LCC——产品寿命周期费用;

C_1——生产费用(包括计划、设计、制造费用);

C_2——使用费用(包括使用、维护、报废处理等费用)。

人们习惯上比较重视产品的购置费而忽视产品的使用费。实际生活中有许多产品的使用成本大于制造成本,如飞机的使用维修成本通常是制造成本的2~5倍,因此,忽视使用成本是不合算的。在技术经济条件已定的情况下,随着产品功能水平的提高,制造成本C_1提高,使用成本C_2下降,寿命周期成本则呈马鞍形变化,如图7-2所示。

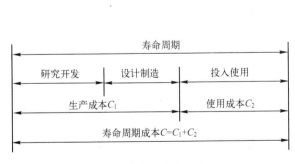

图7-1　寿命周期成本构成

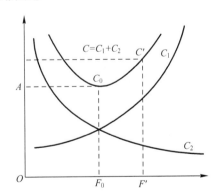

图7-2　寿命周期成本与功能的关系

由图7-2可以看出,产品的寿命周期与产品的功能有关,这种关系的存在,决定了寿命周期费用存在最低值。即只有功能、成本相适宜,才能使总成本最低。性能为F_0、成本为C_0是一

种理想状态。一般说来,无论现实产品还是现有设计方案都不一定能够达到。若以 C' 表示现实成本,F' 表示现实功能,则在 F' 与 C' 之间有一个成本可能降低的幅度 $C' - C_0 = A$;在 F' 和 F_0 之间存在性能可以提高的幅度 $F' - F_0$。进行价值工程活动正是要以最低成本实现产品的必要功能,即使一次不能达到,也要通过不断努力逐步达到,使生产者与用户都获得最大利益。

3. 价值(Value)

价值工程中所说的"价值"有其特定的含义,与哲学、政治经济学、经济学等学科关于价值的概念有所不同。价值工程中的"价值"就是一种"评价事物有益程度的尺度"。价值高说明该事物的有益程度高、效益大、好处多;价值低则说明有益程度低、效益差、好处少。例如,人们在购买商品时,总是希望"物美而价廉",即花费最少的代价换取最多、最好的商品。

价值工程中的"价值"是评价某一事物与实现它的耗费相比合理程度的尺度。是一种"比较价值"的概念。人们在生活实践中对"比较价值"并不陌生,当你买一件物品时,首先考虑的是它能满足你的何种需要或用途(功能),其次是它的价钱(成本)多少,把这两个因素加以比较之后,你会做出"值得"或"不值得"的结论。这里"值得""不值得"就是比较的概念。当然,在人们从事生产活动、经济活动或装备维修活动时,如某项"工程"建设或某种型号装备的研制,研究其"值"或"不值"的问题,比买一件东西所做出的逻辑推断要复杂得多,但原理相同,都可以用公式(7-2)表达,也就是价值工程中所用的表达式。

$$价值 = \frac{功能}{寿命周期成本}, \quad 记为 V = \frac{F}{C} \tag{7-2}$$

可见,价值工程中的价值,是系统所具有的功能与获得该功能的全部费用之比,或者就是单位成本(费用)支出所获得的功能(效用),其实质是一种效益的概念。价值工程的目的是提高价值,是提高装备技术经济效益。

提高价值的 5 种主要途径为:

(1) 成本不变,功能提高($F\uparrow/C\to = V\uparrow$);

(2) 功能不变,成本下降($F\to/C\downarrow = V\uparrow$);

(3) 成本略有增加,功能大幅度提高($F\uparrow 大 /C\uparrow 小 = V\uparrow$);

(4) 功能略有下降,成本大幅度下降($F\downarrow 小 /C\downarrow 大 = V\uparrow$);

(5) 成本降低,功能提高($F\uparrow/C\downarrow = V\uparrow 大$)。

7.1.3 价值工程原则

价值工程创始人麦尔斯在他所著《价值分析与价值工程技术》一书中提出了加快成果的 13 条原则。

(1) 分析问题要避免一般化,概念化,要做具体分析。

(2) 收集一切可用的成本资料。

(3) 使用最好、最可靠的情报。

(4) 打破现有框框,进行创新和提高。

(5) 发挥真正的独创性。

(6) 找出障碍,克服障碍。

(7) 充分利用有关专家,扩大专业知识面。

(8) 对于重要的公差,要换算成加工费用来认真考虑。

(9) 尽量采用专业化工厂的现成产品。

（10）利用和购买专业化工厂的生产技术。

（11）采用专门生产工艺。

（12）尽量采用标准。

（13）以"我是否这样花自己的钱"作为判断标准。

麦尔斯的 13 条原则是价值工程实施的起点,每一条都有深刻的含义。方案创造是价值工程的关键环节,如果在实施过程中有效地运用上述原则,就一定能够实现提高价值的目的。

以上 13 条原则可以概括为以下 6 条基本原则。

（1）怀疑的原则。在进行价值分析时,对所分析的对象要怀疑它有不合理、不经济的地方。提出尽可能多的疑问,树立有可能降低成本或提高功能的信念。

麦尔斯特别强调批判、创新、提高原则的作用,他认为这是价值工程的"三部曲"。批判是这"三部曲"的灵魂,提高来自于创新,创新来自于批判,怀疑是批判的前提。有怀疑才需进行批判,批判为的是创新,创新是批判的归宿,三者是紧密联系不可分割的。

（2）排除的原则。在产品的功能中,往往有许多多余的过剩功能。改变设计结构,去掉无用的零部件和无用的工艺,排除不合理的生产组织,改进操作,改善经营管理,精简多余的机构和人员,找出并克服各种障碍,以达到降低成本的目的。

（3）替代的原则。在保持相同功能的前提下,尽量采用能够降低产品成本的各种替代方法。

（4）标准化的原则。在保证产品功能不变的情况下,产品零部件的设计结构要标准化、通用化、系列化,工装要标准化,工艺要典型化。扩大标准件、通用件的用量,扩大零部件的互换性,减少自制件,从而达到简化产品品种规格、加快设计和技术准备过程、提高产品质量、降低产品成本的目的。

（5）节约的原则。这是一条根本性的原则,是以"我是否这样花自己的钱"作为判断标准的。这条原则要求人人树立当家作主的概念,处处从节约考虑问题,勤俭办一切事情。

（6）创新的原则。创新是继怀疑批判后的又一个重要原则,对旧事物进行批判主要是为了寻找和了解旧事物的症结所在,发现问题和解决问题。但我们最终所追求是找出有效可行的方法解决问题。因此,重要的问题在于提出解决问题的创新方案。创新是价值工程的三部曲中的第三部曲,是决定性的一部曲。

7.1.4　价值工程研究发展方向

价值工程作为一门现代管理技术具有很强的实用性和可操作性,但在更高层次上存在研究不足、理论深度不够、思维空间狭窄等缺陷。同时,面对各种不同的复杂事物,数学模式单一,不利于更好、更有力地发挥它在促进社会生产力中的作用。

价值工程要取得重大发展,必须突破原有的理论框架和思维空间,以更宽阔的视野和更一般的意义来研究价值工程问题,可以从 4 个方面来拓展价值工程的理论框架和思维空间。

（1）丰富"功能"的内涵,扩展"功能"的外延,对不同形式的功能进行辩证分析和统一度量。

"功能"是指事物的特性对于目标对象的某一特定目的所能产生的效用。目前的价值工程一般只对功能进行物理意义上的分析和度量,进一步可以进行经济学意义上的分析和度量,而不能进行价值意义上的分析和度量,因而对不同形式的功能难以进行分析和比较,缺乏统一的度量标准、度量方法和度量单位。虽然所有事物的功能都有一个或若干个直接或间接的目标对象,但最终的目标对象是人类主体;而人类对功能需求的目的,归根结蒂是维持和发展自身的本质力量(对于个人来说就是发展个体的劳动能力,对于社会来说就是发展社会生产力),即任何功能的最终效用就是维持和发展自身的本质力量,这是功能的本质或核心,因此任何具体的功能在本质上都是直接或间接的使用价值。从上述的分析可以看出,任何形式的功能或使用价值可以从价值论的角度用统一的度量标准、度量方法和度量单位进行分析和度量,使功能的外延从物理意义上的功能扩展到社会经济、政治和文化等的功能。

(2) 丰富"成本"的内涵,扩展"成本"的形式,对所有形式的成本能够进行辩证分析和统一度量。

事物任何功能的形成、维持和发展都以一定的成本为前提条件。人类社会为获取功能而付出的"成本",主要体现为人力、物力和财力资源的投入。价值工程通常只能对具有经济和资源意义上的成本进行分析与度量,度量单位通常是货币,但对那些非经济类型的成本却难以进行分析和度量,因而受到很大局限。而从成本的内涵和外延分析可以看出,任何形式的成本最终都是劳动价值或使用价值的成本,都可以从价值论的角度用统一的度量标准、度量方法和度量单位进行分析和度量。这样,价值工程可以对众多复杂的、多种形式的成本进行客观的分析和度量,使成本的外延从经济和资源意义上的成本扩展到社会经济、政治和文化等的成本。

(3) 丰富"价值"的内涵,把时间因素纳入价值的内涵之中,对众多的事物或系统的价值进行辩证分析和统一度量。

在价值工程中,"价值"是功能与耗费的比值,只能反映事物或系统在某一确定时间内投入产出的相对量,而不能反映这个事物或系统的价值收益率(即价值率),不能反映其在单位时间内的投入产出效率。进一步分析可以发现,事物或系统之间的竞争并不是对"投入产出比"大小的竞争,而是对价值率大小的竞争,事物或系统的价值率越大,其发展速度就越迅猛,即:各种价值资源的分配方向和流动速度是依据价值率大小进行的,价值率越大的事物或系统,价值资源向其分配的方向就越明确,向其流动的速度也就越快。比较事物或系统价值的意义,不应依据投入产出比,而应依据事物或系统的投入产出效率或价值率。只有当功能与耗费都与时间成线性关系时,"价值率"才等价于系统的投入产出比,才等价于传统价值工程对于价值的定义(即功能与耗费的比值)。对"价值"的内涵进行扩展,可以帮助我们对众多形式的、非线性的、动态的、多层次的物质系统和社会人文系统的价值特性进行分析和统一度量,从而大大提高价值工程的客观性、精确性和应用范围。

(4) 丰富"工程"的内涵,扩展"工程"的外延,对不同社会领域的"工程"系统进行辩证分析和统一度量。

科学技术发展的巨大而深刻的影响,使"工程"一词广泛应用于经济、政治和文化等非物质领域,"系统工程"一词被泛化了。而价值工程通常以一般的物质系统(特别是制造业及工程系统)为研究对象,很少涉及社会的经济、政治、文化等领域。目前,应该广泛地理解"工程"的内涵,不应把它局限于"人工制作的物质系统",而应该把它扩展为"一切为人类社会的一定价值目的服务的物质系统与非物质系统"。事实上,许多社会事物如社会组织、社会团体、制度、文化传统、伦理道德、科学、教育、法律等都有其特定的功能特性;同时,为建立、维持、发展、传播和运行这些社会事物需要耗费一定的人力、物力和财力,即任何事物都有它特定的功能价值,同时都有它的成本与耗费,因而可以进行价值分析。对"工程"的内涵进行扩展,可以帮助我们对各种类型的经济、政治和文化系统的价值特性进行分析比较和统一度量,从而进一步扩展价值工程的应用范围。

7.2 价值工程活动过程及方法

价值工程活动的过程,就是分析问题、发现问题和解决问题的过程。具体地讲,就是对分析对象(产品、零部件、作业等)确定工作活动的步骤,寻找在功能和成本上存在的问题,提出切实可行的方案,求得问题的解决,以达到提高产品价值的目的。

7.2.1 价值工程的工作阶段和步骤

价值工程工作大致可分为 4 个阶段:准备阶段、分析阶段、创新阶段、实施阶段。根据价值工程的对象不同,价值工程活动的步骤也不完全相同,一般可分为确定工作对象、进行功能分析和评价、制定改进方案、进行方案评价和实施这几个步骤。

1. 确定工作对象

正确选择价值工程的工作对象是开展价值工程活动的前提。大多数企业并不是生产单一产品的,在选择对象时,不可能对每一个产品、每个零部件、每道作业工序均进行价值分析,只能抓住主要矛盾,有重点地选定对象。对象选择正确与否,直接关系到价值工程活动收效的大小,甚至成败的关键。

价值工程对象选定后,要围绕对象广泛地收集有关方面的资料,为进行功能成本分析、提出改进方案和改进方案的评价以及试验提供可靠的依据。收集资料(情报)应贯彻到整个价值工程活动的始终。必须对收集到的资料(情报)进行分析判断、分类整理,只有收集到比较全面的资料,才有助于进行定量分析,只有定性分析而没有定量分析将极大地影响价值工程分析的最终效果。

2. 进行功能分析

价值工程是靠功能分析来达到降低成本的目的。即要求在深入分析某种产品或作业功能的基础上,以最低的成本来实现这些功能。所以,功能分析是价值工程的核心内容。

在进行功能分析的同时,还必须对与功能有密切联系的成本进行分析。在保证必要功能的条件下,对成本开支进行分析,分析降低成本的可能性和现实性,寻求降低成本的途径。

3. 制定改进方案

提出改进设想是充分发挥集体智慧和创造才能来解决问题的过程。要解放思想,打破常规,寻找问题,并善于利用各种情报资料,从各种角度去考虑解决问题的途径。一般情况下,提出的改进方案可能有多个。

4. 方案评价和实施

对提出的多个改进方案进行技术和经济评价,优化选择出满意的方案。对选择出的方案进一步具体化。评价时要注意运用综合分析方法,方案之间可以互相取长补短,综合构成满意的方案。

为减少在活动中造成不必要的损失,必须对方案进行试验验证。根据试验结果改进方案中不完善的地方,并在此基础上,提出理想的方案。经审定后,付诸实施,并监督贯彻执行。

以上所提出的 4 个基本步骤是一般情况下的价值工程活动步骤,对于具体问题应视具体情况进行具体分析,得出适应于该具体问题的价值工程活动步骤。在价值工程的发展过程中,国内外曾出现各种程序步骤。但一般认为,价值工程的工作程序有 15 个详细步骤,回答 8 个问题,如表 7-1 所列。

表 7-1　价值工程的一般工作程序和内容

价值工程工作阶段	设计程序	工作步骤		价值工程对应问题
		基本步骤	详细步骤	
准备阶段	制定工作计划	确定工作对象	①对象选择；②信息搜集	①这是什么？
分析阶段	规定评价(功能要求事项实现程度的)标准	进行功能分析	③功能定义；④功能整理	②这是干什么用的？
		进行功能评价	⑤功能成本分析；⑥功能评价；⑦确定改进范围	③它的成本是多少？④它的价值是多少？
创新阶段	初步设计(提出各种设计方案)	制定改进方案	⑧方案创造；⑨概略评价；⑩调整完善；⑪详细评价；⑫提出提案	⑤有其他方法实现这一功能吗？⑥新方案的成本是多少？⑦新方案能满足功能要求吗？
	评价各设计方案,对方案进行改进、选优			
	书面化			
实施阶段	检查实施情况并评价活动成果	方案评价和实施	⑬审批；⑭实施与检查；⑮成果鉴定	⑧偏离目标了吗？

由于价值工程的应用范围广泛,其活动形式也不尽相同,因此在实际应用中,可参照这个工作程序,根据对象的具体情况,应用价值工程的基本原理和思想方法,考虑具体的实施措施和方法步骤。但是对象选择、功能分析、功能评价和方案创新与评价是工作程序的关键内容,体现了价值工程的基本原理和思想,是不可缺少的。

7.2.2　对象选择和资料收集

确定改善对象、收集情报资料是价值工程初始阶段的两项工作。运用一定的原则和方法,选定改善对象,围绕改善对象存在的问题和价值工程的努力目标,广泛收集各种情报资料,为下一步的功能分析和方案创造打下良好的基础。

1. 对象选择的一般原则

价值工程分析对象选择的总原则是:优先选择改进潜力大、效益高、容易实施的产品和项目。具体选择时应考虑以下主要因素,如图 7-3 所示。

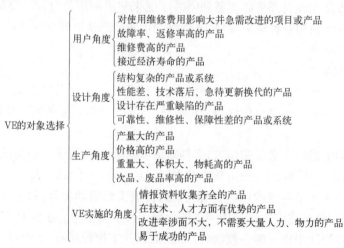

图 7-3　选择分析对象的考虑因素

2. 选择分析对象的方法

价值工程对象选择的方法有很多种,不同方法适用于不同的 VE 对象,可根据具体条件适当进行方法选用,就可以取得较好效果。这里介绍几种常用的方法。

1)因素分析法

又称经验分析法,是指根据价值工程对象选择应考虑的各种因素,利用专业人员和管理人员经验集体研究确定选择对象的一种方法。在被研究对象彼此相差比较大以及时间紧迫的情况下,该方法是比较有效的。其缺点是缺乏定量依据,准确性较差。故应选择技术水平高、经验丰富、熟悉业务的人员参加,并且要发挥集体智慧,共同确定对象。

2)ABC 分析法

该方法由意大利经济学家帕累托(Vifredo Pareto)所创,基本原理为"关键的少数和次要的多数",抓住关键的少数可以解决问题的大部分。在价值工程中,把占总成本的70% ~ 80%而占总零部件或工序10% ~ 20%的划分为 A 类部件或工序;把占总成本的10% ~ 20%而占总零部件或工序70% ~ 80%的划分为 C 类,其余为 B 类,其中 A 类是价值工程的主要研究对象,如图7-4所示。

ABC 分析法的步骤是:将零件按成本大小依次排队,根据零部件排队的累计件数,求出占全部零部件总数的百分比和占总成本的百分比,将全部零部件划分为 A、B、C 三类,首先以 A 类为 VE 分析对象。ABC 分类指标数值的参考值如表7-2所列。

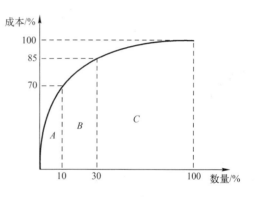

图7-4 ABC 分析曲线图

表7-2 ABC 分类指标数值参考

类 别	数量百分比	成本百分比
A 类	10%左右	70%左右
B 类	20%左右	15%左右
C 类	70%左右	15%左右

ABC 分析法的优点是抓住成本比重大的零部件或工序作为研究对象,有利于集中精力重点突破,取得较大效果,同时简便易行,所以被广泛采用。但在实际中,有时由于成本分配不合理,造成成本比重不大但用户认为功能重要的对象可能漏选或排序推后,而这种情况应列为 VE 工程研究对象的重点。ABC 分析法的这一缺点可以通过经验分析法、强制确定法等方法补充修正。

3)强制确定法

强制确定法简称 FD(Forced Decision)法。这种方法抓住每一事物的评价特性,然后把这些因素组合起来进行强制评价。这种方法在功能评价和方案评价中也有应用。

强制确定法兼顾功能与成本,具体做法是先求出分析对象的成本系数、功能系数,得出价值系数,揭示出分析对象的功能与花费的成本是否相符,不相符、价值低的被选为价值工程的研究对象。

强制确定法的评价规则是:①由对产品性能熟悉的人员参加评价;②评价人数为5 ~ 15

人;③评价人员在评价时各自计分,互不通气;④评价两个功能的重要性时,采用一比一的方法,功能重要的得 1 分,相对不重要的得 0 分,不能同时得 1 分,也不能同时得 0 分。

强制确定法的评价过程为:

(1) 求功能评价系数 F_i。零件的功能重要性是把构成产品的各个零件排列起来进行功能比较而确定的。将几位评价者的评分值做综合统计,列出功能评价综合统计表。求出平均评分值和功能评价系数:

$$平均评分值 \qquad \bar{g} = \frac{\sum g}{K} \qquad (K 为评价人数, g 为评价值) \qquad (7-3)$$

$$功能评价系数 \qquad F_i = \frac{\bar{g}}{\sum \bar{g}} \qquad (7-4)$$

功能评价系数大反映功能重要,功能评价系数小说明功能不太重要。

(2) 求成本系数 C_i。某零件的现实成本占产品现实成本的比例即为该零件的成本系数。

(3) 计算价值系数 V_i。功能系数与成本系数之比为价值系数,即:$V_i = F_i/C_i$。

(4) 生产者根据收集到的情报确定目标成本。计算按重要性系数应分配的预期成本,根据结果选择对象。

运用强制确定法时,价值系数 V_i 的计算结果有 3 种情况。

第一,是 $V_i > 1$。说明该零件功能比较重要,但分配的成本较少,应具体分析,可能功能与成本分配已较理想,或者有不必要的功能,或者应该提高成本。

第二,是 $V_i < 1$。说明该零件分配的成本很多,而功能要求不高,应该作为价值工程活动的研究对象,功能不足则应提高功能,成本过高应着重从各方面降低成本,使成本与功能比例趋于合理。

第三,是 $V_i = 1$。说明该零件功能与成本匹配,从而不作为价值工程活动的选择对象。

应注意一个情况,即 $V_i = 0$ 时,要进一步分析,如果是不必要的功能,该零件则取消;但如果是最不重要的必要功能,要根据实际情况处理。

从以上分析可以看出,对产品零件进行价值分析,就是使每个零件的价值系数尽可能趋近于 1。

强制确定法从功能和成本两方面综合考虑,比较实用、简便,不仅能明确揭示出价值工程的研究对象所在,而且具有数量概念。这种方法是人为打分,只有 0、1 两种评价标准,不能准确反映功能差距的大小,只适用于零件间功能差别不太大且比较均匀的对象,而且一次分析的零件数目也不能太多,以不超过 10 个为宜。在零部件很多时,可以先用 ABC 法、经验分析法选出重点零件,再用强制确定法细选;也可以用逐层分析法,从部件选起,然后在重点部件中选出重点零件。

强制确定法根据价值系数 V 偏离 1 的程度决定对象选择的优先顺序,有时不能有效选出对提高价值影响更大的对象。原因是价值系数是个比值,不能考虑到成本和功能比重大、更能提高价值的对象。强制确定法选择优先研究对象会产生许多不足,为了克服这些不足,已经出现了很多新方法,如 DARE 法、04 评分法、多比例评分法、分功能评分法、基点法、最合适区域法等。

4) 装备寿命周期阶段分析法

装备建设一般经历论证、研制、生产、销售、使用、报废等几个阶段,无论哪一种产品,都有一个从研制生产、使用直至被淘汰的过程,我们称之为寿命周期。不同的阶段,装备消耗的资源有很大差别,采用价值工程策略进行分析时也应侧重不同对象。

（1）论证研制期。在装备论证研制阶段,通过反复的论证与权衡分析确定包括使用方案、保障方案与设计方案的最佳装备研制总体方案,这一阶段的特点是技术方案尚未成熟定型,装备使用工艺和材料不确定,是控制装备寿命周期费用的最佳时期。此时,价值工程分析的重点是如何选用最佳材料,如何使产品获得较好的工艺性,提高装备的技术性能指标,努力实现装备所要求的功能。

（2）生产购置期。这一阶段,主要是广泛收集产品的各项生产费用数据,监控与审核生产费用,全面开展产品的审价工作,核算装备的产品价格及购置费。此时价值工程应选择成本高、通用性强的产品作为价值分析对象,同时,要充分考虑装备体系化发展的要求制定采购计划。

（3）使用管理期。在装备长期的使用保障阶段为装备使用、维修、运输与储存等所支付的费用,是多次重复性的费用,此项费用差别较大。这期间,应当根据具体装备的特点,运用价值工程对装备的保障方式、维修保障体制以及管理制度等进行分析,提高装备的使用效能,降低保障费用。

（4）改进退役期。这一时期,价值工程应着重对临近退役的装备进行分析,加强技术改进,以延长其寿命周期。

3. 情报资料的收集

情报工作的开展是价值工程的基础。通过情报资料的收集,可以获得价值工程所需要的依据、标准和对比对象,同时价值工程是一种创造性很强的工作。价值工程所需的情报是相当广泛的。一般根据情报内容分为以下几类。

（1）用户情报。包括:用户使用产品的目的、使用环境、维护保养条件,用户对产品的基本性能、外形、可靠性、价格、交货期、技术服务等方面的要求等。

（2）市场情报。包括:产品产销情况与市场需求量的预测、区域特点以及国家产业规划,以及市场上竞争对手的产品的竞争力如何、竞争对手的实力等。重点收集系列相似产品的信息,关注新产品与相似产品的差异性。

（3）技术情报。包括装备设计和科研、产品工艺、制造设备、原材料,以及批量生产的数量、质量、成本、售价、标准等,重点关注产品的技术性能数据、物理特征参数、制造加工过程数据。掌握这类情报,有利于生产者迅速掌握新产品、新材料、新工艺,在保持甚至提高功能时大幅度降低成本,也有利于研究人员打开思路、发现问题、解决问题。

（4）成本费用资料。包括产品及零部件的定额成本、工时定额、材料消耗定额、外购产品清单及合同等,以及上级主管部门核定的装备费、修理机构费、人员培训费、部门业务费、补助费等,重点是产品已发生的实际成本数据。

（5）其他相关资料。包括国家军队法令、政策规则、国际环境等方面内容,具体指政府有关技术发展、劳动保护、能源使用、环境污染等的政策、法律,以及长远规划和国际标准、国际贸易条例法则、国际趋势等情报。

7.2.3　功能分析

功能分析是价值工程创造活动的核心,是价值工程取得成功的实质性环节。通过功能分析明确 VE 对象的功能关系,创造出实现功能系统的最佳方案,满足用户需求,提高装备价值。

功能分析的内容主要包括:功能定义、功能整理和功能评价。

1. 功能定义

功能定义就是用简明准确的语言去描述产品(装备)的功能,以明确功能的实质,限定功能的内容,便于与其他功能相区别,便于加深对功能的理解,利于寻找价值更高的方案。所以功能定义确切与否,常会影响价值工程工作质量。

功能定义必须回答"它是干什么用的"这个问题。功能定义具有如下作用:

(1)明确用户要求。功能定义的根本任务就是透过产品的形式实体,准确抓住用户的本质要求,功能定义对价值工程的创新活动具有导向性作用。

(2)开阔创新思路。围绕用户要求的功能,直奔主题,进行创新,思路比较开阔,想象比较丰富,易于提出富有成效的改进方案。

(3)便于功能整理和评价。功能定义的对象,既包括产品(装备)本身,也包括构成产品的零部件。零部件在产品中都担负自己特定的功能,要执行整个产品的功能,只有把产品像解剖麻雀一样分解开,才能发现问题所在,以便对症下药。

功能定义常用一个动词加一个名词宾语把功能简洁地表达出来。如航空涡轮喷气发动机的功能定义为"提供推力",发动机的传动轴的功能定义为"传递扭矩"等。动词尽量选用抽象的词汇,这样在进行方案创造时思路就开阔,否则容易限制思路。例如,对钻孔这一需要进行功能定义时,就可有多种定义,如表7-3所列。

表7-3 功能定义

定义形式	钻 孔	打 孔	做 孔
定义内容	钻床	钻床、冲床、激光打孔	铸造、镗床、钻床、冲床、激光打印

2. 功能整理

功能整理就是把定义出的功能,按照它们之间的固有关系,进行系统的分析、整理,明确功能之间的关系,分清功能类别,建立功能系统图。

一个装备从结构上说是一个系统,由各个零部件构成;从功能上说又是一个系统,由各个零部件单个功能或相关联的功能组成。对应于装备的结构系统,存在装备的功能系统,它由产品所属各零部件的功能组成,功能整理的主要任务就是要在功能定义的基础上,透过结构系统准确抓住功能系统,并以功能系统图的形式明确地表达出来。功能整理的一般步骤是:

(1)分析产品的基本功能和辅助功能。基本功能就是对装备的基本需求和目的,通常可以通过如下问题进行判断:取消这个功能,装备本身是不是就没有存在的必要?功能的作用是不是必不可少?如果回答是肯定的,这个功能就是基本功能。除了基本功能,剩下的就是辅助功能了。

(2)明确功能的上下位和并列关系。产品的整体功能,是由产品的各个组成部分的功能来完成的。而各个部分的功能,又由各自的分功能完成。所以,产品内部存在着一个由大到小相互联系的功能组成的功能系统。功能整理就是把定义了的功能根据"目的—手段"(即上位功能—下位功能)理顺加以系统化,标清各功能之间是从属关系还是并列关系,并且按它们之间的关系进行排列。

(3)排列功能系统图。功能系统图就是表示对象功能得以实现的功能逻辑关系的图。把目的(上位功能)摆在左边,把手段(下位功能)摆在右边,其结果形成功能系统图,如图7-5所示。功能系统图表明了整个功能系统的内部联系,反映了设计意图和构思,为功能评价和改进创新提供了基础。

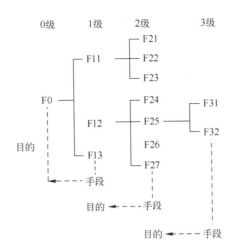

图7-5 功能系统图

以白炽灯为例,其功能系统图如图7-6所示。

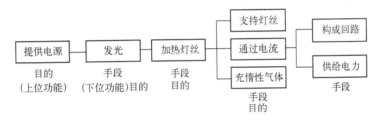

图7-6 白炽灯功能系统图

3. 功能评价

通过功能定义和功能整理,形成了产品(作业或项目)的功能系统图。功能系统图中的最上位功能即产品功能或零部件功能的必需成本(目标成本),就是功能评价值,通过与其相对应的实际成本进行比较来评价功能价值的高低,找出价值低的作为价值工程的对象,这一工作就称为功能评价。

1)基本工作步骤

功能评价的的基本工作步骤如下:

(1)计算功能现实成本,将零件成本按功能进行分配。

(2)求功能评价值,一般以功能货币价值形式计算。

(3)计算功能价值和改善期望值,选择研究对象。

功能评价使用的公式为

$$V = \frac{F}{C}$$

式中　V——功能价值;

　　　F——功能评价值;

　　　C——功能现实成本。

当$V=1$时,表示实现功能的现实成本与其最低成本相适应,这种状态已经理想。

当$V>1$时,说明实现功能的现实成本低于最低成本,这种情况要做具体分析,可能状态已很理想,可能要适当提高成本。

当 $V<1$ 时,说明现实成本高于最低成本,应当列为价值工程活动的重点对象。$(F-C)$ 为改善期望值,即成本降低幅度,F 为目标成本。

2)功能评价方法

功能评价的方法有很多,按评价对象分,有以产品的零部件作为评价对象和以产品的功能作为评价对象的评价方法;按评价方式分为评分法和非评分法;按系统性分为系统评价和非系统评价;按功能数量化的形式不同,则功能评价的方式方法也有所不同。

功能评价最困难、最关键的是评价对象的功能数量化。评价对象的功能数量化有功能成本化,即功能重要程度用金额表示;功能评分化,即功能重要程度用评分表示;功能参数化,即评价对象的功能用功能参数值或依据参数值推算的参数评分权数之和表示。下面简要介绍这3种方法:

(1)功能成本化法:

$$V_i = C_{fi}/C_i \tag{7-5}$$

式中　V_i——评价对象功能的价值系数;

　　　C_{fi}——完成某一功能的最低成本;

　　　C_i——完成同一功能的现实成本。

(2)功能评分化法:

$$V_i = \frac{FI_i}{CI_i} = \frac{\dfrac{FS_i}{\sum FS_i}}{\dfrac{C_i}{\sum C_i}} \tag{7-6}$$

式中　V_i——评价对象功能的价值系数;

　　　FI_i——评价对象的功能系数;

　　　CI_i——评价对象的成本系数;

　　　FS_i——评价对象的功能评分;

　　　C_i——评价对象的成本。

(3)功能参数化法:

$$V = J/C \tag{7-7}$$

式中　V——评价对象的价值系数;

　　　J——评价对象的某个主要的实际功能参数值;

　　　C——评价对象的现实成本。

7.2.4　方案的创造与评价

1. 方案创造

方案创造,是指一项创造(创新)性工作,需要运用集体的智慧,发挥人的头脑思维能力。提出的方案越多,择优的余地就越大。在提出改进方案时,应该按功能系统图从左向右展开,先改进上位功能,再改进下位功能;在并列功能中,先改进价值低的功能,这样会带来较大的效益。方案创造的方法有多种多样,有"头脑风暴法""德尔菲法""哥顿法""缺点列举法""希望点列举法""优缺点法""矩阵法""提问法"等。

(1)头脑风暴法(BS 法)。头脑风暴法是指自由奔放、打破常规、创造性地思考问题。我国的"诸葛亮会"与此类似。一般由 5 ~ 13 个人参与为宜,主持人要熟悉价值工程研究对象、善于引导,参加人员中要有该分析项目内外部的专业人员。

头脑风暴法有 4 条规则:①不互相指责;②鼓励自由的提出想法;③欢迎提出大量方案;④欢迎完善别人提出的方案。国外经验证明,采用头脑风暴法提出方案比同样的人单独提方案的效果要大 65% ~ 93%。

(2)哥顿法。哥顿法是 1964 年美国人哥顿提出来的。在会议上,主持人仅把要解决的问题抽象介绍,使会议参加者并不明白会议的研究问题,以开拓思路。以有名的稻谷脱粒机案例为例,主持人首先提出如何使物体"分离",与会者可以回答"切断""锯断""剪断""烧断"等方法,会议主持人再进一步提出如何使稻谷与稻草分离的问题,最后会议形成一种高效率圆筒式稻谷脱粒机的方案。

哥顿法的优点是将问题抽象化,有利于减少束缚并产生创造性想法,难点在于主持者如何引导。

(3)德尔菲法。其工作方法是将要解决的问题进行分解,选择一定数量的专业人士,将提案要求寄出去,提案人员将提出的设想方案寄回后,把各方面意见加以整理汇总,形成不同的改进方案,再次寄出去供提案人员分析,再次收到意见后选出少数方案然后再寄出去。如此反复,最后形成最优方案。

德尔菲法的优点是成员之间互不见面,可以排除权威、资历、多数意见等心理因素影响,有利于方案创造,缺点是时间较长。

(4)T·T - STORM 法。STORM(Systematic Thinking of Objective Realizing Method)法是实现目标的思考方法。该法是由日本经营合理化中心武知考夫提出的,T·T 是武知考夫罗马字母拼音的字头。该方法的具体步骤如表 7-4 中所列。

表7-4 T·T - STORM 法的步骤

步 骤	内 容
集中目标	深刻理会对象问题的真正目的,明确定义;
广泛思考	自由联想,提出多种新方案;
搜索相似点	抽象出新方案的关键词做强制联想,使这些方案得到发展;
系统化	把实现目的的各种方案系统化,并把这些方案添加到产品设计;
排队	把提出的方案,按价值大小排列顺序,进行选择分析;
具体化和提炼	把各种设想方案具体化,并同其他功能和对象问题联系起来,以便把解决整个问题的方案具体化;
制定模式	确定新方案细节问题,确定能实现功能的最有价值的具体方案

(5)输入输出法。这是美国通用电气公司用于产品的设计的一种方法,将用户需要解决的问题作为"输入",把生产者满足用户要求的目标作为"输出",将"功能要求事项"作为"制约条件",进行方案创造。输入输出法首先分析"输入"是否可以直接"输出",如果不能,进一步考虑"输入"能与什么发生联系。

2. 方案的评价

创造出许多新方案后,要进行筛选,挑出一批比较好的方案,再进一步评价,最后确定出实施方案。在实施方案过程中,及时掌握具体情况,及时采取措施解决出现的问题,保证方案顺利进行。活动结束后,要从技术、经济、社会效果进行总结和评价。

方案评价分为初步评价和详细评价两个步骤。初步评价也叫概略评价,它是从许多原始方案中筛选出一些有价值的方案,供进一步评价用。详细评价是在初步筛选的方案中选出最优方案。无论是初步评价,还是详细评价,都要包括技术评价、经济评价、社会评价及综合评价4个方面的内容。

(1)技术评价。即技术可行性评价,主要评价方案实现必要功能的程度。以价值工程研究对象是产品为例,其技术可行性可以从以下几个方面进行评价:①功能的实现程度(性能、质量、寿命等);②可靠性;③维修性;④操作性;⑤安全性;⑥整个系统的协调性;⑦与环境的协调。力求把技术指标定量化,以便进行比较选择。

(2)经济评价。即经济可行性评价,主要是围绕经济效果进行的评价。主要是新方案的实现成本较原方案是否有降低,投产后会带来多少利润及投资回收期为多长等等。

(3)社会评价。社会评价是从方案带来的社会效益方面考虑的,看看这个方案是否符合社会规范、环境保护、法律和社会道德等方面的要求。

(4)综合评价。方案综合评价是在上述三种评价的基础上,对整个方案做出综合的、整体的评价。综合评价时要综合考虑各指标因素之间重要性比重、各方案对评价指标的满足程度,从而判断选择出最优方案。

综合评价的方法从整体上说,区分为定性评价法和定量评价法。定性评价法,又称为优缺点评价法,简单而且全面,但是这种方法缺乏定量依据,容易把一些相近的方案全部排除或难以选择。定量评分法,是指用评分法评价每一方案的得分来选择方案的方法。

定量评分法有许多具体操作方法。常用的有加法评分法与乘法评分法。这两种方法都是将评价项目按满足程度分为若干等级,确定各级评分标准并进行评分。加法评分法通过对项目的内容、竞争力、市场规模及生产能力评分,进行方案的选择,如表7-5所列。从表7-5所列的示例中可以看出,A方案的评分值最高,确定为最优方案。

表7-5　加法评分法

评价项目			对 比 方 案			
内容	评价等级	评分标准	A	B	C	D
功能	绝对必要	30	30			
	一般	20		20		20
	较小	10			10	
竞争力	强	10		10		
	中	8	8			8
	弱	5			5	
市场规模	大	8	8			
	中	6		6		
	小	3			3	3
生产能力	充分利用现有基础	15	15			
	增加设备,少量投入	10		10	10	
	增加大量投入	6				6
评分总数		25~63	61	46	28	37

乘法评分法与加法评分法类似,各方案的每一个评价指标得分累计相乘。由于总分值由乘积确定,所以方案之间分值差距较大,对比醒目。

7.3 价值工程应用案例分析

7.3.1 案例1:价值工程在某军械雷达技术改造中的应用

雷达是一种精密复杂的电子装置,是我军的重要武器装备系统,广泛应用于国防、科研、气象预测等各个领域。它的价格高,装备数量大,使用周期长,因此,除需一次性支付购置费用外,使用期内每年还需开支大笔使用费用。特别是进厂大修的雷达,不管性能状况和损坏程度,一律大拆大卸,重新装配调试,以恢复原机的战术技术性能,虽投入大笔费用,但雷达基本功能未得到提高。因此,有必要将价值工程用于雷达维修的全过程,以最低的维修费用,最大限度地提高现装备雷达的主要功能,加速实现装备雷达的技术改造。本例介绍某军工企业应用价值工程改造某型军械雷达的工作程序和步骤。

1. 准备阶段

1)对象选择与调查研究

(1)某型军械雷达是一种低空性能好,机动防护能力强,具有一定抗干扰能力的轻便式雷达,很受部队欢迎,国内先后生产多部且仍在继续生产。但是,由于配备该雷达的 A 型高炮性能不过关,致使该雷达未充分装备部队,造成价值亿元的雷达积压在库,不仅发挥不了作用,每年还需花费积压资金的 10%,用以维护保养这批装备。为解决这一问题,上级提出用该雷达配备 B 型高炮,这样必须提高该型军械雷达的最大作用距离方能实现。

(2)随着科学技术的进步,飞机隐身技术在 20 世纪 80 年代初期得到实质性进展。隐身导弹、隐身微型无人飞机相继出现,隐身轰炸机和战斗机在多国已大量装备。隐身技术使飞机的反射截面积大幅降低。因此,提高雷达最大作用距离迫在眉睫。

(3)在无法满足产品更新换代的需要条件下,对现有装备雷达进行升级改造,应将雷达维修与技术提高相结合,提高雷达的主要功能。

基于上述几点,根据军事任务需求和装备现状,选择对该型雷达装备的技术改造作为价值工程的对象。

2)组成价值工程工作小组与制定计划

雷达装备的使用单位是部队,设计生产单位是企业,部队拥有精干的操作人员,企业则有雄厚的技术力量和加工能力。为了发挥各单位的优势,取长补短,以该军工企业为主,联合了某军工研究所,某集团军高炮旅,组成价值工程小组,明确了分工,制定了计划(表7-6)。

表7-6 价值工程小组工作计划

单位及人员	工作内容	完 成 期 限	目 标 成 本
研究所高工、工程师各1人	研制厂方提供样品	3个月	7000元
企业总工、所长、工程师3人,分厂工人若干	制定加装方案和实施总装总调	3个月	15000元
高炮旅军械科长、雷达站人员若干	加装试验、提供设备	按工作要求紧密配合	尽量减少试验时间和费用

2. 分析阶段

1）收集整理信息资料

为创造出价值高的方案,围绕价值工程所选对象,着重收集了国内外雷达技术有关发展动态,及相应的科技发展水平。据了解,国外新近问世的场效应放大器,可取代传统的行波管放大器和参量放大器。国内开始仿制、研制的场效应放大器可与国外相媲美。这为研制能适合该型雷达用的场效应放大器提供了有利条件。

2）功能系统分析

雷达的基本功能是在规定的距离上发现目标,雷达最大作用距离的大小是雷达总功能高低的标志,由下式计算:

$$D_{\max} = \sqrt[4]{\frac{P_F S_a^2 S_o}{4\pi\lambda^2 P_{r\min}}}$$

式中 $D_{\max}$——雷达最大作用距离(m);

S_a——天线有效面积(m^2);

$P_{r\min}$——接收机最小可辨功率(W);

S_o——目标有效反射面积(m^2);

P_F——发射机的脉冲功率(W);

λ——发射的无线电波波长(m)。

上述参数中,目标有效反射面积 S_o 决定于被测目标本身大小和特性,雷达无法左右。所发射电波的波长 λ,对于定型的现装备雷达,不宜改动,否则等于重新设计研制新型雷达。为此,只对下列 3 个参数进行分析。

（1）雷达发射功率 P_F。雷达最大作用距离与雷达发射功率 P_F 四次方根成比例,功率增加一倍,作用距离增加为原机的 1.19 倍。但欲增加发射功率,就得提高发射管的功率,而为保证发射管正常工作,高压整流器、冷却装置、电源要相应改变,这等于整个发射系统重新研制,投资至少 60000 元。即使技术上能将发射功率增加一倍,从经济上考虑也不可取。

（2）天线有效面积 S_a。雷达最大作用距离和天线有效面积 S_a 的平方根成正比。而天线有效面积等于天线面积 A 与天线利用系数 D_a 的乘积。若天线面积增大一倍,雷达最大作用距离增加为原机的 1.41 倍;而天线面积增加,会使抛物面反射体形状变化,天线护罩和天线传动机构随之变化,由于要考虑抗风强度,天线面积也不允许任意加大。这一方案,已有单位实施过,未取得满意效果。

（3）接收机最小可辨功率 $P_{r\min}$。雷达最大作用距离还与接收机最小可辨功率 $P_{r\min}$ 的四次方根成反比,若最小可辨功率减小为原来的 1/2,则最大作用距离增加为原机的 1.19 倍,且这一途径是唯一可行的。降低最小可辨功率,即提高灵敏度,必须在增大放大量的同时,尽可能减小接收机的内部噪声,而后者是关键所在。现装备的某型雷达,其接收机采用无高放式电路,由于电路最前级的混频器和本地振荡器的噪声系数高,又因馈线、放电管及混频器的功率传输系数低,致使接收机总噪声系数大,严重限制了接收机灵敏度的提高。欲解决这一问题,在原接收机支路的放电管与混频器之间加一高频放大器,其原理方框图如图 7-7 所示。

只要所加高频放大器噪声系数尽可能小,功率增益足够高,就可大大降低接收机的总噪声系数,使灵敏度大为提高。传统常用作高频放大器(简称"高放")的有行波管放大器、参量放大器,但该两种放大器结构庞杂,调试繁琐,性能不稳,成本昂贵,为此决定采用新型高频放大器——场效应放大器。该场效应放大器噪声低,体积小,重量轻,性能稳定,调整方便,从而保证所选方案的先进性。

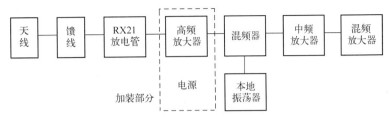

图 7-7　原理方框图

3. 创新阶段

在分析论证的基础上,初拟出I、II两种方案,其结构组成及相应功能方框图分别如图7-8 和图 7-9 所示。在方案 I 中,输入波导、输出波导、场放、显示器的量程扩大和面板度盘改制是完成基本功能所必不可少的。而固态限幅器,是为防止雷达天线当接收到强电磁波干扰时,不致烧毁场效应放大器(简称"场放")而采取的保护措施。因为场效应放大器抗强功率击穿能力有限,又很贵重,这一辅助功能是十分必要的。

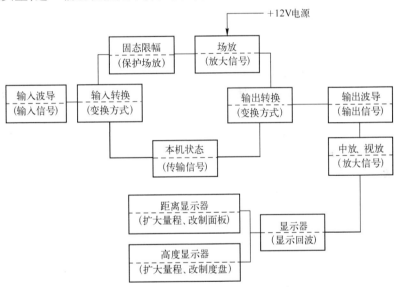

图 7-8　方案 I 功能组成及相应结构方框图

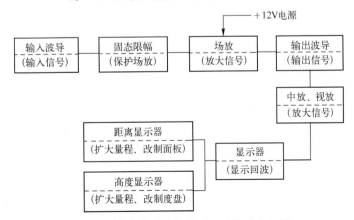

图 7-9　方案 II 功能组成及相应结构方框图

另外,为实现在场效应放大器一旦发生故障时可立即转换到雷达本机照常工作,又采取了工作方式转换措施。这一辅助功能靠输入、输出波导转换开关和相应连接波导完成,约需增加成本3000多元。如果将这一辅助功能取消,便是方案Ⅱ。

4. 方案实施

方案制定后,首先按照改装需要研制新型高放—场效应放大器,并按两种不同的方案对雷达进行了改装。

总部机关对雷达改装项目很重视,联合签发通知,对改装后雷达的功能作了以下要求。

(1) 关于发现距离,对某型战斗机,发现概率为90%,最大发现距离不小于45km。

(2) 关于跟踪距离,保持精度跟踪目标的距离不小于30km。

(3) 加装场效应放大器后,不影响原机的稳定性、可靠性。

按照通知的要求,在空军某师进行了校飞鉴定试验,在3架飞机的33次航行中,操作手有30次捕捉住距离达45km以外的飞机回波,50km处信号也趋饱和,其发现概率为90.9%,稳定跟踪距离大于40km无一丢失目标,全部达到并超过通知规定的指标,改装获得成功。

校飞试验通过后召开了技术鉴定会,会议认为,该型雷达加装场效应放大器的设计新颖,结构紧凑,布局合理,加装巧妙,使用方便,改装部分的主要技术指标达到同时代国际同类产品水平,在国内处于领先地位。会议对两种方案进行了功能对比分析,决定采用第二种方案。

雷达改造这一项目的成功,不仅可使价值几亿元的军械雷达陆续改装装备部队,而且可以加装377雷达、气象雷达,具有较高的应用价值和经济效益。

7.3.2 案例2:提高某导弹系统可用性的方案评价

可用性即有效性,指可维修的产品在某时刻维持其特定功能的概率。导弹武器系统的可用性是指导弹与地面设备一起,共同在规定的环境、维护和使用条件下,在完成发射任务时,导弹及其地面设备的技术性能处于可供发射的状态,即实战条件下导弹武器系统随时随地启用的能力。保持导弹系统具有较高的可用性一直是部队装备保养、维修和训练的中心任务。

1. 影响导弹武器系统可用性的因素

导弹武器系统的工作状态涉及多种因素,主要是能工作时间和不能工作时间。导弹武器系统能工作的时间包括待命时间、反应时间、任务时间。待命时间是指导弹等待命令的时间;反应时间是指接到命令后从首长下达命令到人员就位的时间;任务时间是指导弹武器系统按照作战命令工作的时间。导弹武器系统不能工作时间包括:维修时间和延误时间。维修时间包括修复性维修时间和预防性维修时间;延误时间是指人员因缺乏训练而出现操作失误使导弹武器系统不能工作的时间和导弹武器系统出现故障不能得到修复的时间。通常,导弹武器系统的可用性由可用度进行定量描述,其定义式如下:

$$A = \frac{T_0}{T_o + T_u}$$

式中,T_0为平均能工作时间;T_o为平均故障间隔时间,主要是导弹武器系统的可靠性的反映,可靠性越高,平均故障间隔时间就越长;T_u为平均不能工作时间,主要是导弹武器系统的维修性和保障性的反映;导弹武器系统的维修性和保障性越好,平均不能工作时间T_u就越短。

2. 价值工程在改进导弹武器系统可用性中的应用

价值工程的基本公式为 $V = F/C$。其中 V 为价值，F 为对象功能，C 为所需成本。价值 V 越高表明完成预定功能的成本越低，或者在同等成本的付出前提下实现的功能更高。在改进导弹武器系统可用性的工作中，要考虑的问题主要归结为两个方面：一是可能提高的可用性的程度，即预定功能 F 的实现；二是提高可用性需要花费的代价，即实现预定功能需花费的成本 C。按照价值工程的基本原理，改进导弹武器系统可用性方案的优选不应局限于单独追求功能的高低或成本的升降，而应以功能和成本的合理结合即价值大小为依据。根据价值工程的评估过程，价值工程在改进导弹武器系统可用性中应用的一般步骤为：

（1）方案创造。根据提高可用性的功能途径，从不同的角度可以提出若干个可行的有代表性的改进方案。比如，对可靠性改进采用更换老化部件或设备等方法。可增加不同的 T_o 值，对维修性可采用改进工具、采用自动检测方案等方法，可减少若干个 T_u 值，同时提高人员素质也可减少 T_u 值。将经过初步评审的 n 个合格的方案，作为初选的方案。

（2）计算各方案的成本系数。某方案成本系数 $CI_i = $ 某方案预算费用 C_i/各方案预算费用总和 $C = \sum C_i (i = 1, 2, \cdots, n)$。

（3）计算各方案的功能系数。若采用某方案中的措施后，可提高的可用性为 ΔA_i，ΔA 为各方案提高的可用性的总和，则某方案功能系数 $FT_i = \dfrac{\Delta A_i}{\Delta A}$。

（4）计算各方案的价值系数 VI_i，并进行方案评价。某方案价值系数 $VI_i = $ 某方案功能系数 FI_i/某方案成本系数 CI_i。按价值系数高低来定量反映方案的价值高低，选择方案价值系数最大的方案。

3. 案例应用

假设统计某导弹系统的平均可工作时间为 96.47h，平均不能工作时间为 1.29h，通过计算其可用度为 98.36%，为提高其可用度，有如下 3 种技术途径可供选择。

① 花费 440 万元对一些老化的设备和器材进行更换，可使工作时间增加 5h；

② 花费 380 万元购置新的工具和自动检测设备，可使不能工作时间减少 0.1h；

③ 花费 320 万元购买导弹武器系统模拟器来提高人员素质，可使系统不工作时间减少 0.08h。

根据实际情况和需要，有关部门拟定了以下 3 个方案：

方案 Ⅰ：综合采用上述技术途径① 和② ；

方案 Ⅱ：综合采用上述技术途径① 和③ ；

方案 Ⅲ：综合采用上述技术途径② 和③ 。

根据价值工程计算的一般步骤：计算如下。

1）计算各方案的功能系数

$$\Delta A_1 = (96.47 + 5)/[(1.29 - 0.1) + (96.47 + 5)] - 0.9836 = 0.0048$$

$$\Delta A_2 = (96.47 + 5)/[(1.29 - 0.08) + (96.47 + 5)] - 0.9836 = 0.0046$$

$$\Delta A_3 = 96.47/[(1.29 - 0.1 - 0.08) + 96.47] - 0.9836 = 0.0050$$

$$FI_1 = \Delta A_1/(\Delta A_1 + \Delta A_2 + \Delta A_3) = 0.333$$

$$FI_2 = \Delta A_2/(\Delta A_1 + \Delta A_2 + \Delta A_3) = 0.320$$

$$FI_3 = \Delta A_3/(\Delta A_1 + \Delta A_2 + \Delta A_3) = 0.347$$

2）计算各方案的成本系数

$$CI_1 = (C_1 + C_2)/(C_1 + C_2 + C_1 + C_3 + C_2 + C_3) = 0.3596$$

$$CI_2 = (C_1 + C_3)/(C_1 + C_2 + C_1 + C_3 + C_2 + C_3) = 0.3333$$

$$CI_3 = (C_2 + C_3)/(C_1 + C_2 + C_1 + C_3 + C_2 + C_3) = 0.3070$$

3）计算各方案的价值系数

$$VI_1 = FI_1/CI_1 = 0.333/0.386 = 0.863$$

$$VI_2 = FI_2/CI_2 = 0.320/0.333 = 0.961$$

$$VI_3 = FI_3/CI_3 = 0.347/0.281 = 1.235$$

根据上述计算结果可以得出，方案Ⅲ的价值系数较高，故选择方案Ⅲ。

第8章 装备维修技术经济分析

随着各种高新技术在装备上的应用,装备维修费在其寿命周期费用中的地位已超过研制费和购置费,成为装备寿命周期费用的主体。因此,在装备维修过程中开展技术经济分析工作,通过对装备维修的系统方案进行技术可行性与经济合理性的权衡分析以获得最佳的装备维修综合效益,这对于装备的科学管理工作具有十分重要的作用。

本章从装备维修的微观技术经济分析角度,对装备在研制和使用维修阶段中的较为重要的装备修理级别分析和维修间隔期确定两个问题进行了详细的分析,并阐述了维修经费使用效益评估问题。

8.1 修理级别的技术经济分析

修理级别分析是装备保障性分析中一个重要的环节,其实施效果将直接影响到装备维修级别的确定和装备保障资源的确定,对装备保障产生至关重要的影响。

8.1.1 修理级别分析概述

1. 修理级别分析的定义

修理级别分析(Level of Repair Analysis,LORA)是在装备的研制、生产和使用阶段,对预计有故障的产品,进行非经济性或经济性的分析以确定可行的修理或报废的维修级别的过程。

修理级别分析的目的是为装备的修理确定可行的费用效能最佳的维修级别或做出报废决策,并使之影响设计。修理级别分析决策会影响装备的寿命周期费用和战备完好性,分析工作应在装备研制的早期开始,并随研制工作的进展反复进行并不断细化。

2. 修理级别分析的任务

修理级别分析的任务是分析备选的保障方案和设计方案,并用其结果影响装备的设计和维修规划,从而得到一种合理的维修方案,使之在非经济性和经济性的因素之间以及装备与其保障相关的特性之间达到最有效的综合平衡。修理级别分析工作应与装备所处的寿命周期阶段相一致,分析工作也应包括有关管理与技术资源等方面的内容,并应确定与其他有关分析和设计工作之间的接口关系。全部工作应与其他设计、研制、生产和部署工作一起计划、综合和实施,以便取得最佳的费用效能。

3. 修理级别分析工作与其他工作的接口

修理级别分析应充分利用其他工程分析的结果和数据以满足修理级别分析对输入数据的要求。图8-1说明了在寿命周期各阶段的修理级别分析工作和接口关系。

(1)修理级别分析确定了与修复性维修工作有关的维修级别和维修保障费用。

(2)修理级别分析用来分析可靠性关键产品,以确定其是否是重要的维修产品;同时,也用作设计中权衡分析的工具,即将其设计成可修的还是有故障即行报废的产品。

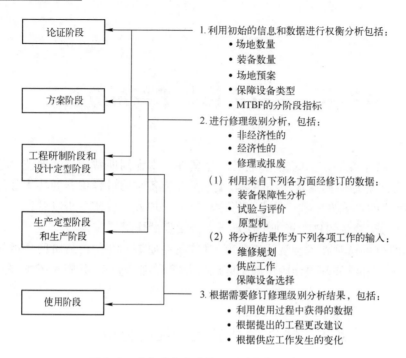

图 8-1 寿命周期中的修理级别分析工作和接口关系

（3）修理级别分析的结果是制定维修配置表的重要依据。

（4）修理级别分析为供应工作提供了重要依据；供应工作是确定备件和器材的品种和数量并进行采购的过程，这些备件和器材是在装备服役初期使用、维修所必需的。

对现役装备进行修理级别分析是用来评估维修法规（法规是指约束修理级别分析工作的国家军用标准、手册、规范、条例、通报等）、保障费用、利用率、维修能力和其他因素的变化对维修保障的影响及是否需要调整保障体制，以便保持装备的战备完好性和最佳费用效能的。

4. 维修约定层次划分

按照我军的现有维修级别划分方法，装备维修级别一般可分为三级。

（1）基层级维修（Organizational Maintenance）。基层级维修也称为分队级维修，一般是由装备使用分队在使用现场或装备所在的基层维修单位实施维修。由于受维修资源及时间的限制，基层级维修通常只限于装备的定期保养；判断并确定故障，以及拆卸更换某些零部件等。

（2）中继级维修（Intermediate Maintenance）。中继级维修一般是指基层级的上级维修单位及其派出的维修分队所进行的维修，它比基层级有较高的维修能力，承担基层级所不能完成的维修工作。中继级的维修一般由军、师的维修机构以及军区流动修理机构等实施，主要负责装备中修或规定的维修项目，同时负责对基层级维修的支援。

（3）基地级维修（Depot Maintenance）。基地级维修拥有最强的维修能力，能够执行修理故障装备所必要的任何工作，包括对装备的改进性维修。一般由总部、军区的修理厂或装备制造厂实施。基地级维修的内容通常有：装备大修、翻新或改装，以及中继级维修不能完成的项目。

8.1.2 修理级别分析的过程和方法

8.1.2.1 LORA 的总体流程

LORA 的两个主要方面是技术评估和成本权衡，即在综合考虑非经济性和经济性的基础上,确定最优的修理级别。非经济性修理级别分析是从超过费用因素的其他影响因素及现有类似装备的修理级别分析决策出发,以确定修理或报废的维修级别;经济因素修理级别分析则主要以费用因素来确定修理或报废的维修级别。LORA 的具体流程如图 8-2 所示。

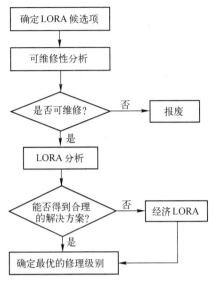

图 8-2　LORA 流程图

8.1.2.2　LORA 流程分析

1. LORA 候选项的选择

　　LORA 的第一步是确定潜在的候选项,并针对候选项进行 LORA 分析,一般情况下,一个潜在的 LORA 候选项可以是系统、子系统、设备、模块或子模块中的一个项目。按照 GJB 2961—97《修理级别分析》的要求,一个完整的 LORA 分析应当从安全性、保密、法规、产品修理限制、战备完好性或任务成功性、装卸与运输、保障设备、包装与储存、人力与人员、设施以及其他因素等共 11 项因素进行分析。本章对完整的 LORA 分析过程进行简化处理,简化的 LO-RA 分析中选择过程如表 8-1 所列。如果表 8-1 中所有问题都回答"不",则此项目不是 LO-RA 候选项;如果任何一个问题的回答为"是",则此项目是 LORA 候选项。

表 8-1　候选项选择标准

候选项选择标准	所需回答
项目是新近开发或重大改装项目吗	是
项目是可修理件吗	是
项目是低可靠性吗	是
项目与维修有关吗	是
专门的维修任务是否复杂、耗时或需要资深人员	是
用于专门维修任务的必要支援设备是非标准或非现有的项目吗	是
项目是否为需要在计划维修分析中定义的特殊计划或预防性维修	是

2. 可维修性分析

　　针对每个候选项,首先应进行可维修性分析。可维修性的分析结果通常根据判断直接得出,主要考虑技术和成本两个因素。通过可维修性分析可得到一个候选项目是"可维修"还是

"不可维修"两种结果。如果候选项目是可维修的,则继续进行 LORA 分析;否则,此候选项目应进行"报废"处理,不再继续进行 LORA 分析。当候选项目存在以下两种情况中的一种时,即可认为该候选项是不可维修的:(1)技术上不可维修;(2)维修明显是不经济的。

3. LORA 分析

LORA 通常是以定性分析为主,定量分析为辅的决策过程,主要利用最佳工程判断法或成本比较法等方法得出最优决策。因此,在利用 LORA 方法进行分析和决策时应当收集相关数据作为决策依据。如果通过 LORA 能够得出最优的策略,则不再进行后续分析,否则继续进行经济 LORA 分析。

4. 经济 LORA 分析(ELORA)

对于一个候选项,若 LORA 不能提供一个最优修理级别的合理建议,则需进行 ELORA。ELORA 主要考虑经济成本因素(如备件以及诊断和实施修理必要的支援设备、人员、培训、设施、技术文档和运输等)以及非经济性因素(如可用性要求、可靠性和可维护性)。ELORA 分析流程如图 8-3 所示。

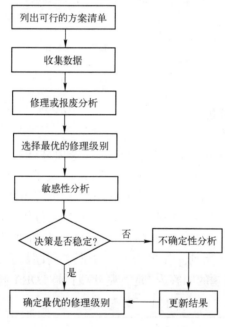

图 8-3　ELORA 分析流程图

1)列出可行的方案清单

ELORA 的第一步是确定可行的候选方案,通常情况下可供选择的方案包括:报废;由系统供应商或其指定的机构来维修;由第三方利用已有的维修能力进行维修;由飞机制造商或第三方建立维修能力,进行维修;机上维修(如飞机接口)等。

2)收集数据

ELORA 分析中需要收集的数据包括机队规模(飞机的总数量)、使用情况(飞行小时/年)、可靠性数据、后勤资源需求、成本数据等。其中维修成本数据包括候选项成本,维修成本(人工、修理零件和材料、其他相关成本)以及投资成本(研发与制造或购买、维修设施、技术手册编制、技术培训、其他必要的投资成本)。对成本数据的收集是 ELORA 工作中的重要环节,具体来讲,成本数据各组成部分为:

（1）维修保障人员费用。该费用是指各维修机构项目修理人员所发生的一切费用。它包括维修保障人员工时费用和培训费用两部分。

（2）维修保障设备费用。维修保障设备费用是指装备维修所需的检查设备、测试与诊断仪器设备、校准设备、各种随机工具、包装和运输设备等相关费用。该费用包括维修保障设备的采购费用和每年的维修费用。

（3）维修材料费。该费用是指与供给系统有关的费用，包括维修材料的采购及其管理费用。

（4）维修保障设施费。该费用是指修理所需的厂房、车间的改造和维修，以及相关的水电、取暖、铁路或公路运输等费用。

3）修理/报废决策

ELORA 通过比较各方案的成本来选择最优的修理级别。计算模型如下：

$$报废成本 = 故障次数 \times （候选项成本 + 额外成本）$$
$$修理成本 = 投资成本 + 故障次数 \times 每次修理成本$$

通常情况下，候选项成本是主要的构成因素，而其他成本可以忽略不计。但有些情况下，额外成本是很多的，此时模型中需要包含额外成本参数，如装运和操作成本、报废处置成本和备件的存储成本等。

一般地，最优的修理方案就是成本最小的方案，但仍需通过敏感性分析或不确定性分析来最终确定。

4）敏感性分析

对于 ELORA 得出的决策，必须进行敏感性分析，即通过分析和观察决策结果对某些输入参数的敏感性来验证决策的稳定性。对 ELORA 的敏感性分析都是定量分析，通常是验证决策结果对机队规模、使用率、可靠性、主要成本因素等参数的敏感性。

如果输入参数在正常范围内变化时，修理级别决策结果仍是稳定的，则此结果是可接受的。如果当输入参数变化时，修理级别决策结果也会随之发生变化，那么应进行不确定性分析。

5）不确定性分析

实际进行 LORA 分析时，有些数据可能是不完整、不可靠或不精确的，LORA 的结果和建议就不能被当作是"不予改变"的，此时必须分析输入数据的更改对 LORA 结果的影响。

不确定性分析主要包括以下步骤。

第 1 步：确定不确定性参数，即确定对决策有重大影响的参数，在决策确定理论中，这些参数（定量或非定量）的可能数值通常被称为"自然状态"。

第 2 步：通过 ELORA 建立一个"支付矩阵"，计算备选方案与"自然状态"每种可能组合的成本。

第 3 步：确定"自然状态"发生的可能性（如果可能）。

第 4 步：选择进行决策的准则。可应用于 LORA 决策制定过程中的准则包括：

① 极小化极大准则（悲观的方法）。取各备选方案中的最大成本值进行比较，成本最小的方案为最终选择的方案。此准则在 LORA 决策中经常使用。

② 极大化极大准则（乐观的方法）。取各备选方案中的最小成本值进行比较，成本最小的方案为最终选择的方案。不建议在 LORA 决策中使用此准则。

③ 霍尔维茨准则，即乐观与悲观的综合。取各备选方案中的最大成本值和最小成本值的

平均值进行比较,成本最小的方案为最终选择的方案。此准则在 LORA 决策中经常使用。

④ 拉普拉斯准则,即各种"自然状态"取平均的方法。取各备选方案中各成本值的平均值进行比较,成本最小的方案为最终选择的方案。

⑤ 最大期望值原则。取各备选方案的成本期望值进行比较,期望值最小的方案为最终选择的方案。此方法在 LORA 决策中经常使用,但是需要以能够得出各种"自然状态"的概率为基础。

第 5 步:应用选择的准则进行决策,得出最终结论。

8.1.3 案例分析

1. 输入条件

一个 LORA 项目,发生故障时有报废和修理两个可行的选择方案,但不具备现成的维修能力,如果选择修理方案,则需要建立修理能力。目前可以获得的数据有:

(1) 综合输入数据:1000 架飞机;3000FH/(架·年);服役寿命 20 年。

(2) 部件数据:MTBF 为 100000FH;项目成本为 3000 美元。

(3) 修理费用数据:投资费用为 100 万美元;每次维修费用为 1000 美元。

$$故障数量/年 = \frac{飞机架次 \times 飞行小时数/(架·年)}{MTBF} = \frac{1000 \times 3000}{100000} = 30$$

2. 初步分析

(1) 报废费用/年 = 故障数量/年 × 项目成本 = 30 × 3000 = 90000 美元。

服役寿命周期内的总报废费用 = 报废费用/年 × 服役寿命 = 90000 × 20 = 180 万美元。

(2) 服役寿命周期内的总修理费用 = 投资费用 + 修理费用 × 故障数量/年 × 服役寿命 = 100000 + 1000 × 30 × 20 = 160 万美元。

可以看出,"修理"方案的费用小于"报废"方案的费用,但是费用差距不是很大,因此需要进行敏感性分析以验证结果的稳定性。

3. 敏感性分析

已知 MTBF 的来源不是完全可靠的,MTBF 的数值会在 50000 ~ 200000FH 的区间变化。对 MTBF 进行敏感性分析的结果如表 8-2 所列。

表 8-2　敏感性分析结果

MTBF/FH	50000	100000	200000
报废费用/万美元	360	180	90
修理费用/万美元	220	160	130

可以看出,此结果对 MTBF 值是敏感的,对高的 MTBF 来说,"报废"方案是比较经济的;对低的 MTBF 来说,"修理"方案是经济的。"报废"方案的最大误差是 140 万美元;而"修理"方案的最大误差是 40 万美元。

因此得出结论:优先选择的方案是修理,最终决策还需要通过不确定性分析来决定。

4. 不确定性分析

已知三个 MTBF 值(50000FH、100000FH、200000FH)的概率分别为 0.1、0.7 和 0.2。应用不同的规则得出如表 8-3 所列的决策,可选取其中的一种规则得出最终的维修决策,或者综合比较上述规则得出最终的维修决策。

表 8-3　分析决策

准　　　　则	报废/万美元	修理/万美元	最　终　决　策
极小化极大(悲观)	360	220	修理
极大化极大(乐观)	90	130	报废
霍尔维茨($a=0.5$)	225	175	修理
拉普拉斯	210	170	修理
最大期望值(0.1,0.7,0.2)	180	160	修理

8.2　维修间隔期的技术经济分析

装备维修按照维修时机划分可分为事后维修和预防性维修,事后维修是在装备故障发生后才进行的修理,预防性维修是在装备未发生故障时就提前进行的维修。在开展预防性维修时,要根据预防性维修的类型来确定维修时机,即确定维修间隔期。对具有安全性或使用性后果的故障,维修间隔期过长则不足以保证所需设备的安全性或使用性要求;过短又不经济,对具有经济性后果的故障,维修间隔期过长或过短,都不利于经济性。因此,恰当地确定预防性维修间隔将直接影响到设备使用的安全性和经济性。新装备在投入使用前,由于信息不足,难以恰当地确定其维修间隔期,因此一般开始都定得保守一些,在设备投入使用后,随着信息的积累再修正延长。

本节对装备维修间隔期中的定时维修和视情维修两种情况分别按照安全性原则和经济性原则建立装备维修间隔期模型。

8.2.1　装备定时维修间隔期的计算

从维修间隔期的角度来说,装备定时维修是指当装备到了维修间隔期 T_c 时,不管装备是否发生故障,都进行预防性维修;如果在 T_c 之前发生了故障,则进行事后(故障后)维修。装备定时维修间隔期模型如图 8-4 所示。

—— 工作时间　　$\sim\!\!\sim$ 预防性维修时间 t_p　　×××事后维修时间 t_c

图 8-4　装备定时维修间隔期模型

1. 安全性原则

根据维修对装备可靠度的要求,可将维修间隔期决策目标定为:$R(t) \geqslant [R]$。式中,$R(t)$ 是 t 时刻的可靠度,$[R]$ 是给定的可靠度。令平均预防性维修时间为 t_p,平均事后维修时间为 t_c,装备的平均工作时间为 $T = T_1 + T_2$。装备平均工作时间越长,装备的安全性就越高。据此建立其数学模型为

$$\frac{T}{T + t_p + t_c \int_0^T \lambda(t)\,\mathrm{d}t} \to \max \tag{8-1}$$

式(8-1)中:$\int_0^T \lambda(t)\,\mathrm{d}t$ 是一个维修间隔期内,装备故障发生的概率。

为了满足数学模型要求,求式(8-1)的最大值,对式(8-1)两边求导,令等式为零,可得最佳维修间隔期满足

$$T\lambda(t) - \int_0^T \lambda(t)\,\mathrm{d}t = t_p/t_c \tag{8-2}$$

2. 经济性原则

根据维修的原则可得维修间隔期决策目标是:$C \rightarrow C_{\min}$。式中 C 是维修的总费用,即事后维修的费用和预防性维修的费用之和,也就是说决策的目标是维修的总费用要趋向于最小值。

假设在装备平均可能工作时间(MUT)内,$R(t)$ 为装备的可靠度,C_c 是一次事后维修的费用,C_p 是一次预防维修的费用。则预防维修与事后维修的比率分别为 $R(t)$ 及 $[1-R(t)]$,建立装备的总维修费用数学模型为

$$C = C_p R(t) + C_c[1 - R(t)]$$

单位时间的维修费用有

$$\frac{C}{\mathrm{MUT}} = \frac{C_p R(t) + C_c[1 - R(t)]}{\mathrm{MUT}} = \frac{C_p R(t) + C_c[1 - R(t)]}{\int_0^T R(t)\,\mathrm{d}t} \tag{8-3}$$

要求极值,令 $\mathrm{d}\left(\dfrac{C}{\mathrm{MUT}}\right)/\mathrm{d}t = 0$。求解可得

$$\frac{C_c}{C_p - C_c} = \frac{R'(T)\int_0^T R(t)\,\mathrm{d}t}{R(t)} - R(t)$$

将 $\lambda(T) = -R'(T)/R(t)$ 代入式中,整理得

$$\int_0^T R(t)\,\mathrm{d}t = \frac{1}{\lambda(T)}\left[\frac{C_c}{C_p - C_c} - R(T)\right] \tag{8-4}$$

从式(8-4)可解出费用最小模型下的最佳维修间隔期 T_c。将式(8-4)代入式((8-3)可解出单位时间最小维修费用为

$$C(T_C) = \lambda(T_C)(C_c - C_p)$$

8.2.2　装备视情维修间隔期的计算

装备视情维修的维修间隔期是指在潜在故障点和功能故障点之间这段时间 T 之内的检修时间间隔 T_c。视情维修的目的是检测出潜在故障,以便预防功能故障的出现,或将故障发生概率控制在规定的可接受水平之内,确保安全性,视情维修间隔期必须小于由潜在故障发展到功能故障所用的时间 T(见图8-5),即 $T_c < T$。一般 T_c 应为 T 的几分之一,以便在 T 内做几次检测,以防漏检。

1. 安全性原则

根据维修对装备可靠度的要求,可将维修间隔期决策目标定为 $R(t) \geqslant [R]$。式中,$R(t)$ 是 t 时刻的可靠度,$[R]$ 是给定的可靠度。

条件假设:视情维修的一个重要依据就是潜在故障。其装备维修间隔期必须小于能检测到的潜在故障点到功能故障发生点之间的这段时间。可接受的故障发生概率为 P_α,一次检测能检测出潜在故障的概率为 P,从潜在故障点到功能故障点之间的时间间隔为 T。建立 T 时刻内可接受的故障发生概率为 P_α 的数学模型为

$$P_\alpha \leqslant (1 - P)^n$$

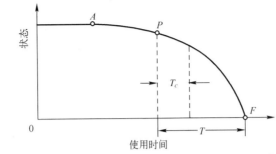

A——故障开始发生点；P——能够检测到的潜在故障点；F——功能故障点。

图 8-5　由潜在故障发展到功能故障的示意图

即

$$n \geqslant \lg P_\alpha / \lg(1 - P) \tag{8-5}$$

视情维修间隔期 T_c 为

$$T_c = \frac{T}{n} \tag{8-6}$$

一般来说,故障具有安全性影响时,在 T 内至少应做 3 次检测,即装备视情维修间隔期不得大于 $T/3$。

2. 经济性原则

此时根据维修的原则可得装备视情维修间隔期决策目标是: $C \rightarrow C_{\min}$。式中 C 是维修的总费用(即事后维修的费用和预防性维修的费用之和)。也就是说决策的目标是使得维修的总费用应趋于最小化。

条件假设:令比例系数 k 为单位时间内进行一次视情维修时的故障概率,装备的故障率为 λ。可知单位时间内视情维修的次数 n 越大,装备故障率 λ 就越小。故障率 λ 是 n 的函数,即

$$\lambda(n) = \frac{k}{n} \tag{8-7}$$

式中:比例系数 k 的意义是单位时间内进行一次视情维修时的故障率,则视情维修间隔期为: $T_c = 1/n$。

若已知一次事故后维修的平均费用为 C_c,一次视情维修的平均费用为 C_p,则总的维修费用为

$$C = C_c\lambda(n) + C_p n$$

由 $dC/dn = 0$ 得

$$T_c = \sqrt{\frac{C_p}{kC_c}} \tag{8-8}$$

例 8.1　某设备每小时检测一次时的故障率 $\lambda = 0.0001/\text{h}$, $C_c = 2000$ 元, $C_p = 200$ 元,求其最优视情维修间隔期 T_c。

解:按题意可知 $k = 0.0001$,由式(8-8)得

$$T_c = \sqrt{\frac{200}{0.0001 \times 2000}} = 31.6(\text{h})$$

8.2.3　装备维修间隔期的制定

装备维修间隔时间的长短主要取决于装备维修工作的有效性。装备预防性维修带来了大

的维修工作量,因而其间隔期的确定必须恰当,既要保证及时发现故障,又要将装备预防性维修的频度降为最低。装备维修间隔期过长则不足以保证装备的安全性和任务性要求,过短又不经济。这就要根据故障发展的规律来确定其间隔期。装备维修间隔期的制定还要依据部队实际工作和训练情况来进行。单个的维修检查对象不能简单地以功能层次、系统结构来划分,而要以方便维护和检修为原则来划分,例如故障现象有因果关系、相互关联的可以考虑一起进行维护、检修。

下面以节流阀为例,对维修间隔期的制定进行说明。节流阀的故障模式主要有无流量通过、流量极少和流量不稳定 3 种情况。经过综合分析后可将故障原因归结为以下几个方面:①节流口堵塞;②阻尼结构堵塞;③系统温升,油液粘度下降,速度上升;④阀体或阀芯磨损造成的泄漏;⑤密封不严造成的泄漏等。针对这些故障原因,采取以下有针对性的维修措施。

(1) 对于故障原因①和②,堵塞的根本原因在于油液污染,有杂质。故障的排除措施是将阀门拆卸清洗,清洗周期要根据液压油质量的衰减规律来制定,在换油的时候进行清洗。

(2) 对于故障原因③,故障排除的措施是在系统工作前和工作当中采取散热降温措施。维护时机是装备每次使用前和使用中。

(3) 对于故障原因④,排除措施为修复或者更换。节流阀阀体和阀芯的磨损服从 $\mu = 6129$,$\sigma = 412$ 的正态分布。确定其可靠度必须保持在 0.95 以下。磨损程度是不可测的,只能采用定时维修的方式。因此采用基于安全性原则的定时维修方法来计算维修间隔期。计算结果为 5451h,按一年 52 周计算,即修复或者更换阀体或阀芯的合理间隔期为两年半。

(4) 对于故障原因⑤,排除措施为更换密封圈。密封圈的寿命分布服从 $\mu = 8060$,$\sigma = 500$ 的正态分布。其可靠度必须要保持在 0.95 以上。采用基于安全性原则、定时维修的算法来计算维修间隔期。计算结果为 7238h,更换密封圈的合理间隔期为三年。

8.3 装备维修费使用效益评估

装备经费使用效益是装备经费消耗与所取得的装备建设成果之间的对比,在装备经费供给有限的条件下,牢固树立效益观念,通过加强管理,降低消耗,逐步提高装备经费使用效益,对缓解装备经费供需矛盾,提高装备经费保障能力具有重要的意义。近几年来,随着空军"转型"战略的实施和武器装备跨越式发展,大量的新型武器装备陆续装备部队,空军装备的格局发生了巨大变化。新型武器装备结构复杂,技术含量高,对维修的依赖性越来越强,维修费用急剧增加,不仅使费用供需矛盾更为突出,而且严重影响到装备维修工作的开展和部队战斗力的生长。面对这种严峻局面,积极开展装备维修费使用效益的评估,对于增强费用管理与决策的科学性,"管好""用好"有限的维修经费,使其发挥最大的使用效益,缓解费用供需矛盾,以满足装备跨越式发展和军事斗争需要,具有重要的现实意义。

8.3.1 装备维修费的分类与管理

装备维修费是指用于武器装备维护、修理以及维修器材、设备购置等相关保障活动的经费,包括海军、空军、二炮、陆航、军械、装甲、车辆、通信、工程、防化、陆军船艇以及其他战斗装备和战斗支援保障装备的分项装备维修管理费。它是部队各类武器装备正常发挥性能的财力保障。管好用好这部分经费,经常对库存和在用武器装备进行维护、保养和修理,就能保证武器装备始终处于良好的技术状态,对于保持和提高部队战斗力,促进各类武器装备充分发挥其最大效能,具有重要的作用。

1. 分类

1)按经费分配方式分类

装备维修费按其分配方式不同,分为标准供应和项目预算两部分。其中,标准供应部分,适用于装备维修费中部队使用的小修维护保养费。根据有关装备、维修实力和供应标准按装备经费管理渠道自下而上逐级计领,实行包干管理,超支不补,由各单位在下年度预算中自行平衡,年终结余转入下年度继续用于原事业。项目预算部分,适用于装备维修费中直接用于装备维护修理的大修费、中修费、维修器材购置费、维修设备购置费和仓库业务费、维修改革费,等等。这部分经费根据装备维修任务按预算项目领报经费,超支不补,预算指标结余撤消。

2)按经费性质分类

装备维修费按其性质不同,分为专用装备维修费与通用装备维修费两大类。其中,空军专用装备维修费包括:飞机装备维修费、空空导弹装备维修费、航空弹药装备维修费、航空侦察装备维修费、通信导航装备维修费、专用防化装备维修费、地空导弹装备维修费、雷达装备维修费、专用电子对抗装备维修费、场务保障装备维修费、专用机要装备维修费、干扰机装备维修费、航管装备维修费、航空气象装备维修费、其他空军装备维修费共 15 项。

通用装备维修费包括:军械装备维修费、装甲装备维修费、车辆装备维修费、通信装备维修费、工程装备维修费、防化装备维修费、陆军船艇装备维修费、其他装备维修费共 8 项。

3)按管理权限分类

装备维修费按其管理权限不同,分为空军掌管的经费、军区空军掌管的经费和军以下部队掌管的经费 3 部分。

2. 装备维修费的管理办法

装备维修费的开支包括武器装备的大修费、中修费、小修维护费、维修器材购置费、维修设备购置费、仓库业务费、维修改革费、业务水电取暖费、专业训练费、职工工资、办公设备购置费、办公设备维修费、业务会议费、业务差旅费、业务办公费、其他等用于装备维修管理的经费。

装备维修管理一般采用计划分配、标准计领、专项安排 3 种办法。

(1)计划分配。这种管理办法是根据事业任务和财务可能,按照批准的计划经费标准,自上而下逐渐分配,定额核销。通常的做法是先由装备发展部向空军下达年度经费指标,再由空军装备部向空军机关各业务部门分配指标,然后空军机关各业务部门按空军本级、军区空军、部队各级业务职能自上而下主动分配经费指标。

(2)标准计领。这种管理办法是根据装备及业务单位实力和经费供应标准,自下而上逐级计领,足额供应,逐级报销。标准计领是装备维修费的重要管理方式,主要用于军以下机关和部队的经费管理。

(3)专项安排。这种管理办法是根据装备建设任务实行项目预算,即按照零基预算的要求,每年根据保障任务按照项目上报经费需求,按上级批准的项目预算使用管理经费。在财力有限的情况下,可以保证重点和急需项目的经费需求,能够节约经费,提高经费的保障效益。

3. 装备维修费管理的特点

了解装备维修费的特点,从中寻找其活动的客观规律,是科学有效管理装备维修费,提高经费使用效益的基本前提和依据。综合来看,装备维修费的特点主要表现在以下几个方面。

(1)专业性强。装备维修费保障与装备维修事业密不可分。由于武器装备本身的专业技术性很强,种类繁多,数量庞大,性能和结构复杂,其维修和保养也需要专门的机构和人员去实施。装备维修管理的专业性反映到财务活动上,表现为经费供应和开支也具有很强的专业性。因此,装备财务人员既要具备财务专业知识,又要了解装备维修管理知识,只有如此,才能增强装备维修经费保障的主动性,有针对性地加强装备维修费的控制和管理,保证装备维修费的使用效益。

(2) 技术要求高。随着科学技术的飞速发展以及高新技术在军事领域的广泛应用,我军现代化水平不断提高。因而,武器装备的构造愈来愈复杂,种类越来越多,性能与用途越来越专业化、现代化。其精密程度愈来愈高。与此相适应,其维护、保养、修理的技术要求也越来越高,这些技术保障的高要求,也对经费保障提出了高要求。只有将物资技术保障与经费保障有机结合,才能使装备维修费发挥出应有的效益。

(3) 支出内容与管理复杂。空军是一支由多兵种合成的部队,就武器装备而言,除通用性装备、设备、设施、物资器材外,还有专用装备、设备、设施、物资器材,其性能、用途,也存在很大差异,如保障飞机飞行、车辆运行、各种专用武器完好以及通信通畅等,所需的各种物资技术保障条件存在很多不同,即使是同类武器装备也会因型号、用途及性能不同,而对维护与保养的要求不同。随着高技术武器装备在部队的配备,各种物资技术保障的专业性将更加明显。这些情况决定了装备维修费开支使用与管理的复杂性,这种复杂性主要体现在以下几个方面。①经费供应管理面广、层次多。从保障角度看,装备维修费的开支,从总部机关到基层部队,各级都有装备维修费,经费供应环节多,保障难度大。②装备维修费种类多,构成复杂。从预算分配方式上看,包括标准供应和项目预算经费;从保障装备的类型上看,包括通用装备维修费和专用装备维修费;从经费开支用途上看,包括大修费、中修费、小修维护费、维修器材购置费和维修设备购置费等。③开支范围广。装备维修费的开支,既有用于各种武器装备保养和维修的开支,也有用于专用配套装备和设备的维修开支,而且各种装备开支范围也不尽相同。

(4) 不可预见的因素多。装备维修费与其他经费相比,有许多不可预见的因素,管理要求高。由于装备维修费主要保障装备使用过程中的正常维护开支,按计划和规定进行正常维护。但是装备维修活动还要应付各种突发事件和军事活动,随机的因素较多。每年部队都要进行军事演习、拉练、打靶等军事活动,除此以外,还要执行抗洪抢险任务等。这些都对装备维修费的正常保障带来许多不可预见的因素,从而在一定程度上增大了装备维修费的保障难度。

8.3.2 装备维修费使用效益评估

1. 装备维修费使用效益的概念

装备维修费使用效益,是维修费使用开支所取得的成果与维修费使用投入量的比较。维修活动成果可表现为物质形式和价值形式。物质形式是指维修的装备数量和质量,价值形式是指维修保障能力或部队战斗力的提高,即军事价值,用达到保障能力要求的程度来衡量。维修使用效益用下式表示:

$$维修费使用效益(E) = \frac{维修活动成果(V)}{维修费用开支(C)} \tag{8-9}$$

在取得同样成果的情况下,维修费使用开支越少,效益越高;在维修费使用开支一定的情况下,取得的成果越多,效益越高。因此维修费使用效益有两种表现形式:一是用较小的维修费开支,取得同样的维修活动成果;一是用同样的维修费使用开支,取得较大的维修活动成果。

2. 维修费使用效益的类型和特点

1）维修费使用效益的类型

按照不同的分类标准,维修费使用效益有以下几种分类方法。

(1) 按照计量范围分类,维修费使用效益包括综合效益和专项效益。综合效益反映的是整个装备维修费投入与成果的对比关系,既可以是对装备维修费整体效益的全面分析,也可以是对装备维修系统运行的各个环节、各个部门、各个层次子系统的所有因素效益的综合考虑。装备维修费的专项效益反映的是构成装备维修费的各个子系统的效益,如某一项经费的效益。在装备维修费使用效益的评估中,装备维修费综合效益是主要的,它可以全面衡量、评价装备维修费投入与成果的情况,但是它又是由各专项效益构成的,其好坏或高低,直接取决于各专项效益的状况。

(2) 按照使用层次分类,维修费使用效益包括宏观效益、中观效益和微观效益。宏观效益反映的是空军维修费使用总投入和总成果的对比关系;中观效益反映的是军区空军、军(军级基地)或各兵种维修费使用投入与成果或费用与效用的对比关系;微观效益反映的是费用的各个具体使用单位的投入与成果、费用与效用的对比关系。

(3) 按照所反映的对象内容分类,维修费使用效益分为经济效益和军事效益。经济效益是维修活动中的维修耗费与有用维修成果的比较,是可以直接比较的,可用统一的货币来衡量的那部分效益;军事效益是指维修费使用开支与维修的军事价值(如保障能力、部队战斗力的提高)的比较。

(4) 按照使用运行过程分类,维修费使用效益包括分配效益和使用效益。分配效益是优化调整维修费分配方案的结果,是通过调整维修费使用在各个领域间的投向、投量而产生的效益,可以是调整前与调整后的比较。使用效益是维修费使用过程中转化为维修有用成果(如飞机完好率、出勤率、任务成功率)所产生的效益。

2）装备维修费使用效益的特点

(1) 效益产生过程的单项性。从生产和再生产的全过程看,装备维修费投入总体上是一种消耗性投入,其产出成果不再进入社会再生产过程。因此,装备维修费的产生,与一般经济效益产生于生产—再生产的循环运动过程不同,具有单项性。这就决定装备维修费效益不同于以价值增殖为前提的一般经济效益,它排除了价值增殖的可能性,只是投入与产出之间的单纯比较。

(2) 产出成果形态的多元性。装备维修费作为价值形态投入的经济资料,其产出不同于一般的经济活动的产出。装备维修费产出的成果是多元的。这些成果既可以表现为比较抽象的军队战斗力、保障力的提高,又可以表现为比较具体的维修活动的直接结果,如装备的完好率、出动率等。既可以表现为能够精确计量的设备和器材的采购量、装备的库存量、培训的合格人数等,又可以表现为难以精确计量的装备的维修保养状态、仓库管理的有效度、部队士气的提高等。这些成果既可以是有形的,又可以是无形的;既可以是物质的,又可以是精神的;既可以是相互独立的,又可以是多重复合的。

(3) 效益计量的相对性。装备维修费投入量是能够以价值的形式准确计量的,但其产出成果的计量方式和单位是多种多样的,如货币、装备、设备、人员的数量、装备的完好率、部队的战斗力、保障力等。这些产出成果的计量不具有累加性,不能折合成统一的计量标准和单位。由此决定了装备维修费投入与产出的可比性较差。因此,装备维修费使用效益的计量不如一般生产活动经济效益那样准确、明细和直观,只能是相对的、近似的和概略的。所以,装备维修费使用效益的高低不仅要通过投入与产出的比较来体现,还要通过装备维修费投入项目之间的纵向与横向比较才能充分体现。

（4）效益的波动性。装备维修费投入产出过程受到各类随机因素干扰，无论是数量还是强度均大于一般的经济运行过程，各个具体的投入产出过程的外部环境也有很大差异。因此，装备维修费效益不可能像经济效益增长那样保持线形增长趋势，而是表现为离散状态，具有较大波动性和起伏性。

3. 装备维修费使用效益评估指标体系

为了对费用效益进行定量考察，从数量上反映维修费使用效益，必须选择相应的指标。在考察维修费使用效益时，用一两把尺子或一两个标准进行衡量是不够的，需要用若干把尺子、若干个标准进行衡量，才能评价其全貌，这就要求设立若干个相互联系、相互制约的指标或指标组，构成一个评价体系。

1）装备维修费使用效益总体测度指标

（1）维修费总体效益：

$$维修费总体效益 = \frac{报告期内空军装备维修保障能力的提高程度}{同期维修费用支出总额} \quad (8-10)$$

装备维修保障能力评价可采用模糊数学的多级综合评判模型。

由于空军装备维修保障能力的评价相当复杂，可考虑用空军飞机平均完好率、飞机平均出勤率、飞机平均任务完成率来代替保障能力，从一个侧面反映空军维修费使用的总体效益。

（2）维修费节约率：

$$维修费节约率 = \frac{报告期内维修费节约的数额}{同期维修费支出总额} \times 100\% \quad (8-11)$$

（3）维修费损失率：

$$维修费损失率 = \frac{报告期内维修费流失浪费的数额}{同期维修费用支出总额} \times 100\% \quad (8-12)$$

（4）维修费预算执行率：

$$维修费预算执行率 = \frac{维修费预算支出总额 - 实际支出额}{维修费预算支出总额} \times 100\% \quad (8-13)$$

（5）维修费效益分析的回归系数：

$$回归系数 = \frac{报告期内费用支出总额 - 同期费用损失浪费数额}{同期维修费用支出总额} \quad (8-14)$$

（6）维修费使用配比偏离度：

$$偏离度 = \frac{维修费需求供给量}{维修费实际供给量} \quad (8-15)$$

2）装备维修费使用效益专项测度指标

（1）装备小修费使用效益：

$$装备小修费使用效益 = \frac{装备的出勤率}{装备的小修费用支出总额} \quad (8-16)$$

（2）装备中修费使用效益：

$$装备中修费使用效益 = \frac{报告期内某装备中修完成率}{同期某装备的中修费用支出总额} \quad (8-17)$$

（3）装备大修费使用效益：

$$装备大修费使用效益 = \frac{报告期内装备大修完成率}{同期装备的大修费用支出总额} \quad (8-18)$$

（4）维修设备器材购置费使用效益：

$$购置费使用效益 = \frac{维修设备器材满足维修需求的程度}{设备器材购置费用总额} \tag{8-19}$$

（5）仓库业务费使用效益：

$$仓库业务费使用效益 = \frac{仓库业务管理有效度}{仓库业务费总额} \tag{8-20}$$

（6）业务管理费使用效益：

$$业务管理费使用效益 = \frac{业务管理达标程度}{业务管理费用总额} \tag{8-21}$$

（7）维修改革费使用效益：

$$维修改革费使用效益 = \frac{维修改革项目收益}{维修改革项目总费用} \tag{8-22}$$

（8）人员平均训练费用：

$$人员平均训练费用 = \frac{某项人员训练支出}{某项训练达标人数} \tag{8-23}$$

4. 装备维修费使用效益评估方法

装备维修费使用效益评估可用数量大小表明,也可以通过衡量所支出的维修费是否达到预定目标,或者说,在多大程度上达到预定目标进行评价。根据装备维修费使用效益的概念和表示方式,以及效益评估基本准则可以看出,装备维修费使用效益与维修活动中所取得的成果成正比,与消耗成反比。

在进行装备维修费使用效益评价时,需要特别注意客观的比较,具体包括:

（1）纵向比较。即通过对某单位不同时期的相同项目的维修费使用效益测度指标之间的比较,来显示、评价维修费使用效益的高低优劣。

（2）横向比较。通过对同一层次、相同时期、相同项目的维修费使用效益测度指标之间的比较,来显示、评价维修费使用效益的高低优劣。

（3）纵横向相结合比较。即综合使用上述两种比较方法来显示、评价维修费使用效益的高低优劣。

在计算报告期内维修费使用效益量值时,可以运用如图 8-6 所示的具体评价方法。关于这些具体评价方法的详细内容可查阅相关参考文献,本书不再介绍。

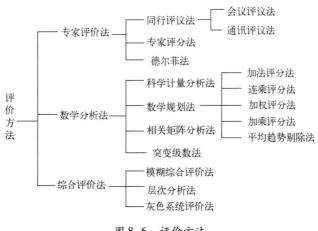

图 8-6　评价方法

8.3.3 案例分析

在装备使用过程中,如何优化组合各种资源,最大限度地提升装备维修保障能力,已经成为决定战争胜负的关键因素之一。为了充分发挥维修保障在装备使用过程中的功效,需要对其影响因素进行合理分析,对装备维修费使用效益进行评价,从而根据评价结果找出维修保障中的薄弱环节,提出进一步的优化措施。

装备维修费开支使用的最终目标是保持和提高装备维修保障能力,因此,装备维修费使用效益评估可以通过对装备维修保障能力评价来实现。装备维修保障系统所涉及的要素非常多,各要素之间的相互关联、作用和制约,共同决定了装备维修保障能力。这导致装备维修保障能力很难用绝对数值直接表示,但可以用相对程度或系数来概略表示,如用 0 ~ 1 之间的数值表示维修能力的强弱。

下面以空军某部队装备维修保障能力情况为例,通过对该单位各维修保障资源及维修工作内容、流程进行分析,建立装备维修保障能力评估指标体系(包括每个指标的权重),如图 8-7 所示。

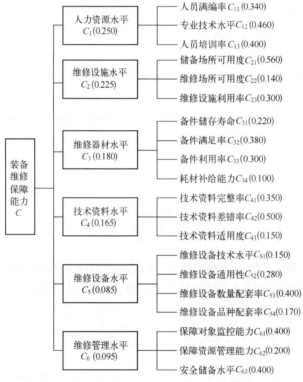

图 8-7 装备维修保障能力评估指标体系

该单位装备维修保障能力程度的具体值,可用模糊数学多级综合评价模型来确定,其基本原理是:首先确定被评价对象的因素集和评价集;再分别确定各个因素的权重及它们的隶属度向量,获得模糊评价矩阵;最后把模糊评价矩阵与因素的权向量进行模糊运算并进行归化,得到模糊综合评价结果。其基本步骤如下。

1. 确定评价对象因素集

1)一级因素集

$$C = (C_1, C_2, C_3, C_4, C_5, C_6)$$

式中　C——保障能力因素；

　　　C_1——维修人力资源水平；

　　　C_2——维修设施水平；

　　　C_3——维修器材水平；

　　　C_4——技术资料水平；

　　　C_5——维修设备水平；

　　　C_6——维修管理水平。

2）二级因素集

$$C_1 = (C_{11}, C_{12}, C_{13})$$

式中　C_{11}——人员满编率；

　　　C_{12}——专业技术水平；

　　　C_{13}——人员培训率。

$$C_2 = (C_{21}, C_{22}, C_{23})$$

式中　C_{21}——储备场所可用度；

　　　C_{22}——维修场所可用度；

　　　C_{23}——维修设施利用率。

$$C_3 = (C_{31}, C_{32}, C_{33}, C_{34})$$

式中　C_{31}——备件储存寿命；

　　　C_{32}——备件满足率；

　　　C_{33}——备件利用率；

　　　C_{34}——耗材补给能力。

$$C_4 = (C_{41}, C_{42}, C_{43})$$

式中　C_{41}——技术资料完整率；

　　　C_{42}——技术资料差错率；

　　　C_{43}——技术资料适用度。

$$C_5 = (C_{51}, C_{52}, C_{53}, C_{54})$$

式中　C_{51}——维修设备技术水平；

　　　C_{52}——维修设备通用性；

　　　C_{53}——维修设备数量配套率；

　　　C_{54}——维修设备品种配套率。

$$C_6 = (C_{61}, C_{62}, C_{63})$$

式中　C_{61}——保障对象监控能力；

　　　C_{62}——保障资源管理能力；

　　　C_{63}——安全储备水平。

2. 确定评价集

$$A = (A_1, A_2, A_3, A_4, A_5)$$

A_1, A_2, A_3, A_4, A_5 表示各种可能的评价结果，如很好、较好、一般、较差、很差 5 个等级。

通过定性分析对模糊评语集进行数量赋值：

$$H = (1, 0.9, 0.7, 0.5, 0.2)$$

3. 确定权重集

针对因素集来说，每一个因素的重要性不同，因此，需要对每个因素赋予不同的权重，并且规定 $\sum w_i = 1$。利用层次分析法（AHP），可求得各因素的权重，如图 8-7 所示。如二级因素集的权重集为

$$W_i = (0.250, 0.225, 0.180, 0.165, 0.085, 0.095)$$

4. 建立单因素评判矩阵，进行单因素评判

邀请 10 名专家按照划分的评价等级对该单位装备维修保障能力评价体系单因素进行评价，如表 8-4 所列，表中对 C_{11}、C_{12} 等因素进行打分。

表 8-4　装备维修保障能力专家评价表

一级因素	二级因素	A_1	A_2	A_3	A_4	A_5
C_1	C_{11}	2	6	1	1	0
	C_{12}	4	4	2	0	0
	C_{13}	0	5	2	3	0
C_2	C_{21}	1	3	3	2	1
	C_{22}	4	3	3	0	0
	C_{23}	1	4	2	3	0
C_3	C_{31}	3	6	1	0	0
	C_{32}	2	4	4	0	0
	C_{33}	3	5	1	1	0
	C_{34}	1	2	3	2	2
C_4	C_{41}	3	5	1	1	0
	C_{42}	1	4	3	1	1
	C_{43}	3	5	1	1	0
C_5	C_{51}	0	2	4	4	0
	C_{52}	2	5	3	0	0
	C_{53}	1	3	2	4	0
	C_{54}	3	5	2	0	0
C_6	C_{61}	1	3	3	2	1
	C_{62}	3	6	1	0	0
	C_{63}	2	4	4	0	0

分别生成单因素评判矩阵如下所示：

$$\boldsymbol{R}_1 = \begin{bmatrix} 0.2 & 0.6 & 0.1 & 0.1 & 0 \\ 0.4 & 0.4 & 0.2 & 0 & 0 \\ 0 & 0.5 & 0.2 & 0.3 & 0 \end{bmatrix}$$

$$\boldsymbol{R}_2 = \begin{bmatrix} 0.1 & 0.3 & 0.3 & 0.2 & 0.1 \\ 0.4 & 0.3 & 0.3 & 0 & 0 \\ 0.1 & 0.4 & 0.2 & 0.3 & 0 \end{bmatrix}$$

$$\boldsymbol{R}_3 = \begin{bmatrix} 0.3 & 0.6 & 0.1 & 0 & 0 \\ 0.2 & 0.4 & 0.4 & 0 & 0 \\ 0.3 & 0.5 & 0.1 & 0.1 & 0 \\ 0.1 & 0.2 & 0.3 & 0.2 & 0.2 \end{bmatrix}$$

$$R_4 = \begin{bmatrix} 0.3 & 0.5 & 0.1 & 0.1 & 0 \\ 0.1 & 0.4 & 0.3 & 0.1 & 0.1 \\ 0.3 & 0.5 & 0.1 & 0.1 & 0 \end{bmatrix}$$

$$R_5 = \begin{bmatrix} 0 & 0.2 & 0.4 & 0.4 & 0 \\ 0.2 & 0.5 & 0.3 & 0 & 0 \\ 0.1 & 0.3 & 0.2 & 0.4 & 0 \\ 0.3 & 0.5 & 0.2 & 0 & 0 \end{bmatrix}$$

$$R_6 = \begin{bmatrix} 0.1 & 0.3 & 0.3 & 0.2 & 0.1 \\ 0.3 & 0.6 & 0.1 & 0 & 0 \\ 0.2 & 0.4 & 0.4 & 0 & 0 \end{bmatrix}$$

5. 进行综合评判 S_i

$$S_i = W_i \cdot R_i$$

通过综合评判得出结论,即装备维修保障能力评估值为

$$C = S \cdot H^T = 80.65\%$$

装备维修费使用效益评估,是维修费使用开支所取得的成果与维修费使用投入量的比较。因此,效益评估工作分为两方面,一方面是考虑其经费的投入水平;另一方面就是对其装备维修保障能力的评估。评估工作的难点一般在后者,如果得到了装备维修保障能力评估值,结合维修费的投入,便很容易评价出装备维修费的使用效益。

第9章 装备更新技术经济分析

因受种种主客观因素的影响,装备在使用过程中会受到不同程度的损耗而逐渐老化,这个过程统称为磨损。装备磨损会影响其战术技术性能,从而降低装备的使用价值和经济价值。因此,装备管理部门需要对装备使用阶段的技术经济状况进行分析和研究,明确和判定装备是否需要更新、何时更新、如何更新等问题,为决策提供依据。

本章首先介绍了装备磨损的概念、原因、分类及度量方法,然后介绍了装备的残值与折旧的确定方法。在介绍自然寿命、技术寿命、经济寿命3种寿命形态的基础上,重点分析了装备经济寿命的确定方法及提高途径。综合考虑3种寿命形态对装备寿命的影响,介绍了一种确定装备权衡寿命的综合决策方法。然后,对除装备更换外的另外两种装备更新形式,即装备的大修和现代化改装的技术经济分析方法进行了介绍。

9.1 装备的磨损及分析

9.1.1 装备的有形磨损

1. 装备有形磨损的概念及成因

装备的有形磨损亦称物质磨损,是装备在使用或封存过程中实体所遭受的损坏,装备性能和使用价值降低。按照形成原因的不同,有形磨损可分为两类。

(1)第一种有形磨损,其主要原因是装备的使用。使用中的装备,无论平时还是战场环境中,在外力的作用下,其零部件都会发生摩擦、振动和疲劳,以致装备的实体发生磨损。这类磨损的表现形式有:装备零部件的原始尺寸发生改变,甚至形状发生变化;公差配合性质发生改变,精度降低;零部件损坏。

第一种有形磨损可使装备精度降低,性能逐渐变化。当这种有形磨损达到一定程度时,装备整体的功能就会下降,发生故障,导致装备使用费用剧增,甚至难以继续正常工作,失去作战能力,丧失使用价值,它与使用强度和使用时间有关。

(2)第二种有形磨损,其主要原因是自然力的作用。这种有形磨损与装备的使用无关,甚至在一定程度上还同使用程度成反比,因此装备闲置或封存不用同样也会产生有形磨损。这类磨损的表现形式主要有金属件生锈、腐蚀、橡胶件老化等。第二种有形磨损与装备所处的环境和闲置时间长短有关,比如,装备在高温、风沙频繁的沙漠,和在潮湿、腐蚀性大的海岛,通常比在一般地区的老化程度更加剧烈,这里的主要原因就是第二种有形磨损。

2. 装备有形磨损的度量

正确度量有形磨损程度,是合理评价装备使用经济性的基础工作之一。装备磨损到一定程度后,是进行修理还是进行现代化改装或是用新装备更换,主要取决于磨损的严重程度。由于第二种有形磨损与装备所处的环境密切相关,故度量起来比较困难,这里主要给出第一种有形磨损的度量计算。

1）零件磨损度量

（1）摩擦引起的磨损。若零件的磨损是由于摩擦造成的，可用下式来计算零件的磨损程度：

$$\alpha_i = \frac{\delta_{i实际}}{\delta_{i允许}} \tag{9-1}$$

式中　α_i——零件 i 的磨损程度；

$\delta_{i实际}$——零件 i 的实际磨损量；

$\delta_{i允许}$——零件 i 的最大允许磨损量。

比如，某零件磨损了 1mm，最大允许磨损量为 2.5mm，则该零件的磨损程度为 40%。

（2）疲劳引起的磨损。若零件的磨损是由于疲劳造成的，其磨损程度为

$$\alpha_i = \frac{T_{i实际}}{T_{i疲劳周期}} \tag{9-2}$$

式中　$T_{i实际}$——零件 i 的实际使用期；

$T_{i疲劳周期}$——零件 i 的疲劳损坏周期。

比如，某零件疲劳损坏周期为 1 年，已使用半年，则该零件的磨损程度为 50%。

2）整台装备的磨损度量

（1）加权平均法。根据各个零件的磨损程度 α_i，整台装备的平均磨损程度为

$$\alpha_P = \frac{\sum_{i=1}^{n} K_i \cdot \alpha_i}{\sum_{i=1}^{n} K_i} \tag{9-3}$$

式中　α_P——整台装备的磨损程度；

K_i——零件 i 的价值。

由式可看出，当零件的磨损程度越重，且零件的价值越贵时，对整个装备的磨损影响越大。

（2）时间计量法。装备的有形磨损程度还可理解为装备已使用年限与规定的物理寿命之比，表示为

$$\alpha_P = \frac{T_{used}}{T_{total}} \tag{9-4}$$

式中　T_{used}——装备已使用年限；

T_{total}——装备使用的寿命期。

值得注意的是，这种方法并不适用于刚刚大修过的装备，例如，某装备的使用寿命为 25 年，在 12 年时进行一次大修，若根据式（9-4），12 年后装备的有形磨损程度将为 48%，而事实上，由于采取了大修，装备的有形磨损得到了补偿，此时不宜用时间计量法，而应该使用经济指标进行度量。

（3）经济指标计量法。假设装备经过修理后，消除了有形磨损，则其有形磨损程度可表示为

$$\alpha_P = \frac{R}{K_R} \tag{9-5}$$

式中　R——修复全部磨损零件所用的修理费用；

K_R——装备的再生产价值或重新购置价值(简称重置价值)。

9.1.2 装备的无形磨损

1. 装备无形磨损的概念及成因

装备的无形磨损,是由技术进步引起的装备原始价值的贬值。无形磨损按形成原因也可分为两种。

(1)经济性无形磨损,也称第一种无形磨损。由于技术进步,装备生产工艺改进、成本降低、劳动生产率提高,生产同种装备所需的社会必要劳动减少了,因而购置相同装备的费用不断降低,造成了原有装备贬值。这种无形磨损的后果只是现有装备的原始价值部分贬值,装备本身的技术特性和功能即使用价值并未发生变化,故不会影响现有装备的使用。

(2)技术性无形磨损,也称第二种无形磨损。由于技术进步,作战性能更优、效费比更高的新型装备不断出现,而使原有装备显得陈旧落后。虽然原有装备的使用期还未达到其物理寿命,能够正常工作,但由于技术上更先进的新装备的发明和应用,使原有装备的作战效能相对大大降低,导致了原有装备局部或全部丧失使用价值。在这种情况下,由于使用新装备比使用旧装备在经济上和作战效能上更合算,所以原有装备应该被淘汰。

2. 装备无形磨损的度量

装备无形磨损程度可用下式表示:

$$\alpha_I = \frac{K_0 - K_R}{K_0} = 1 - \frac{K_R}{K_0} \tag{9-6}$$

式中　K_0——装备的原始价值;

K_R——考虑无形磨损时(旧)装备的重置价值。

假设新装备的重置价值为 K_n,则 K_R 可用下式表示:

$$K_R = K_n \left(\frac{q_o}{q_n}\right)^\alpha \left(\frac{C_o}{C_n}\right)^\beta \tag{9-7}$$

式中　q_o、q_n——使用旧装备与新装备的使用效能;

C_o、C_n——使用旧装备与新装备的年均使用成本;

α、β——使用效能和成本的指数,其数值可通过研究相似装备的数据得到。

9.1.3 装备的综合磨损

装备在实际使用过程中,通常同时存在有形磨损和无形磨损,称之为综合磨损。两种磨损都将引起装备原始价值的贬值,不同的是,遭受有形磨损的装备,特别是有形磨损严重的装备会影响装备的继续使用,而无形磨损即使很严重,仍然可以使用。

根据有形磨损和无形磨损的度量,可得装备综合磨损程度的度量公式为

$$\alpha_m = 1 - (1 - \alpha_P)(1 - \alpha_I) \tag{9-8}$$

设装备在综合磨损下的剩余价值为 K,则

$$K = (1 - \alpha_m)K_0 \tag{9-9}$$

将式(9-5)、式(9-6)代入上式,可得

$$K = K_R - R \tag{9-10}$$

从上式可以看出,装备在综合磨损后的残值 K,等于装备的重置价值 K_R 减去装备的维修费用 R。

例 9.1 某装备的原始价值 $K_0 = 10000$ 元,当前需要修理,其费用 $R = 3000$ 元,若该种装备的重置价值 $K_R = 7000$ 元,求该装备的综合磨损程度及剩余价值。

解:
$$\alpha_p = \frac{R}{K_R} = \frac{3000}{7000} = 0.43$$

$$\alpha_I = 1 - \frac{K_R}{K_0} = 1 - \frac{7000}{10000} = 0.3$$

$$a_m = 1 - (1 - a_p)(1 - a_I) = 1 - (1 - 0.43)(1 - 0.3) = 0.6$$

$$K = K_1 - R = 7000 - 3000 = 4000(元)$$

9.1.4 装备磨损的补偿方式

1. 有形磨损的补偿方式

装备的日常维护和保养不能消除有形磨损,只能减轻或延缓装备的有形磨损。只有采取各种修理或者更换的方式才能恢复装备的原有精度和技术性能,有效补偿已产生的有形磨损。对于可消除的有形磨损,补偿的形式主要是修理;对于不可消除的有形磨损,补偿的形式是装备的更新。

2. 无形磨损的补偿方式

第一种无形磨损(经济性无形磨损),意味着新旧装备的性能和使用维修费用相同而新装备的成本降低,这并不会影响装备的正常使用,所以不需要进行补偿。

第二种无形磨损(技术性无形磨损),在技术发展迅速的情况下,由于部分装备的更新换代周期缩短,在装备代差不明显的情况下,可采取现代化改装的补偿方式,否则,则要研发技术更先进的新装备进行更换。

装备的修理、更换和现代化改装,也可称为广义的装备更新。其中,修理和现代化改装属于局部补偿,装备的更换属于完全补偿,针对有形磨损和第一种无形磨损的装备更新是同型装备的重新购置,而针对第二种无形磨损的装备更新是新型装备的替换。装备磨损形式与对应的补偿形式的关系如图 9-1 所示。

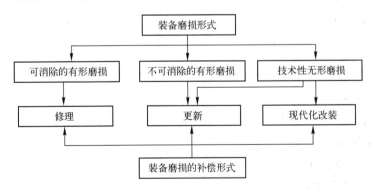

图 9-1 装备的磨损形式与对应的补偿形式的相互关系

9.2 装备的残值与折旧计算

研究装备的残值和折旧,是后面研究装备寿命、大修决策和现代化改装的基础性工作。

9.2.1 装备残值的确定

装备修理或退役前的残值可按下列方法确定。

装备修理前，它的组成部件可分成三组：

Ⅰ组——可用部件；

Ⅱ组——需要修理的部件；

Ⅲ组——不能继续使用的部件。

装备的残值是由上述3组部件的残值组成的。为了确定整个装备的残值，应该准确地找出各组部件的残值。因此，要分析每组部件，并确定其残值的大小。

1. 可用部件的残值计算

可用部件按其技术状态，还可以继续使用，也可以作为其他相似装备的备用部件。但由于这些部件的可用寿命将小于新的部件，应按其新部件的现行价格乘上一个系数 Z_i 作为其残值。

修正系数 Z_i 决定于部件剩余使用时间 T_i 与同种新部件使用期 T_n 之比，即

$$Z_i = \frac{T_i}{T_n}$$

因此，第一组部件总残值为

$$\sum_{i=1}^{n} O_i = \sum_{i=1}^{n} P_i Z_i \tag{9-11}$$

式中　O_i——第 i 种可用部件残值；

　　　P_i——同种新部件现行价格；

　　　Z_i——第 i 种部件的残值修正系数；

　　　n——可用部件数目。

2. 需要修理部件的残值计算

需要修理的零部件的残值决定于新零部件价格与旧件修理费用之间的差额，并考虑修理后部件剩余寿命的修正系数 Z_j。修正系数决定于修复部件的剩余寿命与同种新部件使用寿命之比。需要修理部件总的残值为

$$\sum_{j=1}^{m} O_j = \sum_{j=1}^{m} (P_j - R_j) Z_j \tag{9-12}$$

式中　O_j——修理部件残值；

　　　P_j——同种新部件现行价格；

　　　R_j——部件 j 的恢复价格（修理费）；

　　　Z_j——部件 j 的修正系数；

　　　m——修复部件数量。

3. 不能继续使用部件的残值计算

不能继续使用部件（或无用部件）的残值为

$$\sum_{k=1}^{l} O_k = \sum_{k=1}^{l} G_k \cdot g \tag{9-13}$$

式中　O_k——第 k 个无用部件的价值；

　　　G_k——第 k 个无用部件的重量；

g——每千克废料的价值;

l——无用部件的数量。

在分析每组部件残值方法的基础上,可得整个装备残值的计算公式为

$$O = \sum_{i=1}^{n} P_i \cdot Z_i + \sum_{j=1}^{m} (P_j - R_j) \cdot Z_j + \sum_{k=1}^{l} G_k \cdot g - A \tag{9-14}$$

式中　A——装备拆卸费用。

9.2.2　装备折旧的确定

确定装备的残值,通常发生在装备修理或退役前,而装备的折旧可以发生在装备使用过程中的任意时刻。

折旧率是按年份分摊装备价值的比率,年折旧额的大小与装备本身的价值、使用年限、使用强度等情况有关。由于装备价值是常数,折旧率主要取决于装备的使用年限。装备折旧的方法有直线折旧法、加速折旧法等方法。

1. 直线折旧法

直线折旧法又称平均年限法,它是在装备折旧期内,按时间平均分摊装备的价值提取折旧。该方法是最简单与最普遍应用的方法,也是我国多年使用的传统方法。

装备年折旧额为

$$D = \frac{K_0 - L}{T}$$

装备年折旧率为

$$i = \frac{D}{K_0 - L} \times 100\% = \frac{K_0 - L}{(K_0 - L) T} \times 100\% = \frac{1}{T} \times 100\%$$

式中　K_0——装备的原始价值;

L——装备的残值;

T——装备的折旧年限。

例 9.2　某装备的原始价值为 5000 元,残值为原值的 10%,使用年限为 5 年,则该装备的年折旧额为

$$D = \frac{5000 - 5000 \times 10\%}{5} = 900 \text{ 元}$$

年折旧率为

$$i = \frac{1}{5} \times 100\% = 20\%$$

直线折旧法的特点是每年的折旧额相同,剩余价值随时间直线下降,如图 9-2 所示。

直线折旧法计算方便,但是存在两点不足:一是没有考虑资金的时间价值,是静态的反映;二是没有考虑技术磨损,因此有一定片面性。

2. 加速折旧法

加速折旧法适用于技术发展快速的情况,采取加速折旧法,有利于装备的尽早更新换代。常用的加速折旧法有年数和折旧法、余额递减法与双倍余额递减法 3 种。

1)年数和折旧法

该方法是常用的一种加速折旧法,装备的大部分价值在其寿命的前 1/3 时间内会被核销掉。

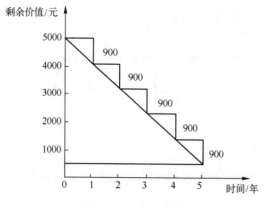

图 9-2　直线折旧法

第 t 年的折旧额为

$$D_t = \frac{T+1-t}{\sum\limits_{j=1}^{T} j}(K_0 - L) = \frac{2(T+1-t)}{T(T+1)}(K_0 - L)$$

式中　$(T+1-t)$——剩余的使用期(剩余寿命);

$\sum\limits_{j=1}^{T} j$——使用年数的总和。

对应第 t 年的折旧率为

$$i_t = \frac{2(T+1-t)}{T(T+1)} \times 100\%$$

仍然采用例 9.2 的数据,可计算出各年的折旧额和折旧率,如表 9-1 所列。

表 9-1　年数和折旧法计算各年的折旧额和折旧率　　　　　　单位:元

年份/年	年折旧率	折旧额	年末剩余价值
1	0.3333	1500	3500
2	0.2667	1200	2300
3	0.2	900	1400
4	0.1333	600	800
5	0.0667	300	500
合计	1	4500	—

年数和折旧法的特点是各年的折旧额下降速度先快后慢,剩余价值随时间变化趋势如图 9-3 所示。

2)余额递减法

余额递减法又称定率法,即每年的折旧率保持不变。随着装备的剩余价值的逐渐减少,每期提取的折旧额也逐步减少。

假设折旧率为 i,第 1 年的剩余价值为:

$$L_1 = K_0 - K_0 i = K_0(1-i)$$

第 2 年的剩余价值为:

$$L_2 = L_1 - L_1 i = L_1(1-i) = K_0(1-i)^2$$

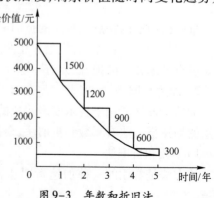

图 9-3　年数和折旧法

第 T 年的剩余价值为：

$$L_T = K_0 \left(1 - i\right)^T$$

由于第 T 年的剩余价值等于残值 L，所以，年折旧率为

$$i = 1 - T\sqrt{\frac{L}{K_0}}$$

第 t 年的折旧额为

$$D_t = L_{t-1}i = K_0 i \left(1 - i\right)^{t-1}$$

这种方法的特点是起始的折旧额高，逐年降低，装备使用年限越长，折旧额相对减少，比较符合实际。

仍然采用例 9.2 的数据，可计算出各年的折旧额和折旧率，如表 9-2 所列。

表 9-2　余额递减法计算各年的折旧额和折旧率

年份/年	年折旧率/%	折旧额/元	年末剩余价值/元
1	0.369	1845	3155
2	0.369	1164	1991
3	0.369	735	1256
4	0.369	463	792
5	0.369	292	500

余额递减法的特点是各年的折旧额下降速度先快后慢，剩余价值随时间变化趋势如图 9-4 所示。

3）双倍余额递减法

采用这种方法时，折旧率是按直线折旧法折旧率的 2 倍计算的，即

$$i = \frac{2}{T} \times 100\%$$

折旧额的计算公式与余额递减法相同。不同的是，为了保证最后能够把装备的折旧额分摊完，到一定年度 T_g 后，改用直线折旧法，则

$$T_g = \begin{cases} \dfrac{T+3}{2} & T\ 为奇数时 \\[2mm] \dfrac{T+4}{2} & T\ 为偶数时 \end{cases}$$

双倍余额递减法的年折旧率为

$$i = \begin{cases} \dfrac{2}{T} \times 100\%, & 当\ t < T_g\ 时 \\[3mm] \dfrac{1}{T - T_g + 1} \times 100\%, & 当\ t \geqslant T_g\ 时 \end{cases}$$

第 t 年的折旧额为

$$D_t = \begin{cases} K_0 i \left(1 - i\right)^{t-1}, & 当\ t < T_g\ 时 \\[3mm] \dfrac{K_0 \left(1 - i\right)^{T_g-1} - L}{T - T_g + 1}, & 当\ t \geqslant T_g\ 时 \end{cases}$$

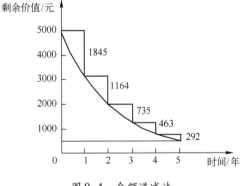

图 9-4　余额递减法

仍然采用例9.2的数据,可计算出各年的折旧额和折旧率,如表9-3所列。

表9-3 双倍余额递减法计算各年的折旧额和折旧率

年份/年	年折旧率/%	折旧额/元	年末剩余价值/元
1	0.4	2000	3000
2	0.4	1200	1800
3	0.4	720	1080
4	0.5	290	790
5	0.5	290	500

年末剩余价值随时间变化趋势如图9-5所示。

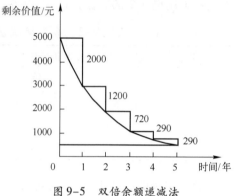

图9-5 双倍余额递减法

3. 各种折旧方法的比较

从以上介绍的4种折旧方法可以看到:

(1)直线折旧法的年折旧额是逐年相同,而年数和折旧法、余额递减法和双倍余额递减法的年折旧额是起始折旧额高,以后逐年减少。前几年年数和折旧法的折旧额比双倍余额递减法小,后几年的折旧额比双倍余额递减法大。

(2)直线折旧法、余额递减法和双倍余额递减法的折旧率分别是一个常数,而年数和折旧法的折旧率是逐年减小。

(3)直线折旧法和年数和折旧法计算折旧额的基础不变,都是装备原值减去残值,而余额递减法和双倍余额递减法计算年折旧额的基础是上一年的剩余价值。

9.3 装备的寿命及其分析

9.3.1 装备的寿命形态

装备的多种磨损形式决定其寿命具有三重形态,即自然寿命、技术寿命和经济寿命,三重寿命形态共同决定了装备使用寿命。

1. 自然寿命

装备的自然寿命也称物理寿命,是指装备在规定的使用条件下,从列编开始到因有形磨损导致不能继续使用为止的持续时间,常用工作时间或日历时间等来表征。装备的自然寿命是其自身固有的属性,由装备可靠性、维修性、保障性以及使用等因素共同决定和表征。它主要受有形磨损的影响,是根据可靠性和安全性原则确定的寿命。一般来说,装备在生产出来,并规定了存储、使用等条件后,其自然寿命就基本上确定了。例如某台装备生产出来后规定其使用寿命为10年,则这里的10年指的就是该装备的自然寿命为10年。装备的使用寿命不可能超过自然寿命,但一般可通过正确使用、维修、储存及管理延长装备自然寿命。

2. 技术寿命

装备的技术寿命是指装备从列编开始到因技术磨损导致功能落后而退役所延续的时间。装备技术寿命主要由其所具有的技术水平决定,也同科技进步等外在因素有关,根据技术先进性原则确定。装备通过现代化改装、技术改造和设计模块化,可以有效地延长其技术寿命,但技术寿命不可能超过自然寿命。比如,美军的 B – 52 轰炸机从 1955 年交付使用,现在仍然是美军战略轰炸主力,美国空军计划让 B – 52 服役至 2050 年,使得服役时间高达 90 年。之所以 B – 52 轰炸机能够服役如此长的时间,这与对它进行的多次现代化技术改造和改型密不可分,它先后发展了 A ~ H 等 8 种机型,使其技术寿命得到了有效的延长。

3. 经济寿命

装备的经济寿命是指装备从列编开始到因经济权衡结果而退役所延续的时间。它是从经济角度看装备最合理的使用期限。一台装备若已经到了继续使用在经济上不合算,或者进行维修或现代化改装的费用太大时,其经济寿命也就到了终点。对于前一种情形,可以认为是经济性无形磨损的直接结果;而后一种情形则是由于有形磨损导致的装备维修费用过高,是有形磨损的直接结果,因此,可以说,经济寿命是由有形磨损和无形磨损共同决定的。

4. 服役年限

装备的服役年限是指从装备列编到退役为止所经历的工作时间或使用年限,即指装备在按照规定进行使用、维修和保管的条件下允许用于执行任务的规定时限(不同装备可用不同的时间单位来表示)。装备服役年限的确定,是装备管理工作中一项重要的技术经济基础性工作,也是我军装备管理上的一个重要问题。

装备服役年限的确定,是在考虑装备安全性、可靠性前提下,由技术先进性和经济可行性原则确定的。它受制于其自然寿命、技术寿命和经济寿命中的最短者,自然寿命决定了装备的安全性和可靠性,技术寿命决定了装备的技术先进性,而经济寿命则决定了装备继续使用的经济可行性。装备寿命的合理利用取决于这三重形态寿命是否均衡配置,即这三重形态寿命越接近,装备的寿命使用也越充分。合理地确定寿命的服役年限,迫切需要重视装备三重形态寿命的均衡配置,即从安全、技术、经济的角度出发确定装备的最佳更新时期。比如,某产品技术寿命预测为 5 年,则在产品设计的时候,不宜让产品的自然寿命超过 5 年,如果自然寿命设计得过大,则会形成资源浪费;同样,经济寿命也应接近 5 年,不宜少于 5 年,以充分发挥产品的自然寿命,这意味着在产品的投资费和使用维修费之间寻求均衡,以实现理想的经济寿命。

9.3.2 装备经济寿命的确定

1. 研究思路

装备经济寿命是从经济角度看装备最合理的使用期限。对于武器装备,由于与生产设备不同,难以从经济效益方面来确定经济寿命,因而,采用年值法(AC)求其经济寿命较为合适,这样,研究经济寿命问题实质就是找出装备年平均费用最低的年份。

装备的投资可分为一次性投资(购置费用)和重复性投资(使用维修费用),装备使用的年限越长,年分摊的购置费用就越低,购置费的年分摊随使用时间单调递减,因此,仅从这一点来看,装备使用时间越长越好。但是,随着使用年限的增长,装备磨损加快,使用维修费用迅速增加,年分摊使用维修费用也随之增加,因此,以上两项费用年分摊值叠加就存在着一个年分摊总费用最低的年份,这样,装备从部署使用到该年份经历的期限即为装备的经济寿命,如图9-6所示。

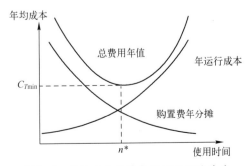

图 9-6　年均成本与装备使用时间的关系

2. 数学模型

设年分摊购置费用为 C_1，年分摊使用维修费用为 C_2，年分摊总费用为 C_T，用年成本法就是要找到 $\min_n C_T(n)$ 对应的年份，记为 n^*。根据不同情况可分为低劣化数值法和最小年费用法。

1）低劣化数值法

（1）不考虑时间价值情况。随着装备使用时间的增加，装备有形磨损和无形磨损加剧，使装备使用年维护费用增加。将装备使用维修费用的年平均递增额定义为装备的低劣化值 λ，则 n 年内年分摊使用维修费用为

$$C_2 = \frac{\lambda + 2\lambda + \cdots + n\lambda}{n}$$

$$= \frac{\lambda}{n}(1 + 2 + \cdots + n)$$

$$= \frac{1+n}{2}\lambda$$

设装备的原值为 K_0，n 年后的残值为 K_L，则年分摊购置费用为

$$C_1 = \frac{K_0 - K_L}{n}$$

年分摊总费用为

$$C_T = C_1 + C_2 = \frac{1+n}{2}\lambda + \frac{K_0 - K_L}{n}$$

为求得 $\min_n C_T(n)$，令 $\dfrac{\mathrm{d}C_T}{\mathrm{d}n} = 0$，可得经济寿命为

$$n^* = \sqrt{\frac{2(K_0 - K_L)}{\lambda}} \tag{9-15}$$

（2）考虑时间价值情况。在这种情况下有

$$C_2 = \left(\lambda(P/F, i, 1) + 2\lambda(P/F, i, 2) + \cdots + n\lambda(P/F, i, n)\right)(A/P, i, n)$$

$$= \lambda \frac{i(1+i)^n}{(1+i)^n - 1} \sum_{j=1}^{n} \frac{j}{(1+i)^j}$$

$$C_1 = K_0(A/P, i, n) - K_L(A/F, i, n)$$

$$= K_0 \frac{i(1+i)^n}{(1+i)^n - 1} - K_L \frac{i}{(1+i)^n - 1}$$

$$C_T = C_1 + C_2 = \lambda \frac{i(1+i)^n}{(1+i)^n - 1} \sum_{j=1}^{n} \frac{j}{(1+i)^j} + K_0 \frac{i(1+i)^n}{(1+i)^n - 1} - K_L \frac{i}{(1+i)^n - 1}$$

$$\tag{9-16}$$

C_T 最小时，得到的 n 即为装备的经济寿命。

例 9.3 若装备原始价值 $K_0 = 8000$ 元，预计残值 $K_L = 800$ 元，年运行成本劣化值 $\lambda = 300$ 元/年，假设年利率为 10%，求装备经济寿命。

解：若不考虑时间价值，则

$$n^* = \sqrt{\frac{2(8000 - 800)}{300}} = 6.9282(\text{年}) \approx 7 \text{ 年}$$

若考虑时间价值,则 n 取不同值时对应的 C_T 如表 9-4 所列,可见,当 $n=7$ 时,出现了年费用最小值,故 $n^*=7$ 年。图 9-7 中绘制出了 n 取不同值时 C_T、C_1、C_2 的变化趋势图,从图中也能看出经济寿命为 7 年。

表 9-4 不同使用年限对应的年费用值   单位:元

n	1	2	3	4	5	6	7	8
C_T	7508	4056.1	3005.4	2554.9	2344.5	2254.1	2232.3	2253.3

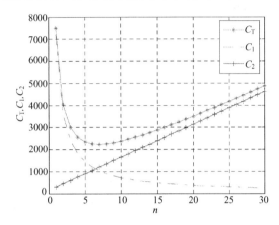

图 9-7 年分摊总费用、年分摊购置费用、年分摊使用维修费用与使用年限的关系图

2) 最小年费用法

如果装备的年低劣化值不呈线性增长,则以同类型装备的统计资料为依据,分析计算其年度使用维修费用,仍进行年分摊法,采用最小年费用法来确定装备的经济寿命。费用现金流量如图 9-8 所示。

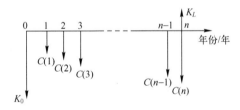

图 9-8 费用现金流量图

各种参数含义与低劣化数值法相同,则可得如下结果。

① 年分摊购置费用:

$$C_1 = K_0(A/P,i,n) - K_L(A/F,i,n)$$

$$= K_0 \frac{i(1+i)^n}{(1+i)^n - 1} - K_L \frac{i}{(1+i)^n - 1}$$

② 年分摊使用维修费用:

$$C_2 = (C(1)(P/F,i,1) + C(2)(P/F,i,2) + \cdots + C(n)(P/F,i,n))(A/P,i,n)$$

$$= \frac{i}{(1+i)^n - 1} \sum_{j=1}^{n} C(j)(1+i)^{n-j}$$

③ 年分摊总费用：

$$C_T = C_1 + C_2 = K_0 \frac{i(1+i)^n}{(1+i)^n - 1} - K_L \frac{i}{(1+i)^n - 1} + \frac{i}{(1+i)^n - 1} \sum_{j=1}^{n} C(j)(1+i)^{n-j}$$

(9-17)

C_T 最小时，得到的 n 即为装备的经济寿命。

例 9.4 某型飞机购置费为 500 万元，年利率为 10%。

（1）第 1 年的使用维修费为 50 万元，第 2 年开始每年递增 5 万元，第 11 年开始每年递增 7 万元，残值为 0 元，求其经济寿命；

（2）若采用表面工程技术保持年使用维修费用 50 万元不变，自然寿命为 48 年，经济寿命能否达到 48 年，试分析之。

解：（1）按公式分别求得 C_1、C_2、C_T 值，如表 9-5、图 9-9(a)所示，得到第一种情况的经济寿命为 16 年。

（2）对于第二种情况，C_1、C_2、C_T 变化情况如表 9-6、图 9-9(b)所示，C_2 为常数，C_1 是随 n 的增大而单调减小的，因此，C_T 也是随 n 的增大而单调减小的，这样，必然不存在年分摊总费用最小的使用年限，所以可认为 $n^* \to \infty$，如前所述，飞机的经济寿命上限等于自然寿命，此时达到了一种理想的境地。此时的经济寿命随自然寿命的延长而延长，自然寿命为 48 年时经济寿命也是 48 年，这意味着装备的自然寿命能够充分发挥，不会因为提前到达经济寿命而退役。

表 9-5 年使用维修费用增长时经济寿命的计算

n	1	3	5	6	8	10	12	14	15	16 *	17
C_1	550.00	201.06	131.90	114.80	93.72	81.37	73.38	67.87	65.74	63.91	62.33
C_2	50.00	54.68	59.05	61.12	65.02	69.63	72.23	75.77	77.48	79.13	80.73
C_T	600.00	255.74	190.95	175.92	158.74	150.00	145.61	143.64	143.21	143.04	143.06

表 9-6 年使用维修费用不变时经济寿命的计算

n	1	3	6	10	18	20	24	32	40	48 *	50
C_1	550	201.06	114.80	81.37	60.97	58.73	55.65	52.49	51.13	50.52	50.43
C_2	50	50.00	50.00	50.00	50.00	50.00	50.00	50.00	50.00	50.00	50.00
C_T	600	251.06	164.80	131.37	110.97	108.73	105.65	102.49	101.13	100.52	100.43

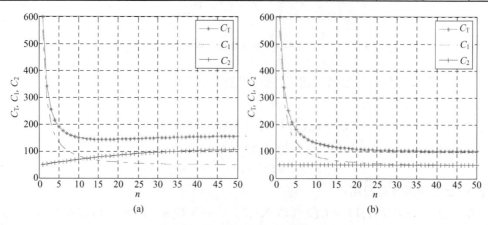

图 9-9 两种情况对应的费用曲线

(a) 年使用维修费用增长时；(b) 年使用维修费用不变时。

9.3.3　装备寿命的综合决策

一般来说,在不同装备寿命形态中,装备的技术寿命最短,经济寿命次之,自然寿命最长。如无限地利用装备的自然寿命,而不考虑其经济或技术寿命,会导致装备维修保障费用很高,军事效益偏低;装备的技术寿命较短,单纯据此进行更新决策,耗费极高,经济上无法承受,而且自然寿命潜力得不到充分利用,造成资源浪费。因而,孤立地依据装备的自然寿命、技术寿命或经济寿命进行装备更新决策,常常会顾此失彼,必须综合考虑装备各种寿命形态,制定科学的装备更新决策。

装备寿命的综合决策,就是综合分析装备的自然寿命、技术寿命和经济寿命,从国家军事战略需要、现有经济技术实力、装备性能质量要求等多方面权衡,确定装备更新时机和更新方式,进行科学合理的装备更新决策。

1. 综合决策流程

装备更新综合决策流程如图 9-10 所示。

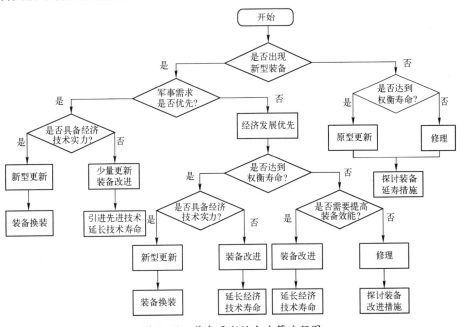

图 9-10　装备更新综合决策流程图

对于需要更新的装备,如果出现更高效能的新装备,首先考虑军事需求,即军事需求是否优先,再判断是否具备经济和技术实力,如果具备则进行新型装备更新,实现装备换装,否则进行少量更新或装备改进,引进先进技术,延长装备技术寿命;若经济发展优先,则看其是否达到"权衡寿命"(判断是否达到"权衡寿命",是装备更新决策系统分析的重点和难点。这里定义的装备的"权衡寿命",是指权衡了装备的自然寿命、经济寿命和技术寿命基础上给出的装备的寿命。后面将专门介绍装备"权衡寿命"的计算和确定方法)。再判断是否具备经济技术实力,如果具备则进行新型装备更新,实现装备换装,否则进行装备改进,延长装备的经济和技术寿命;若未达到"权衡寿命",再判断是否需要提高装备性能,如果需要则进行装备改进,延长装备技术寿命,否则进行修理,探讨装备改进措施。如果没有新型同等功能的装备出现,则看其是否达到"权衡寿命",是则原型更新,否则进行修理,并探讨装备延寿措施。这样,便可以确定出装备的更新方式及时机。

为使装备的服役寿命更长,装备使用更加充分,对于一些技术寿命或经济寿命到期,但远达不到自然寿命的装备,可以通过技术改造延长其经济寿命和技术寿命。比如采用表面工程等新技术,可以有效地补偿飞机的磨损,减缓飞机的老化,使飞机使用维修费用的增长幅度较小,从而延长经济寿命。当装备的技术含量处于劣势时,可采取一定措施弥补其不足,使装备功能增强,性能提高,实现延长装备技术寿命的目的。如美军的 F – 16 战斗机,1978 年底开始装备部队,至今依然是空军的主要机种。其所以能够青春常在,主要是因为 20 世纪 90 年代美军不断对它进行技术改进,如加装模块任务计算机、环形激光陀螺惯性导航系统、全球定位系统接收器、夜间攻击系统等,使飞机作战性能保持先进;同时,延长飞机机体结构寿命,使其服役时间至少可到 2020 年,以待新一代的 F – 35 服役。

图 9–10 所示的决策流程中,有 7 处 5 种情况需要进行计算判断,即是否出现新型装备、军事需求是否优先、是否具备经济技术实力、是否达到"权衡寿命"与是否需要提高效能。在这 5 种情况中,是否出现新型装备、是否具备经济技术实力判断相对容易,而其他 3 种情况的判断就相对复杂一些。下面介绍装备"权衡寿命"的计算和确定方法。

2. 装备权衡寿命

武器装备随着使用年限的增加,磨损和老化程度将会越来越严重,系统的故障率也会增多,装备效能逐渐降低。若单从经济角度考虑费用最小是不全面的,应考虑到效能随时间递减性,尽管费用不算高,但由于效能指数很低,也要更新。因此,应该综合考虑经济寿命和装备的效能情况,对装备的寿命进行衡量。装备的"权衡寿命"定义为:装备年平均费用与该年装备效能的比值为最小的年份,即为权衡寿命。

设装备的权衡寿命是 N_q 年,用 AC_N 表示该装备使用 N 年的年平均使用成本,E_N 表示该装备该年的效能,则 AC_N 与 E_N 的比值应满足如下条件:

$$\begin{cases} \dfrac{AC_N}{E_N} \leqslant \dfrac{AC_{N-1}}{E_{N-1}} \\ \dfrac{AC_N}{E_N} \leqslant \dfrac{AC_{N+1}}{E_{N+1}} \end{cases}$$

由于装备的效能值反映了装备的自然寿命和技术寿命,年成本值表示经济寿命,二者之比作为综合权衡寿命,故"权衡寿命"综合了装备的自然、技术、经济三重寿命。

1）效能

在目前的装备效能研究中,通常把效能看作装备的一个固有属性,比如 ADC 法。但是,如果使用若干年后的装备与同样的新装备的效能都定为同一数值,无法体现新旧装备的差别,因此应当能把效能看作一个随时间变化的变量,这是自然磨损引起的效能下降。

在评定效能时,往往需要选取某型武器装备为参考装备(效能设定为 1),其他装备与之比较得到效能指数值,效能指数是一个相对值。随着时间的增长,技术在不断进步,生产水平和工艺水平都不断提高,未来装备的效能肯定会提高到一个更高的水平。这使现役装备比较起来相对落后,有些指标不能满足现代作战的需要,使其效能有所下降。因此,装备的效能还因技术磨损而下降。

根据对各种装备效能指数的计算和统计,其模型可近似用指数形式表示:

$$E_{t_1} = E_0 \mathrm{e}^{-\lambda_1(t_1 - t_0)} \tag{9–18}$$

式中　E_{t_1}——第 t_1 年开始装备部队时装备的当时效能指数值;

　　　E_0——第 t_0 年研制成功时武器装备的效能指数值;

λ_1——技术发展系数,其为正值;

t_0——装备研制成功时的年份;

t_1——装备使用时的年份。

可见,随着装备开始使用时间的推移,装备的效能值呈负指数下降;λ_1越大,说明技术发展越快,装备的效能值下降得越快,技术磨损也越严重。

武器装备经过部队常年使用,不断磨损、老化等,使其有些战术技术指标有所下降,这些因素损耗也会引起装备效能指数降低。特别到了损耗期后,其故障率增多,可用度明显降低,直接影响其效能。因此效能的时效性既要考虑技术水平因素(技术寿命),又要考虑损耗性(自然寿命)。武器装备经使用后,其效能模型为

$$E_t = E_{t_1}e^{-[(\lambda_1+\lambda_2)(t-t_1)]} \tag{9-19}$$

式中 E_t——第 t_1 年开始装备部队,使用到第 t 年时装备的效能指数值;

λ_2——效能损耗系数,其为正值。

可见,随着装备使用时间的增加,装备同时受技术磨损和自然磨损,其效能值呈负指数下降。λ_1表示技术磨损的影响程度,λ_2表示自然磨损的影响程度。

综合上述两个公式,得到装备使用第 N 年的效能指数值为

$$\begin{aligned}E_N &= E_t e^{-[(\lambda_1+\lambda_2)(t_n-t_1)]}\\ &= E_0 e^{-\lambda_1(t_1-t_0)}e^{-[(\lambda_1+\lambda_2)(t_n-t_1)]}\\ &= E_0 e^{-\lambda_1(t_n-t_0)}e^{-\lambda_2(t_n-t_1)}\end{aligned} \tag{9-20}$$

式中:t_n 为装备研制成功到第 n 年的年份。显然,$N = t_n - t_1$。

例 9.5 某装备 1980 年研制成功,1985 年装备部队,设 $E_0 = 100$,$\lambda_1 = 0.01/$年,$\lambda_2 = 0.005/$年,试分析装备效能随年度变化情况。

根据式(9-18)计算装备在 1985 年的效能,得

$$E_{t_1=1985} = E_0 e^{-\lambda_1(1985-1980)} = 100e^{-0.01(1985-1980)} = 95.12$$

根据式(9-19)或式(9-20),得使用到 1995 年时其效能为

$$E_{t_n=1995} = E_{t_1=1985}e^{-[(\lambda_1+\lambda_2)(1995-1985)]} = 95.12e^{-[(0.01+0.005)(1995-1985)]} = 81.87$$

根据式(9-18),可得这种装备在 1995 年的新装备(未使用)的效能为

$$E_{t_1=1995} = E_0 e^{-\lambda_1(1995-1980)} = 100e^{-0.01(1995-1980)} = 86.07$$

显然,$E_{t_n=1995} < E_{t_1=1995}$。

式(9-20)考虑到了装备的使用情况,其中 E_0、λ_1、λ_2 可由专家评定得到,对不同武器装备 E_0、λ_1、λ_2 数值会有所差异。

结合例 9.5,将效能式(9-18)~(9-20)绘制到图 9-11 中,曲线 A 表示第 t 年开始装备部队当时的效能曲线。曲线 B 表示第 t_1 年开始装备部队,其效能随时间的关系曲线。很显然,使用了 $t_n - t_1$ 年后的效能小于第 t_n 年开始装备部队时的效能,即 $E_A > E_B$。

2) 平均年费用

假设某武器装备在第 t_1 年开始装备,其购

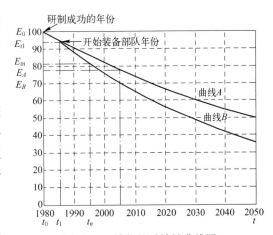

图 9-11 效能的时效性曲线图

置费为 K_0，连续 n 年的装备维修费用分别为 $C(j)(j=1,2,\cdots,n)$，平均折现率为 i，残值为 K_L，则根据式(9-17)，购置费、维修费、残值的年均消耗费用为

$$AC_N = K_0 \frac{i(1+i)^n}{(1+i)^n-1} - K_L \frac{i}{(1+i)^n-1} + \frac{i}{(1+i)^n-1} \sum_{j=1}^{n} C(j)(1+i)^{n-j}$$

3. 应用示例

例9.6 假设某装备 1980 年研制成功，由专家评定得到 $E_0=100$，$\lambda_1=0.01$/年，$\lambda_2=0.005$/年，某部队在 1985 年装备了该装备，购置费为 2.5 亿元，各年的维修费如表 9-7 所列，不考虑残值。试计算在平均折现率 $i=0.05$ 的情况下装备的更新时间。

解：根据上面介绍的公式进行效能、年均费用以及费效比的计算。具体计算结果如表 9-7 和图 9-12 所示。

表 9-7 数据计算结果

年份/年	年维修费/千万元	年均费用/千万元	平均效能	费效比
1	0.2	26.45	93.707	0.282263
2	0.4	13.743	92.312	0.148876
3	0.6	9.5737	90.937	0.105278
4	0.8	7.5381	89.583	0.084147
5	1.0	6.3549	88.25	0.07201
6	1.2	5.597	86.936	0.064381
7	1.4	5.0815	85.642	0.059334
8	1.6	4.7169	84.366	0.05591
9	1.8	4.4524	83.11	0.053572
10	2.0	4.2574	81.873	0.052
11	2.2	4.1126	80.654	0.050991
12	2.4	4.005	79.453	0.050407
13	2.6	3.9257	78.27	0.050156 *
14	2.8	3.8683	77.105	0.050169
15	3.0	3.828	75.957	0.050397
16	3.2	3.8015	74.826	0.050805
17	3.4	3.7859	73.712	0.051361
18	3.6	3.7793 *	72.615	0.052046
19	3.8	3.78	71.534	0.052842
20	4.0	3.7867	70.469	0.053736
21	4.2	3.7982	69.42	0.054713
22	4.4	3.8139	68.386	0.05577
23	4.6	3.8328	67.368	0.056893
24	4.8	3.8546	66.365	0.058082
25	5.0	3.8786	65.377	0.059327

可见，只考虑经济寿命时，年均费用最低的年份为 18 年，而采用本模型计算可知，费效比最低的年份为 13 年，即最佳更新时间为 13 年。

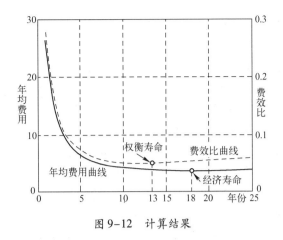

图 9-12 计算结果

由以上讨论可以得到两点结论。

（1）从经济寿命角度考虑,武器装备一旦到了更新时间,并不是"装备使用越长越合算",否则,省下来年均购置费抵消不了维修费用。

（2）从权衡寿命角度考虑,若单从经济角度考虑费用最小是不全面的,应考虑到效能随时间递减性,尽管费用不算高,但由于效能指数很低,也要更新。

因此,装备的权衡寿命在计算效能时,考虑了装备的自然磨损和技术磨损,在计算年均费用时,充分考虑了装备的经济磨损,因此,权衡寿命综合了自然寿命、技术寿命和经济寿命,可作为装备更新的主要依据之一。

9.4　装备大修的经济性分析

9.4.1　装备大修的概念及特点

在实践中,通常把保持装备在平均寿命期限内完好使用状态而进行的局部更换或修复工作叫做维修。维修的目的是消除装备的经常性的有形磨损和排除运行遇到的各种故障,以保证装备在其寿命内保持必要的战术技术性能,发挥正常的效用。

按维修深度和时机,维修工作可分为日常维护、小修、中修和大修等几种形式。

日常维护是指与拆除和更换装备中被磨损的零部件无关的一些维修内容,如装备的润滑与保洁,定期检验或调整,消除部分零部件的磨损等等。

小修是工作量最小的计划修理,是对装备使用中的一般故障和轻度损坏进行的调整、修复或更换个别零件的修复工作,其性质属于装备的运行性修理。

中修是对装备主要系统、部件进行的恢复性能的修理。其内容有:更换或修复部分不能用到下次计划修理的磨损零件,通过修理、调整,使规定修理部分基本恢复到出厂时的功能水平以满足使用要求,修理后应保证装备在一个中修间隔期内正常使用。其性质属于装备的平衡性修理。

大修是工作量最大的一种计划修理,它是在原有实物形态上的一种局部更新。它是将装备全部解体,修理基准件,更换或修复所有不符合要求的零部件,全面消除缺陷,恢复装备原有性能,达到新品标准或规定的大修出厂标准。其性质属于装备的全面恢复性修理,即全面解体装备,更换或修复所有不符合技术标准和要求的零部件,消除缺陷,使装备达到或接近新品标准或规定的技术性能指标。各类装备的有关条例和技术文件对其修理类别、修理周期和修理内容都有明确规定。

大修是维修工作中规模最大、花钱最多的一种装备维修方式,在对装备进行大修决策时,必须同装备更新以及装备其他再生产方式相比较。在做大修决策时,还应注意以下情况。

① 尽管要求大修后的装备达到出厂水平,但实际上大修过的装备不论从战术技术性能方面,还是从使用中的技术故障频率、有效使用时间等方面,都比同类型的新装备逊色,其综合质量会有一定程度的降低。图 9-13 中 OA 线表示装备的标准性能线,而装备在实际使用过程中,其性能是沿 AB_1 线所示的趋势下降的。如不及时修理仍继续使用,寿命一定很短。如果在 B_1 点所对应的时刻上进行一次大修理,装备的性能可能恢复到 B 点上。自 B 点起进行第二个周期的使用,其性能又继续劣化。当降至 C_1 点时,又进行第二次的大修。其性能可能恢复至 C 点。这样再一次大修后的性能又可能恢复到相当程度,一经使用又会下降,最终降至 G 点。这时装备在技术上已不存在再进行修理的可能性了。把图中 ABCDEF 各点连接起来,就形成一条曲线。这条线反映了装备在使用过程中的综合质量劣化趋势,从这条曲线所呈现的现象也可以看出,装备大修并非无止境的。

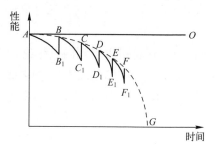

图 9-13　大修后装备综合质量劣化曲线

② 随着装备使用时间的延长,大修的周期会越来越短。例如,新装备投入使用到第一次大修的间隔假定为 10~12 年,那么第二次大修的间隔期就可能为 9~10 年,而第三次大修的间隔期可能降到 6~8 年。也就是说,大修间隔期会随着修理次数的增加而缩短,从而也使大修的经济性逐步降低。

装备各组成部分长期使用而积累起来的有形磨损引起了上述规律的变化,但在装备平均寿命期限内,进行适度的维修工作,包括大修在内,往往在经济上是合理的。因为修理能够利用原有装备中保留下来的零部件。这部分比重越大,修理工作就越具有合理性。这正是修理之所以能够存在的经济前提。但是,这个前提是有条件的,如果装备长期无止境地修理,一方面维修中所利用被保留下来的零部件越来越少,另一方面大修所需的费用越来越高,大修在经济上的优越性就可能不复存在了。这时,装备将被整体更新取代。总之,装备是否应该大修,经济性是一个必须考虑的重要因素。

9.4.2　确定合理的大修时限的原则

1. 可靠性

合理的大修时限必须使装备在大修时限到达之前保持足够的可靠性水平,这种可靠性水平一般用可靠度、故障率或者任务可靠度表示。

假设装备在 t 时是完好的,这时的可靠度为 $R(t)$,在下一次任务时间结束时的可靠度为 $R(t+\Delta t)$,其中 Δt 为任务剖面时间,根据条件概率的定义,装备在未来 Δt 时间的任务可靠度为

$$R(t+\Delta t \mid t) = \frac{R(t+\Delta t)}{R(t)} = \frac{e^{-\int_0^{t+\Delta t}\lambda(t)\,dt}}{e^{-\int_0^t\lambda(t)\,dt}} = e^{-\int_t^{t+\Delta t}\lambda(t)\,dt}$$

因为 Δt 很小(装备任务时间相对装备累积使用时间很小),可以认为任务时间内 $\lambda(t)$ 没

有变化,所以 $R(t+\Delta t\,|\,t)\approx \mathrm{e}^{-\lambda(t)\Delta t}$。

对于给定的临界任务可靠度 ΔR_0,如果新装备累积使用时间或装备大修后重新使用的累积时间为 T_i,任务可靠度满足下式:

$$R(T_i+\Delta T\,|\,T_i)=\Delta R_0$$

那么,装备的可靠大修时限就是 T_i。

只要系统的任务可靠度不低于临界任务可靠度,装备就不必因为这些系统的可靠性下降而大修。如果装备的任务可靠度明显地持续下降,说明装备已经开始"衰老",需要大修了。

例 9.7 某机载设备的耗损寿命符合正态分布。平均耗损寿命为 1000h,标准差为 200h,要求在 4h 任务时间内,保证任务可靠度不低于 0.9959988,假设机载设备 t 时刻的可靠度近似于 1,该设备的大修时限是多少?

解:故障率函数为

$$\lambda(t)=\frac{f(t)}{R(t)}$$

式中

$$f(t)=\frac{1}{\sqrt{2\pi}\,\sigma}\mathrm{e}^{-\frac{(t-\mu)^2}{2\sigma^2}}$$

由于

$$R(t+\Delta t\,|\,t)\approx \mathrm{e}^{-\lambda(t)\Delta t}\Rightarrow \mathrm{e}^{-\lambda(t)\Delta t}=\Delta R_0$$

由于机载设备的 $R(t)\approx 1$,故 $\lambda(t)\approx f(t)$,从而有

$$\mathrm{e}^{-f(t)\Delta t}=\Delta R_0$$

可解得 $f(t)=0.001$。

从而,可求得对应的 t 为 765h(取两个解中较小的一个)。故考虑临界任务可靠度时,设备的大修时限应为 765h。

2. 安全性

装备的安全性是指装备发生人身安全事故及其潜在危险的可能性,安全性用与装备安全相关的故障率来衡量,合理的大修时限必须保证在大修时限到达前这种故障率控制在足够低的水平。应对这种故障率制定一个合理的控制指标。在美国民航适航性要求中,规定了各种不同等级的系统的允许故障率。以机载设备为例,对飞机安全产生灾难性影响的故障,其故障率不超过 $10^{-9}/\mathrm{h}$;导致危险性影响的故障,其故障率应不超过 $10^{-7}/\mathrm{h}$;对安全有重大影响的故障,其故障率为 $10^{-5}/\mathrm{h}$;对安全影响轻微的故障,其故障率为 $10^{-3}/\mathrm{h}$。这里的允许故障率定高了当然不允许,定得太低,从价值工程的观点看没有必要。故障率降低一个数量级,成本大幅度上升,所以片面追求高指标也并不总是可取的。

3. 经济性

大修时限的长短,不仅要考虑大修的经济性,还要考虑装备在购置、使用、维修全过程的经济性。不仅要考虑修理费用本身,还要考虑装备维修时停用造成的经济损失。

合理的大修时限应使装备的经济性最好。对军用飞机来说,建议用下一个大修时限内的大修期间维修总费用与利用率的比值来衡量经济性,即

$$经济性=\frac{本次大修费用+下一大修期间维修总费用}{利用率}$$

这个比值越小越好。

另一方面,大修时限的经济性还可以用全寿命维修费用来衡量,最佳经济大修时限使寿命周期费用最小。

随着装备大修时限的延长,大修次数就会减少,装备的工厂大修费用也会减少,但同时会使外场维修费用增加。所以,存在一个最佳大修时限 T,使得装备的全寿命维修费用最小,如图9-14所示。

用全寿命维修费用确定最佳经济大修时限没有考虑使用效益,这是这种方法的一个缺陷。

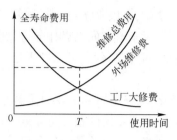

图9-14 最佳经济大修时限

9.4.3 装备大修的经济性分析

1. 装备大修的经济界限

如果一次大修的费用超过该种新装备的制造成本,这种修理显然是不合算的。因此,确定装备大修的经济界限为

$$R < K_n - L \qquad (9-21)$$

式中 R——一次大修费用;

K_n——当时该装备重置价值(新装备价值);

L——装备残值。

2. 装备大修间隔期的确定

如果装备在大修之后,战术技术性能与同种新装备没有区别的话,则式(9-21)对衡量大修的经济性是合理的。但实际情况未必如此,装备大修之后,常常缩短了到下次大修的间隔期,同时修理后的装备与新装备相比,故障多、停机时间长、使用维修费用增加,对装备使用单位时间成本有影响。

所以,装备大修的经济效果,取决于大修后装备与新装备使用单位时间成本之比例或两者之差,即

$$I = \frac{C_r}{C_n} \leqslant 1 \qquad (9-22)$$

$$\Delta C = C_n - C_r \geqslant 0 \qquad (9-23)$$

式中 I——大修后装备与新装备使用单位时间成本之比值;

C_r——所修装备运行单位时间所需成本;

C_n——新装备运行单位时间所需成本;

ΔC——新装备与修后装备单位成本之差。

下面再来确定新装备和大修后装备的运行单位时间成本。

装备在第 i 个修理间隔期内的单位成本可表达为

$$C_i = \frac{K_i}{Q_i} + \frac{C_{ei}}{Q_i} \qquad (9-24)$$

式中 C_i——第 i 个修理间隔期内的单位时间成本(元/天);

K_i——第 i 个修理间隔期装备的初始价值(元);

C_{ei}——第 i 个修理间隔期内装备的运行成本(元);

Q_i——第 i 个修理间隔期的天数(天)。

由式可知,单位时间成本是由分摊到单位时间上的装备价值 $\frac{K_i}{Q_i}$ 和运行成本 $\frac{C_{ei}}{Q_i}$ 两个部分组成的。

第一部分是分摊到单位时间上的装备价值 $\dfrac{K_i}{Q_i}$,它的分子 K_i 对每个使用周期来说都视为常数,它的分母 Q_i 是一个变量。因此,随着修理间隔周期 Q_i 的增长,分摊到单位时间的装备价值是按双曲线关系减少的,如图 9-15 所示。

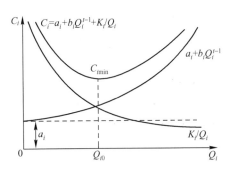

图 9-15 单位成本与修理周期的关系

第二部分是分摊到单位时间上的运行成本 $\dfrac{C_{ei}}{Q_i}$。它可以概括为两个部分,其一为不随修理周期而变化的运行成本 C;其二是随修理间隔期变化的运行成本,以 C' 表示,其值为 $C' = \dfrac{C'_i}{Q_i}$。这样,在装备的某个修理间隔期或使用期内,单位运行成本总和为

$$\frac{C_{ei}}{Q_i} = C + \frac{C'_i}{Q_i} \tag{9-25}$$

C'_i 值可通过统计资料来计算。分别确定组成装备的各种构件在修理间隔期内的耗损费用及消耗品费用,再除以周期 Q_i。也可通过经验公式计算,计算过程如下。

1)运行成本劣化值呈指数增长时

从经济角度分析,随着大修次数的增加,装备的运行费用和修理费用都会不断增加,装备不能无止境地进行大修。图 9-16 表示装备运行成本与大修间隔周期的关系。从图中可以看出,装备投入使用后,由于有形磨损,运行费用呈指数增长,临近大修时达到最大值。装备大修后,各项性能指标都有不同程度的好转,运行费用将直线下降。第一次大修,运行费用由 B 降到 E,第二次大修由 C 降到 F,第三次大修由 D 降到 G。大修之后的运行费用,又逐渐增加,一经修理,又开始下降。尽管每次大修之后,运行费用是直线下降的,但后次大修与前次大修相比,这部分费用总是升高的,且修理间隔期越来越短。即 $P_3G > P_2F > P_1E > OA$,且修理间隔期 $Q_1 > Q_2 > Q_3$。

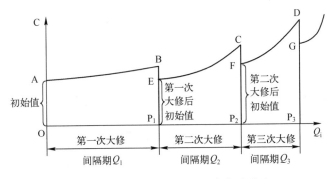

图 9-16 大修间隔期与运行成本的关系

第 i 个修理间隔期运行成本总值可通过经验公式计算:

$$C'_i = C_{ai}Q_i + b_iQ_i^t \tag{9-26}$$

式中 C_{ai}——第 i 个修理间隔期运行成本初始值(如图 9-16 中的 OA、P_1E、P_2F、P_3G);

b_i——第 i 个修理间隔期运行成本劣化值增长系数;

t——第 i 个修理间隔期运行成本劣化值增长指数,通常 $t > 1$,保证 $a_i + b_iQ_i^{t-1}$ 随 Q_i 递增。

式(9-24)可以写成

$$C_i = \frac{K_i}{Q_i} + a_i + b_i Q_i^{t-1} \qquad (9-27)$$

式中，$a_i = C + C_{ai}$。

为了找到装备在某一个修理周期内最小使用成本，对式(9-27)求导数并令其为零，即可求得最佳修理周期 Q_{i0}：

$$\frac{\mathrm{d}C_i}{\mathrm{d}Q_i} = \frac{-K_i + b_i(t-1)Q_i^t}{Q_i^2} = 0$$

$$Q_{i0} = \sqrt[t]{\frac{K_i}{b_i(t-1)}} \qquad (9-28)$$

将式(9-28)代入式(9-27)可求得在某个修理周期内最低使用成本公式：

$$C_{i\min} = a_i + \frac{t}{t-1}\sqrt[t]{b_i(t-1)K_i^{t-1}} \qquad (9-29)$$

上述公式的意义可以从图9-15表示出来。在使用周期 Q_{i0} 附近，装备单位成本取得最小值 $C_{i\min}$。

系数 b_i 与指数 t 是随装备的使用时间长短而不断变化的，对于全新的装备，b_i 与 t 的值都是较小的，这是因为新装备的运转经济性比较好，需要维修的项目和需要换件的结构都很少，而从式(9-28)可以看出，b_i 与 t 越小，则意味着修理周期越长；随着装备服役时间的延续，b_i 与 t 的取值会越来越大，b_i 与 t 越大，则意味着修理周期越短，因此，从装备的使用经济性与可靠性方面出发，都要求进行一定的修理。

2）运行成本劣化值呈线性增长时

装备在第 i 个修理间隔期内的单位成本为

$$C_{ei} = C_{ai}Q_i + \frac{Q_i(Q_i - 1)b_i}{2} \qquad (9-30)$$

式中　C_{ai}——第 i 个修理间隔期运行成本初始值（图9-16）；

　　　b_i——第 i 个修理间隔期运行成本劣化值增长系数。

式(9-24)可以写成

$$C_i = \frac{K_i}{Q_i} + C_{ai} + \frac{(Q_i - 1)b_i}{2} \qquad (9-31)$$

对式(9-31)求导数并令其为零，即可求得最佳修理周期 Q_{i0}。

$$\frac{\mathrm{d}C_i}{\mathrm{d}Q_i} = \frac{1}{2}b_i - \frac{K_i}{Q_i^2} = 0$$

求得

$$Q_{i0} = \sqrt{\frac{2K_i}{b_i}} \qquad (9-32)$$

即为运行成本劣化值呈线性增长时的最佳修理周期。

例9.8　假设某装备造价1000万元，运行成本劣化值呈指数增长，使用费用指数 $t=2$，费用系数 $b=1.2$。求修理间隔期 Q_0。

解：

$$Q_0 = \sqrt[2]{\frac{1000}{1.2 \times (2-1)}} = 28.87(年)$$

如果该装备使用 5 年后,价值降为 850 万元,费用系数 $b=2$,费用指数 $t=2.5$,则可求得

$$Q_0 = \sqrt[2.5]{\frac{850}{2 \times (2.5 - 1)}} = 9.57(\text{年})$$

所以,随着装备使用时间的增加,装备经济价值降低,修理的间隔期会逐渐缩短。现行的把装备服役寿命用两次中修平均分为 3 个修理(使用)间隔期的方法,从经济角度看是不合理的,应当采取不等间隔的间隔期。

全新的装备其价值较高,费用指数 b_i 比较低,这时可考虑较迟安排第一次中修时机,避免发生"拆坏机器而不是用坏机器"的现象。

9.5　装备现代化改装的技术经济分析

9.5.1　装备现代化改装的概念和意义

装备超过最佳使用期限之后,就存在更换问题。但更换存在如下两个问题:一是能否及时提供更换所需的新装备,二是旧装备一律更换是否必要或是否是最佳的选择。

一种装备从构思、设计、研制到成批生产,一般要经历较长的时间。随着技术进步的加快,这个周期在不断地缩短。例如,在发达的工业国家,从构思、设计、试制到商业性生产,在第二次世界大战前约需 40 年左右,战后,20 世纪 60 年代中期缩短到 20 年,70 年代缩短到 10 年,最快的仅 5 年,要按这个周期更换掉所有陈旧装备那是不可能的。装备的升级换代更是如此。

解决这个矛盾的有效途径是对现有装备进行现代化改装。所谓装备的现代化改装,是指应用现代的技术成就和先进经验,适应生产的具体需要,改变现有装备的结构(给旧装备换新部件、新装置、新附件),改善现有装备的技术性能,使之全部达到或局部达到新装备的水平。装备现代化改装是克服现有装备的技术陈旧状态,消除第二种无形磨损,促进技术进步的方法之一,也是提高装备作战效能和延长装备寿命的重要途径。如 B – 52H 战机是美国 1961—1962 年生产的,到 2000 年已使用 38 年。它仍是美军战略轰炸机的主要机种,该机经多次技术改造,具有精确制导、远距投射和直接攻击能力,其平均自然寿命到 1997 年还有 13000 飞行小时,每年平均 395 飞行小时,其服役期预计延长到 2030 年,较一般飞机服役期增大近一倍。在我军装备更新换代较慢的情况下,装备现代化改装起着特别重要的作用,目前我军的现代化改装工作也在逐步开展经济性分析论证。

现有装备通过现代化改装在技术上可能做到:

(1) 提高装备所有技术特性使之达到现代新装备的水平。

(2) 改善装备某些技术特性,使之局部达到现代新装备的水平。

(3) 使装备的技术特性得到某些改善。

在多数情况下,通过装备现代化改装使陈旧装备达到需要的水平,所需的投资往往比用新装备更换要少得多。因此,在很多情况下,装备现代化改装在经济上有很大的优越性。

9.5.2　装备现代化改装技术经济决策方法

装备现代化改装是广义装备更新的一种方式,因此,研究现代化改装的经济性应与装备更新的其他方法相比较。在一般情况下,与现代化改装并存的可行方案有:旧装备的继续使用,对旧装备进行大修,用相同结构新装备更换旧装备或用性能更先进、结构更好的新装备更新

旧装备。决策的任务就在于从中选择总费用最小的方案。

下面分别介绍几种常用的现代化改装的决策方法。

1. 最低总费用法

最低总费用法是通过分别计算各种方案在不同服务年限内的总费用,并加以比较,根据所需要的服务年限,按照总费用最低的原则,进行方案选择的一种方法。各种方案总费用的计算公式如下:

$$TC_0 = \frac{1}{\beta_0}\left[\sum_{j=1}^{n} C_{0j}r_j - V_{0L}r_n\right] \tag{9-33}$$

$$TC_n = \frac{1}{\beta_n}\left[\left(K_n + \sum_{j=1}^{n} C_{nj}r_j\right) - V_{00} - V_{0L}r_n\right] \tag{9-34}$$

$$TC_h = \frac{1}{\beta_h}\left[\left(K_h + \sum_{j=1}^{n} C_{hj}r_j\right) - V_{00} - V_{hL}r_n\right] \tag{9-35}$$

$$TC_m = \frac{1}{\beta_m}\left[\left(K_m + \sum_{j=1}^{n} C_{mj}r_j\right) - V_{mL}r_n\right] \tag{9-36}$$

$$TC_r = \frac{1}{\beta_r}\left[\left(K_r + \sum_{j=1}^{n} C_{rj}r_j\right) - V_{rL}r_n\right] \tag{9-37}$$

式中:TC_0、TC_n、TC_h、TC_m、TC_r 分别为继续使用旧装备、用原型装备更新、用新型先进装备更新、进行现代化改装和进行大修 5 种方案 n 年内的总费用;

K_n、K_h、K_m、K_r 分别为用原型装备更新、用新型先进装备更新、进行现代化改装和进行大修 4 种方案所需的投资;

C_{0j}、C_{nj}、C_{hj}、C_{mj}、C_{rj} 分别为继续使用旧装备、用原型装备更新、用新型先进装备更新、进行现代化改装和进行大修 5 种方案在第 j 年的运行成本;

V_{0L}、V_{nL}、V_{hL}、V_{mL}、V_{rL} 分别为旧装备、原型新装备、新型先进装备、现代化改装后的装备及大修后的装备到第 n 年的残值;

V_{00} 为原有旧装备在决策年份的可售价值;

β_0、β_n、β_h、β_m、β_r 分别为继续使用旧装备、用原型装备更新、用新型先进装备更新、进行现代化改装和进行大修 5 种方案的技术性能指数,可将 β_n 作为基准参数取 $\beta_n = 1$;

r_j、r_n 分别为第 j 年、第 n 年的现值系数,即

$$r_j = \frac{1}{(1+i_0)^j}, r_n = \frac{1}{(1+i_0)^n}$$

其中,i_0 是折现率。

例 9.9 假定各种更新方案各年分项费用的原始资料如表 9-8 所列,试选择最佳更新方案。假设折现率为 5%,旧装备在决策年份的可售价值为 1800 元。

解:对于旧装备继续使用方案:

$$\begin{cases} TC_0(1) = \dfrac{1}{0.75} \times [1400 \times 0.9524 - 1200 \times 0.9524] = 253.97 \\[2mm] TC_0(2) = \dfrac{1}{0.75} \times [1400 \times 0.9524 + 1800 \times 0.9070 - 600 \times 0.9070] = 3229 \\[2mm] TC_0(3) = \dfrac{1}{0.75} \times [1400 \times 0.9524 + 1800 \times 0.9070 + 2200 \times 0.8638 - 300 \times 0.8638] = 6143 \end{cases}$$

对于旧装备大修方案:

$$TC_r(1) = \frac{1}{0.98} \times [7000 + 700 \times 0.9524 - 6400 \times 0.9524] = 1603.5$$

对于原型新装备替换方案:

$$TC_n(1) = \frac{1}{1} \times [16000 + 450 \times 0.9524 - 1800 - 9360 \times 0.9524] = 5714.3$$

对于新型装备替换方案:

$$TC_h(1) = \frac{1}{1.3} \times [(20000 + 350 \times 0.9524) - 1800 - 11520 \times 0.9524] = 5816.8$$

对于旧装备现代化改装方案:

$$TC_m(1) = \frac{1}{1.2} \times [11000 + 550 \times 0.9524 - 9000 \times 0.9524] = 2460.3$$

表 9-8　各种更新方案的原始数据

方案 ＼ 数据值	投入	技术性能指数	n	1	2	3	4	5	6	7	8	9	10
旧装备继续使用	$K_0 = 0$	$\beta_0 = 0.75$	C_{0j}/元	1400	1800	2200							
			V_{0L}/元	1200	600	300							
旧装备大修	$K_r = 7000$	$\beta_r = 0.98$	C_{rj}/元	700	950	1200	1450	1700	1950	2200	2450	2700	2950
			V_{rL}/元	6400	5800	5200	4700	3800	3000	2200	1400	700	700
原型新装备替换	$K_n = 16000$	$\beta_n = 1$	C_{nj}/元	450	550	650	750	850	950	1050	1150	1250	1350
			V_{nL}/元	9360	8320	7280	6240	5200	4160	3120	2080	1300	1300
新型装备替换	$K_h = 20000$	$\beta_h = 1.3$	C_{hj}/元	350	420	490	560	630	700	770	840	910	980
			V_{hL}/元	11520	10240	8600	7250	5700	4700	4000	3000	2000	2000
旧装备现代化改装	$K_m = 11000$	$\beta_m = 1.2$	C_{mj}/元	550	680	810	940	1070	1200	1330	1460	1590	1720
			V_{mL}/元	9000	8000	6700	5700	4700	2700	2700	1700	1000	1000

当继续使用年数大于 1 时的计算过程和以上类似,最后计算出不同服务年限各方案的总费用,如表 9-9 所列。

表 9-9　各种方案的总费用

方案	继续使用年限/年									
	1	2	3	4	5	6	7	8	9	10
旧装备继续使用	253.97 *	3229 *	6143							
旧装备大修	1603.5	3334.3	5176.5 *	7031.8 *	9298.4	11537	13821	16142	18424	20294

（续）

方案	继续使用年限/年									
	1	2	3	4	5	6	7	8	9	10
旧装备现代化改装	2460.3	4070.3	5877.2	7436.9	8974.5 *	11111 *	11978 *	13442 *	14718 *	15623 *
新型装备替换	5816.8	7404.8	9160.4	10641	12174	13313	14245	15307	16329	16839
原型新装备替换	5714.3	7581	9400.2	11172	12898	14577	16210	17798	19173	20042

注：* 表示该年各方案中总费用最低者

从以上计算结果可以看出，如果装备只考虑使用 2 年（2 年以后产品将更新换代），以原封不动使用旧装备的方案为最佳。如果只打算使用 3～4 年，最佳方案是对原装备进行大修。如果估计装备将使用 6～10 年，最佳方案是旧装备现代化改装。

2. 成本现值比较法

该方法就是将各种方案在相同使用时间内的装备使用费用（投资加上维持费用）总额的现值求出来，其值最小者就是应该采取的最佳方案。

在进行装备的大修、改装、更新比较时，经常会遇到以下 5 种情况。

（1）旧装备原封不动，继续使用；

（2）旧装备大修；

（3）旧装备改装；

（4）采用相同结构和性能的新装备；

（5）采用性能更好、效能更高的先进新型装备。

为了比较方便，对所用的参数符号进行统一规定，如表 9-10 所列。

表 9-10　参数及符号表

项目 费用 方案	旧装备留用	旧装备大修	旧装备改装	相同新装备	先进新装备
实际残值/元	L_c	L_c	L_c		
装备原值/元				P	P_x
追加投资/元		W_c	W_g		
初投资/元				$P - L_c$	$P_x - L_c$
单位成本/（元/天）	C_o	C_c	C_g	C	C_x
总成本现值/元	C_{on}	C_{cn}	C_{gn}	C_n	C_{xn}
年平均维持费/元	E_o	E_c	E_g	E	E_x

若设年利率为 i，使用年限为 n，等额分付现值系数为

$$a_n = (P/A, i, n) = \frac{(1+i)^n - 1}{i(1+i)^n}$$

各种方案的装备总成本现值计算公式如下：

旧装备留用：$C_{on} = \alpha_n E_o$。

旧装备大修：$C_{cn} = W_c + \alpha_n E_c$。

旧装备改装：$C_{gn} = W_g + \alpha_n E_g$。

相同新装备：$C_n = P - L_c + \alpha_n E$。

先进新装备：$C_{xn} = P_x - L_c + \alpha_n E_x$。

例 9.10 某装备 $L_c = 4500$ 元，$i = 10\%$，根据表 9-11 所列数据，试计算逐年的 C_{on}、C_{cn}、C_{gn}、C_n、C_{xn}，并确定最佳方案。

表 9-11 各方案已知数

序号	方案	初投资/元	年维持费/元
1	旧装备留用		$E_o = 1300$
2	旧装备大修	$W_c = 3000$	$E_c = 400$
3	旧装备改装	$W_g = 3500$	$E_g = 300$
4	采用相同新装备	$P - L_c = 9000 - 4500$	$E = 200$
5	采用先进新装备	$P_x - L_c = 9300 - 4500$	$E_x = 100$

计算结果如表 9-12 所列。从表 9-12 中可以看出以下几点。

(1) 如果装备只考虑使用 4 年，则以留用旧装备为最佳。

(2) 如果装备考虑使用 7 年，则以大修为最佳。

(3) 如果装备考虑使用 10 年左右，则以改装为最佳。

(4) 如果装备考虑使用 11 年以上，则以采用先进新装备为最佳。

(5) 在本例的各方案比较中，采用相同装备的更新方案，始终没有表现出优越性。

表 9-12 各方案逐年总成本现值计算表

年限/年	旧装备留用 C_{on}/千元	大修 C_{cn}/千元	改装 C_{gn}/千元	相同新装备 C_n/千元	新型装备 C_{xn}/千元	$\dfrac{(1+i)^n - 1}{i(1+i)^n}$
1	1.182 *	3.364	3.773	4.682	4.891	0.909
2	2.256 *	3.694	4.021	4.847	4.974	1.736
3	3.233 *	3.995	4.246	4.997	5.049	2.487
4	4.121 *	4.268	4.451	5.134	5.117	3.170
5	4.928	4.516 *	4.637	5.258	5.179	3.791
6	5.662	4.742 *	4.807	5.371	5.236	4.355
7	6.329	4.947 *	4.961	5.474	5.287	4.868
8	6.935	5.134	5.101 *	5.567	5.334	5.335
9	7.487	5.304	5.228 *	5.652	5.376	5.759
10	7.988	5.458	5.343 *	5.729	5.415	6.145
11	8.444	5.598	5.449 *	5.799	5.450	6.495
12	8.858	5.726	5.544	5.863	5.481 *	6.814
13	9.234	5.841	5.631	5.921	5.510 *	7.103
14	9.577	5.947	5.710	5.973	5.537 *	7.367
15	9.888	6.042	5.782	6.021	5.561 *	7.606
16	10.171	6.130	5.847	6.065	5.582 *	7.824

3. 综合比较法

进行装备的经济性评价,不仅看投资的多少,还要看使用装备以后装备的作战效能是多少。因此,进行方案评价时要在考虑经济性的同时还要综合分析其他一些能体现装备效能的因素。

所以,装备更新方案决策与装备设计论证一样,属于多目标决策,经济性指标只是其中的一个重要部分而已。对多目标决策问题,建议采用"多目标加权评价法"。

下面对这一方法的要点做简要介绍。

设 $f(x)$ 为方案 x 的目标,对每个目标分别按其在装备服役过程中重要性程度给以相应的加权数 $W_i(x)$,越是重要的目标其加权数越大。然后把加权的目标得分数相加,得分高者为优。这种方法可以把目标的定性方面和定量方面结合起来,即把目标的性质方面的指标用直观的数量表达出来。其表达式可归纳为

$$f(x) = \sum_{i=1}^{n} W_i(x) \tag{9-38}$$

例9.11 在表9-13中列出了某装备的4个更新决策方案(第一方案是现代化改装,第二方案是更换相同新装备,第三方案是大修,第四方案是保持原装备)。每个方案都有4个评价目标,假设目标A表示战斗性,目标B表示可靠性,目标C表示机动性,目标D表示经济性,各评价目标根据它自身在装备服役中的重要程度,被给定一个最高分(35分、25分、20分、20分)。总分为100分。那么,显然目标A、B、C、D的最高加权数分别为0.35、0.25、0.20、0.20。每个目标不同方案将获得不同的加权数,在这一目标上表现最好的方案将得最高分,但不应超过该目标规定的最高权数。把方案的4个目标加权数累计求和,再乘以100分,即可得出该方案的得分总数。

表9-13　方案加权评价表

评价数目	最高分数/分	最高加权	方案加权得分			
			现代化改装	更换	大修	保持
A(战斗性)	35	0.35	0.35	0.30	0.20	0.20
B(可靠性)	25	0.25	0.20	0.20	0.20	0.17
C(机动性)	20	0.20	0.20	0.20	0.20	0.20
D(经济性)	20	0.20	0.15	0.15	0.20	0.15
总　计	100	1.00	0.90	0.85	0.80	0.72

那么第一方案得分90分(100×0.9),第二方案得分85分,第三方案得分80分,第四方案得分72分。因此,综合各种方案的各种目标,现代化改装的方案得分最高,为最优方案。

9.5.3　装备瞬时报废型更新模型

选择装备更新的最佳时机,是装备维修经济管理决策中的一个重要问题。选择装备更新的最佳时机,就是要使装备的一次性投资和各年度使用管理费用的总和达到最小。前面介绍更新决策的两种方法。这里将介绍另一种类型的更新方法——瞬时报废型更新模型。

以上讨论的装备都是属于逐步磨损型的,即随着使用年限的增长,装备将逐步磨损,年度使用费用将逐步增加。还有另一类装备——瞬时报废型装备的更新问题。电子管就是一种典型的瞬时报废型装备。这种装备的特点是:从开始使用起直到报废前为止,它的效率几乎是不

变的,损坏是在一瞬间发生的,损坏后就只能报废,几乎变得一钱不值。但它的使用寿命有一定的统计规律。

一台大型电子仪器(如雷达)中往往有大量的电子元件,只要其中有一个损坏,就可能造成整台仪器的失灵,因此而必须停止使用,等待检修。虽然一个电子元件的价格并不很高,但是因为等待检修可能影响作战行动。而且装备随着使用时间的增加,电子元件损坏的可能性就越来越大。因此,过了一定的使用时间后,装备因电子元件损坏而需要停下来检修的时间越来越多,甚至远不如把所有的电子元件(包括没有坏的在内)全部更新一次,以保证装备能在相当长的一段时间内处于比较正常的运行状态。当然,过早地把所有的电子元件予以全部更新,显然也是不合理的。因此,如何求出最优的更新期是我们需要解决的问题。

例 9.12 某装备含有 100000 个电子元件,根据统计,电子元件的损坏数和更换数分别如表 9-14 和表 9-15 所列。

从表 9-14 中看出,100000 个全新的电子元件($N = 100000$),在第一年内没有损坏,需要更换的电子元件数为零,用 $f(1) = 0$ 来表示。第二、第三年内各有 1% 的电子元件损坏,需要更新的电子元件数为 $f(2) = 1000$ 和 $f(3) = 1000$。在第四年里原来的 100000 个电子元件中又有 1000 个损坏(即 0.01),同时,在第二年里损坏的 1000 个电子元件经过更新后,到了第四年内又可能有 1% 损坏,即 $1000 \times 0.01 = 10$ 个,所以第四年需要更换的电子元件总数为 $f(4) = 1000 + 10 = 1010$ 个。第 n 年需更换的电子元件总数可由下式计算:

$$f(n) = NP(n) + \sum_{i=1}^{n-1} S(i)P(n-i)$$

式中:$P(n)$ 为使用 n 年后电子元件的损坏百分比;$S(n)$ 为第 n 年的电子元件损坏数。因此有

$$
\begin{aligned}
f(5) &= NP(5) + S(1)P(4) + S(2)P(3) + S(3)P(2) + S(4)P(1) \\
&= 100000 \times 0.01 + 0 \times 0.01 + 1000 \times 0.01 + 1000 \times 0.01 + 1000 \times 0 \\
&= 1020
\end{aligned}
$$

$$
\begin{aligned}
f(6) &= NP(6) + S(1)P(5) + S(2)P(4) + S(3)P(3) + S(4)P(2) + S(5)P(1) \\
&= 1000000 \times 0.03 + 0 \times 0.01 + 1000 \times 0.01 + 1000 \times 0.01 + 1000 \times 0.01 + 1000 \times 0 \\
&= 3030
\end{aligned}
$$

表 9-14 电子元件损坏数

年份/年	电子元件损坏数 $S(n)$	损坏百分比 $P(n)$	年份/年	电子元件损坏数 $S(n)$	损坏百分比 $P(n)$
1	0	0	11	16000	0.16
2	1000	0.01	12	14000	0.14
3	1000	0.01	13	8000	0.08
4	1000	0.01	14	4000	0.04
5	1000	0.01	15	3000	0.03
6	3000	0.03	16	1000	0.01
7	6000	0.06	17	1000	0.01
8	10000	0.10	18	1000	0.01
9	14000	0.14	19	0	0
10	15000	0.15			

以后各年需要更换的电子元件可以类推,但计算要繁琐些。将计算结果列于表9-15,表中列出了各年需要更换电子元件数及逐年的累计数。

表9-15   电子元件更换数

年份 n/年	当年更换总数 $f(n)$	更换累计数 $\sum\limits_{i=1}^{n}f(i)$	年份 n/年	当年更换总数 $f(n)$	更换累计数 $\sum\limits_{i=1}^{n}f(i)$	年份 n/年	当年更换总数 $f(n)$	更换累计数 $\sum\limits_{i=1}^{n}f(i)$
1	0	0	7	6040	13100	13	9460	93890
2	1000	1000	8	10090	23190	14	6140	100030
3	1000	2000	9	14200	37390	15	6100	106130
4	1010	3010	10	15390	52780	16	5420	111550
5	1020	4030	11	16660	69440	17	7140	118690
6	3030	7060	12	14990	84430	18	9040	127730

接下来建立瞬时报废型装备的费用方程。令 C_1 表示全面更新时,每换一个电子元件所需的费用(包括电子元件本身的费用和分摊到的停工损失费);C_2 表示个别更换时,每换一个电子元件的费用(包括电子元件本身的费用和分摊到的停工损失费);$f(t)$ 表示第 t 年内需要更新的电子元件总数;N 表示该台装备内电子元件总数。如果不考虑利息,每隔 t 年全面更新一次,那么 t 年内的总费用 $C(t)$ 可按下式计算:

$$C(t) = NC_1 + C_2\left[f(1) + f(2) + \cdots + f(t)\right]$$
$$= NC_1 + C_2\sum_{i=1}^{t}f(i) \tag{9-39}$$

平均每年的费用为

$$\overline{C}(t) = \frac{C(t)}{t} = \frac{NC_1}{t} + \frac{C_2}{t}\sum_{i=1}^{t}f(i) \tag{9-40}$$

当 $\overline{C}(t-1) < \overline{C}(t)$ 和 $\overline{C}(t) < \overline{C}(t+1)$ 同时成立时,说明到第 t 年末将所有的电子元件全面更新一次最为合适。

例9.13   例9.12中,如果已知 $C_1 = 1$ 元,$C_2 = 4$ 元,不考虑利息,试决定电子元件最优的全面更新期。

$f(t)$ 和 $\sum\limits_{i=1}^{t}f(i)$ 可从表9-15中提取,根据公式,将各不同年份进行全面更新时的年平均费用值计算结果列入表9-16中。

从表9-16可见,本例题中电子元件最佳全面更新期是在第6年末。

表9-16   年平均费用

年份/年	需要更换总数 $f(t)$	需要更换累计数 $\sum\limits_{i=1}^{t}f(i)$	年平均费用 $\overline{C}(t)$/元
1	0	0	100000
2	1000	1000	52000
3	1000	2000	36000
4	1010	3010	28010

（续）

年份/年	需要更换总数 $f(t)$	需要更换累计数 $\sum_{i=1}^{t} f(i)$	年平均费用 $\overline{C}(t)$/元
5	1020	4030	23224
6	3030	7060	21373 *
7	6040	13100	21771
8	10090	23190	24095
9	14200	37390	27729
10	15390	52780	31112

附录 常用复利系数表

复利系数表($i=1\%$)

年份/年	一次支付		等额系列			
	终值系数	现值系数	年金终值系数	偿债基金系数	资本回收系数	年金现值系数
n	$F/P,i,n$	$P/F,i,n$	$F/A,i,n$	$A/F,i,n$	$A/P,i,n$	$P/A,i,n$
1	1.0100	0.9901	1.0000	1.0000	1.0100	0.9901
2	1.0201	0.9803	2.0100	0.4975	0.5075	1.9704
3	1.0303	0.9706	3.0301	0.3300	0.3400	2.9410
4	1.0406	0.9610	4.0604	0.2463	0.2563	3.9020
5	1.0510	0.9515	5.1010	0.1960	0.2060	4.8534
6	1.0615	0.9420	6.1520	0.1625	0.1725	5.7955
7	1.0721	0.9327	7.2135	0.1386	0.1486	6.7282
8	1.0829	0.9235	8.2857	0.1207	0.1307	7.6517
9	1.0937	0.9143	9.3685	0.1067	0.1167	8.5660
10	1.1046	0.9053	10.4622	0.0956	0.1056	9.4713
11	1.1157	0.8963	11.5668	0.0865	0.0965	10.3676
12	1.1268	0.8874	12.6825	0.0788	0.0888	11.2551
13	1.1381	0.8787	13.8093	0.0724	0.0824	12.1337
14	1.1495	0.8700	14.9474	0.0669	0.0769	13.0037
15	1.1610	0.8613	16.0969	0.0621	0.0721	13.8651
16	1.1726	0.8528	17.2579	0.0579	0.0679	14.7179
17	1.1843	0.8444	18.4304	0.0543	0.0643	15.5623
18	1.1961	0.8360	19.6147	0.0510	0.0610	16.3983
19	1.2081	0.8277	20.8109	0.0481	0.0581	17.2260
20	1.2202	0.8195	22.0190	0.0454	0.0554	18.0456
21	1.2324	0.8114	23.2392	0.0430	0.0530	18.8570
22	1.2447	0.8034	24.4716	0.0409	0.0509	19.6604
23	1.2572	0.7954	25.7163	0.0389	0.0489	20.4558
24	1.2697	0.7876	26.9735	0.0371	0.0471	21.2434
25	1.2824	0.7798	28.2432	0.0354	0.0454	22.0232
26	1.2953	0.7720	29.5256	0.0339	0.0439	22.7952
27	1.3082	0.7644	30.8209	0.0324	0.0424	23.5596
28	1.3213	0.7568	32.1291	0.0311	0.0411	24.3164
29	1.3345	0.7493	33.4504	0.0299	0.0399	25.0658
30	1.3478	0.7419	34.7849	0.0287	0.0387	25.8077
31	1.3613	0.7346	36.1327	0.0277	0.0377	26.5423
32	1.3749	0.7273	37.4941	0.0267	0.0367	27.2696
33	1.3887	0.7201	38.8690	0.0257	0.0357	27.9897
34	1.4026	0.7130	40.2577	0.0248	0.0348	28.7027
35	1.4166	0.7059	41.6603	0.0240	0.0340	29.4086

复利系数表（$i=2\%$）

年份/年	一次支付		等额系列			
	终值系数	现值系数	年金终值系数	偿债基金系数	资本回收系数	年金现值系数
n	$F/P, i, n$	$P/F, i, n$	$F/A, i, n$	$A/F, i, n$	$A/P, i, n$	$P/A, i, n$
1	1.0200	0.9804	1.0000	1.0000	1.0200	0.9804
2	1.0404	0.9612	2.0200	0.4950	0.5150	1.9416
3	1.0612	0.9423	3.0604	0.3268	0.3468	2.8839
4	1.0824	0.9238	4.1216	0.2426	0.2626	3.8077
5	1.1041	0.9057	5.2040	0.1922	0.2122	4.7135
6	1.1262	0.8880	6.3081	0.1585	0.1785	5.6014
7	1.1487	0.8706	7.4343	0.1345	0.1545	6.4720
8	1.1717	0.8535	8.5830	0.1165	0.1365	7.3255
9	1.1951	0.8368	9.7546	0.1025	0.1225	8.1622
10	1.2190	0.8203	10.9497	0.0913	0.1113	8.9826
11	1.2434	0.8043	12.1687	0.0822	0.1022	9.7868
12	1.2682	0.7885	13.4121	0.0746	0.0946	10.5753
13	1.2936	0.7730	14.6803	0.0681	0.0881	11.3484
14	1.3195	0.7579	15.9739	0.0626	0.0826	12.1062
15	1.3459	0.7430	17.2934	0.0578	0.0778	12.8493
16	1.3728	0.7284	18.6393	0.0537	0.0737	13.5777
17	1.4002	0.7142	20.0121	0.0500	0.0700	14.2919
18	1.4282	0.7002	21.4123	0.0467	0.0667	14.9920
19	1.4568	0.6864	22.8406	0.0438	0.0638	15.6785
20	1.4859	0.6730	24.2974	0.0412	0.0612	16.3514
21	1.5157	0.6598	25.7833	0.0388	0.0588	17.0112
22	1.5460	0.6468	27.2990	0.0366	0.0566	17.6580
23	1.5769	0.6342	28.8450	0.0347	0.0547	18.2922
24	1.6084	0.6217	30.4219	0.0329	0.0529	18.9139
25	1.6406	0.6095	32.0303	0.0312	0.0512	19.5235
26	1.6734	0.5976	33.6709	0.0297	0.0497	20.1210
27	1.7069	0.5859	35.3443	0.0283	0.0483	20.7069
28	1.7410	0.5744	37.0512	0.0270	0.0470	21.2813
29	1.7758	0.5631	38.7922	0.0258	0.0458	21.8444
30	1.8114	0.5521	40.5681	0.0246	0.0446	22.3965
31	1.8476	0.5412	42.3794	0.0236	0.0436	22.9377
32	1.8845	0.5306	44.2270	0.0226	0.0426	23.4683
33	1.9222	0.5202	46.1116	0.0217	0.0417	23.9886
34	1.9607	0.5100	48.0338	0.0208	0.0408	24.4986
35	1.9999	0.5000	49.9945	0.0200	0.0400	24.9986

复利系数表（$i=3\%$）

年份/年	一次支付		等额系列			
	终值系数	现值系数	年金终值系数	偿债基金系数	资本回收系数	年金现值系数
n	$F/P,i,n$	$P/F,i,n$	$F/A,i,n$	$A/F,i,n$	$A/P,i,n$	$P/A,i,n$
1	1.0300	0.9709	1.0000	1.0000	1.0300	0.9709
2	1.0609	0.9426	2.0300	0.4926	0.5226	1.9135
3	1.0927	0.9151	3.0909	0.3235	0.3535	2.8286
4	1.1255	0.8885	4.1836	0.2390	0.2690	3.7171
5	1.1593	0.8626	5.3091	0.1884	0.2184	4.5797
6	1.1941	0.8375	6.4684	0.1546	0.1846	5.4172
7	1.2299	0.8131	7.6625	0.1305	0.1605	6.2303
8	1.2668	0.7894	8.8923	0.1125	0.1425	7.0197
9	1.3048	0.7664	10.1591	0.0984	0.1284	7.7861
10	1.3439	0.7441	11.4639	0.0872	0.1172	8.5302
11	1.3842	0.7224	12.8078	0.0781	0.1081	9.2526
12	1.4258	0.7014	14.1920	0.0705	0.1005	9.9540
13	1.4685	0.6810	15.6178	0.0640	0.0940	10.6350
14	1.5126	0.6611	17.0863	0.0585	0.0885	11.2961
15	1.5580	0.6419	18.5989	0.0538	0.0838	11.9379
16	1.6047	0.6232	20.1569	0.0496	0.0796	12.5611
17	1.6528	0.6050	21.7616	0.0460	0.0760	13.1661
18	1.7024	0.5874	23.4144	0.0427	0.0727	13.7535
19	1.7535	0.5703	25.1169	0.0398	0.0698	14.3238
20	1.8061	0.5537	26.8704	0.0372	0.0672	14.8775
21	1.8603	0.5375	28.6765	0.0349	0.0649	15.4150
22	1.9161	0.5219	30.5368	0.0327	0.0627	15.9369
23	1.9736	0.5067	32.4529	0.0308	0.0608	16.4436
24	2.0328	0.4919	34.4265	0.0290	0.0590	16.9355
25	2.0938	0.4776	36.4593	0.0274	0.0574	17.4131
26	2.1566	0.4637	38.5530	0.0259	0.0559	17.8768
27	2.2213	0.4502	40.7096	0.0246	0.0546	18.3270
28	2.2879	0.4371	42.9309	0.0233	0.0533	18.7641
29	2.3566	0.4243	45.2189	0.0221	0.0521	19.1885
30	2.4273	0.4120	47.5754	0.0210	0.0510	19.6004
31	2.5001	0.4000	50.0027	0.0200	0.0500	20.0004
32	2.5751	0.3883	52.5028	0.0190	0.0490	20.3888
33	2.6523	0.3770	55.0778	0.0182	0.0482	20.7658
34	2.7319	0.3660	57.7302	0.0173	0.0473	21.1318
35	2.8139	0.3554	60.4621	0.0165	0.0465	21.4872

复利系数表（ $i=4\%$ ）

年份/年	一次支付		等额系列			
	终值系数	现值系数	年金终值系数	偿债基金系数	资本回收系数	年金现值系数
n	$F/P,i,n$	$P/F,i,n$	$F/A,i,n$	$A/F,i,n$	$A/P,i,n$	$P/A,i,n$
1	1.0400	0.9615	1.0000	1.0000	1.0400	0.9615
2	1.0816	0.9246	2.0400	0.4902	0.5302	1.8861
3	1.1249	0.8890	3.1216	0.3203	0.3603	2.7751
4	1.1699	0.8548	4.2465	0.2355	0.2755	3.6299
5	1.2167	0.8219	5.4163	0.1846	0.2246	4.4518
6	1.2653	0.7903	6.6330	0.1508	0.1908	5.2421
7	1.3159	0.7599	7.8983	0.1266	0.1666	6.0021
8	1.3686	0.7307	9.2142	0.1085	0.1485	6.7327
9	1.4233	0.7026	10.5828	0.0945	0.1345	7.4353
10	1.4802	0.6756	12.0061	0.0833	0.1233	8.1109
11	1.5395	0.6496	13.4864	0.0741	0.1141	8.7605
12	1.6010	0.6246	15.0258	0.0666	0.1066	9.3851
13	1.6651	0.6006	16.6268	0.0601	0.1001	9.9856
14	1.7317	0.5775	18.2919	0.0547	0.0947	10.5631
15	1.8009	0.5553	20.0236	0.0499	0.0899	11.1184
16	1.8730	0.5339	21.8245	0.0458	0.0858	11.6523
17	1.9479	0.5134	23.6975	0.0422	0.0822	12.1657
18	2.0258	0.4936	25.6454	0.0390	0.0790	12.6593
19	2.1068	0.4746	27.6712	0.0361	0.0761	13.1339
20	2.1911	0.4564	29.7781	0.0336	0.0736	13.5903
21	2.2788	0.4388	31.9692	0.0313	0.0713	14.0292
22	2.3699	0.4220	34.2480	0.0292	0.0692	14.4511
23	2.4647	0.4057	36.6179	0.0273	0.0673	14.8568
24	2.5633	0.3901	39.0826	0.0256	0.0656	15.2470
25	2.6658	0.3751	41.6459	0.0240	0.0640	15.6221
26	2.7725	0.3607	44.3117	0.0226	0.0626	15.9828
27	2.8834	0.3468	47.0842	0.0212	0.0612	16.3296
28	2.9987	0.3335	49.9676	0.0200	0.0600	16.6631
29	3.1187	0.3207	52.9663	0.0189	0.0589	16.9837
30	3.2434	0.3083	56.0849	0.0178	0.0578	17.2920
31	3.3731	0.2965	59.3283	0.0169	0.0569	17.5885
32	3.5081	0.2851	62.7015	0.0159	0.0559	17.8736
33	3.6484	0.2741	66.2095	0.0151	0.0551	18.1476
34	3.7943	0.2636	69.8579	0.0143	0.0543	18.4112
35	3.9461	0.2534	73.6522	0.0136	0.0536	18.6646

复利系数表(*i*=5%)

年份/年	一次支付		等额系列			
	终值系数	现值系数	年金终值系数	偿债基金系数	资本回收系数	年金现值系数
n	$F/P,i,n$	$P/F,i,n$	$F/A,i,n$	$A/F,i,n$	$A/P,i,n$	$P/A,i,n$
1	1.0500	0.9524	1.0000	1.0000	1.0500	0.9524
2	1.1025	0.9070	2.0500	0.4878	0.5378	1.8594
3	1.1576	0.8638	3.1525	0.3172	0.3672	2.7232
4	1.2155	0.8227	4.3101	0.2320	0.2820	3.5460
5	1.2763	0.7835	5.5256	0.1810	0.2310	4.3295
6	1.3401	0.7462	6.8019	0.1470	0.1970	5.0757
7	1.4071	0.7107	8.1420	0.1228	0.1728	5.7864
8	1.4775	0.6768	9.5491	0.1047	0.1547	6.4632
9	1.5513	0.6446	11.0266	0.0907	0.1407	7.1078
10	1.6289	0.6139	12.5779	0.0795	0.1295	7.7217
11	1.7103	0.5847	14.2068	0.0704	0.1204	8.3064
12	1.7959	0.5568	15.9171	0.0628	0.1128	8.8633
13	1.8856	0.5303	17.7130	0.0565	0.1065	9.3936
14	1.9799	0.5051	19.5986	0.0510	0.1010	9.8986
15	2.0789	0.4810	21.5786	0.0463	0.0963	10.3797
16	2.1829	0.4581	23.6575	0.0423	0.0923	10.8378
17	2.2920	0.4363	25.8404	0.0387	0.0887	11.2741
18	2.4066	0.4155	28.1324	0.0355	0.0855	11.6896
19	2.5270	0.3957	30.5390	0.0327	0.0827	12.0853
20	2.6533	0.3769	33.0660	0.0302	0.0802	12.4622
21	2.7860	0.3589	35.7193	0.0280	0.0780	12.8212
22	2.9253	0.3418	38.5052	0.0260	0.0760	13.1630
23	3.0715	0.3256	41.4305	0.0241	0.0741	13.4886
24	3.2251	0.3101	44.5020	0.0225	0.0725	13.7986
25	3.3864	0.2953	47.7271	0.0210	0.0710	14.0939
26	3.5557	0.2812	51.1135	0.0196	0.0696	14.3752
27	3.7335	0.2678	54.6691	0.0183	0.0683	14.6430
28	3.9201	0.2551	58.4026	0.0171	0.0671	14.8981
29	4.1161	0.2429	62.3227	0.0160	0.0660	15.1411
30	4.3219	0.2314	66.4388	0.0151	0.0651	15.3725
31	4.5380	0.2204	70.7608	0.0141	0.0641	15.5928
32	4.7649	0.2099	75.2988	0.0133	0.0633	15.8027
33	5.0032	0.1999	80.0638	0.0125	0.0625	16.0025
34	5.2533	0.1904	85.0670	0.0118	0.0618	16.1929
35	5.5160	0.1813	90.3203	0.0111	0.0611	16.3742

复利系数表($i=6\%$)

年份/年	一次支付		等额系列			
	终值系数	现值系数	年金终值系数	偿债基金系数	资本回收系数	年金现值系数
n	$F/P,i,n$	$P/F,i,n$	$F/A,i,n$	$A/F,i,n$	$A/P,i,n$	$P/A,i,n$
1	1.0600	0.9434	1.0000	1.0000	1.0600	0.9434
2	1.1236	0.8900	2.0600	0.4854	0.5454	1.8334
3	1.1910	0.8396	3.1836	0.3141	0.3741	2.6730
4	1.2625	0.7921	4.3746	0.2286	0.2886	3.4651
5	1.3382	0.7473	5.6371	0.1774	0.2374	4.2124
6	1.4185	0.7050	6.9753	0.1434	0.2034	4.9173
7	1.5036	0.6651	8.3938	0.1191	0.1791	5.5824
8	1.5938	0.6274	9.8975	0.1010	0.1610	6.2098
9	1.6895	0.5919	11.4913	0.0870	0.1470	6.8017
10	1.7908	0.5584	13.1808	0.0759	0.1359	7.3601
11	1.8983	0.5268	14.9716	0.0668	0.1268	7.8869
12	2.0122	0.4970	16.8699	0.0593	0.1193	8.3838
13	2.1329	0.4688	18.8821	0.0530	0.1130	8.8527
14	2.2609	0.4423	21.0151	0.0476	0.1076	9.2950
15	2.3966	0.4173	23.2760	0.0430	0.1030	9.7122
16	2.5404	0.3936	25.6725	0.0390	0.0990	10.1059
17	2.6928	0.3714	28.2129	0.0354	0.0954	10.4773
18	2.8543	0.3503	30.9057	0.0324	0.0924	10.8276
19	3.0256	0.3305	33.7600	0.0296	0.0896	11.1581
20	3.2071	0.3118	36.7856	0.0272	0.0872	11.4699
21	3.3996	0.2942	39.9927	0.0250	0.0850	11.7641
22	3.6035	0.2775	43.3923	0.0230	0.0830	12.0416
23	3.8197	0.2618	46.9958	0.0213	0.0813	12.3034
24	4.0489	0.2470	50.8156	0.0197	0.0797	12.5504
25	4.2919	0.2330	54.8645	0.0182	0.0782	12.7834
26	4.5494	0.2198	59.1564	0.0169	0.0769	13.0032
27	4.8223	0.2074	63.7058	0.0157	0.0757	13.2105
28	5.1117	0.1956	68.5281	0.0146	0.0746	13.4062
29	5.4184	0.1846	73.6398	0.0136	0.0736	13.5907
30	5.7435	0.1741	79.0582	0.0126	0.0726	13.7648
31	6.0881	0.1643	84.8017	0.0118	0.0718	13.9291
32	6.4534	0.1550	90.8898	0.0110	0.0710	14.0840
33	6.8406	0.1462	97.3432	0.0103	0.0703	14.2302
34	7.2510	0.1379	104.1838	0.0096	0.0696	14.3681
35	7.6861	0.1301	111.4348	0.0090	0.0690	14.4982

复利系数表(i＝7%)

年份/年	一次支付		等额系列			
	终值系数	现值系数	年金终值系数	偿债基金系数	资本回收系数	年金现值系数
n	$F/P,i,n$	$P/F,i,n$	$F/A,i,n$	$A/F,i,n$	$A/P,i,n$	$P/A,i,n$
1	1.0700	0.9346	1.0000	1.0000	1.0700	0.9346
2	1.1449	0.8734	2.0700	0.4831	0.5531	1.8080
3	1.2250	0.8163	3.2149	0.3111	0.3811	2.6243
4	1.3108	0.7629	4.4399	0.2252	0.2952	3.3872
5	1.4026	0.7130	5.7507	0.1739	0.2439	4.1002
6	1.5007	0.6663	7.1533	0.1398	0.2098	4.7665
7	1.6058	0.6227	8.6540	0.1156	0.1856	5.3893
8	1.7182	0.5820	10.2598	0.0975	0.1675	5.9713
9	1.8385	0.5439	11.9780	0.0835	0.1535	6.5152
10	1.9672	0.5083	13.8164	0.0724	0.1424	7.0236
11	2.1049	0.4751	15.7836	0.0634	0.1334	7.4987
12	2.2522	0.4440	17.8885	0.0559	0.1259	7.9427
13	2.4098	0.4150	20.1406	0.0497	0.1197	8.3577
14	2.5785	0.3878	22.5505	0.0443	0.1143	8.7455
15	2.7590	0.3624	25.1290	0.0398	0.1098	9.1079
16	2.9522	0.3387	27.8881	0.0359	0.1059	9.4466
17	3.1588	0.3166	30.8402	0.0324	0.1024	9.7632
18	3.3799	0.2959	33.9990	0.0294	0.0994	10.0591
19	3.6165	0.2765	37.3790	0.0268	0.0968	10.3356
20	3.8697	0.2584	40.9955	0.0244	0.0944	10.5940
21	4.1406	0.2415	44.8652	0.0223	0.0923	10.8355
22	4.4304	0.2257	49.0057	0.0204	0.0904	11.0612
23	4.7405	0.2109	53.4361	0.0187	0.0887	11.2722
24	5.0724	0.1971	58.1767	0.0172	0.0872	11.4693
25	5.4274	0.1842	63.2490	0.0158	0.0858	11.6536
26	5.8074	0.1722	68.6765	0.0146	0.0846	11.8258
27	6.2139	0.1609	74.4838	0.0134	0.0834	11.9867
28	6.6488	0.1504	80.6977	0.0124	0.0824	12.1371
29	7.1143	0.1406	87.3465	0.0114	0.0814	12.2777
30	7.6123	0.1314	94.4608	0.0106	0.0806	12.4090
31	8.1451	0.1228	102.0730	0.0098	0.0798	12.5318
32	8.7153	0.1147	110.2182	0.0091	0.0791	12.6466
33	9.3253	0.1072	118.9334	0.0084	0.0784	12.7538
34	9.9781	0.1002	128.2588	0.0078	0.0778	12.8540
35	10.6766	0.0937	138.2369	0.0072	0.0772	12.9477

复利系数表（$i=8\%$）

年份/年	一次支付		等额系列			
	终值系数	现值系数	年金终值系数	偿债基金系数	资本回收系数	年金现值系数
n	$F/P,i,n$	$P/F,i,n$	$F/A,i,n$	$A/F,i,n$	$A/P,i,n$	$P/A,i,n$
1	1.0800	0.9259	1.0000	1.0000	1.0800	0.9259
2	1.1664	0.8573	2.0800	0.4808	0.5608	1.7833
3	1.2597	0.7938	3.2464	0.3080	0.3880	2.5771
4	1.3605	0.7350	4.5061	0.2219	0.3019	3.3121
5	1.4693	0.6806	5.8666	0.1705	0.2505	3.9927
6	1.5869	0.6302	7.3359	0.1363	0.2163	4.6229
7	1.7138	0.5835	8.9228	0.1121	0.1921	5.2064
8	1.8509	0.5403	10.6366	0.0940	0.1740	5.7466
9	1.9990	0.5002	12.4876	0.0801	0.1601	6.2469
10	2.1589	0.4632	14.4866	0.0690	0.1490	6.7101
11	2.3316	0.4289	16.6455	0.0601	0.1401	7.1390
12	2.5182	0.3971	18.9771	0.0527	0.1327	7.5361
13	2.7196	0.3677	21.4953	0.0465	0.1265	7.9038
14	2.9372	0.3405	24.2149	0.0413	0.1213	8.2442
15	3.1722	0.3152	27.1521	0.0368	0.1168	8.5595
16	3.4259	0.2919	30.3243	0.0330	0.1130	8.8514
17	3.7000	0.2703	33.7502	0.0296	0.1096	9.1216
18	3.9960	0.2502	37.4502	0.0267	0.1067	9.3719
19	4.3157	0.2317	41.4463	0.0241	0.1041	9.6036
20	4.6610	0.2145	45.7620	0.0219	0.1019	9.8181
21	5.0338	0.1987	50.4229	0.0198	0.0998	10.0168
22	5.4365	0.1839	55.4568	0.0180	0.0980	10.2007
23	5.8715	0.1703	60.8933	0.0164	0.0964	10.3711
24	6.3412	0.1577	66.7648	0.0150	0.0950	10.5288
25	6.8485	0.1460	73.1059	0.0137	0.0937	10.6748
26	7.3964	0.1352	79.9544	0.0125	0.0925	10.8100
27	7.9881	0.1252	87.3508	0.0114	0.0914	10.9352
28	8.6271	0.1159	95.3388	0.0105	0.0905	11.0511
29	9.3173	0.1073	103.9659	0.0096	0.0896	11.1584
30	10.0627	0.0994	113.2832	0.0088	0.0888	11.2578
31	10.8677	0.0920	123.3459	0.0081	0.0881	11.3498
32	11.7371	0.0852	134.2135	0.0075	0.0875	11.4350
33	12.6760	0.0789	145.9506	0.0069	0.0869	11.5139
34	13.6901	0.0730	158.6267	0.0063	0.0863	11.5869
35	14.7853	0.0676	172.3168	0.0058	0.0858	11.6546

复利系数表($i=9\%$)

年份/年	一次支付		等额系列			
	终值系数	现值系数	年金终值系数	偿债基金系数	资本回收系数	年金现值系数
n	$F/P,i,n$	$P/F,i,n$	$F/A,i,n$	$A/F,i,n$	$A/P,i,n$	$P/A,i,n$
1	1.0900	0.9174	1.0000	1.0000	1.0900	0.9174
2	1.1881	0.8417	2.0900	0.4785	0.5685	1.7591
3	1.2950	0.7722	3.2781	0.3051	0.3951	2.5313
4	1.4116	0.7084	4.5731	0.2187	0.3087	3.2397
5	1.5386	0.6499	5.9847	0.1671	0.2571	3.8897
6	1.6771	0.5963	7.5233	0.1329	0.2229	4.4859
7	1.8280	0.5470	9.2004	0.1087	0.1987	5.0330
8	1.9926	0.5019	11.0285	0.0907	0.1807	5.5348
9	2.1719	0.4604	13.0210	0.0768	0.1668	5.9952
10	2.3674	0.4224	15.1929	0.0658	0.1558	6.4177
11	2.5804	0.3875	17.5603	0.0569	0.1469	6.8052
12	2.8127	0.3555	20.1407	0.0497	0.1397	7.1607
13	3.0658	0.3262	22.9534	0.0436	0.1336	7.4869
14	3.3417	0.2992	26.0192	0.0384	0.1284	7.7862
15	3.6425	0.2745	29.3609	0.0341	0.1241	8.0607
16	3.9703	0.2519	33.0034	0.0303	0.1203	8.3126
17	4.3276	0.2311	36.9737	0.0270	0.1170	8.5436
18	4.7171	0.2120	41.3013	0.0242	0.1142	8.7556
19	5.1417	0.1945	46.0185	0.0217	0.1117	8.9501
20	5.6044	0.1784	51.1601	0.0195	0.1095	9.1285
21	6.1088	0.1637	56.7645	0.0176	0.1076	9.2922
22	6.6586	0.1502	62.8733	0.0159	0.1059	9.4424
23	7.2579	0.1378	69.5319	0.0144	0.1044	9.5802
24	7.9111	0.1264	76.7898	0.0130	0.1030	9.7066
25	8.6231	0.1160	84.7009	0.0118	0.1018	9.8226
26	9.3992	0.1064	93.3240	0.0107	0.1007	9.9290
27	10.2451	0.0976	102.7231	0.0097	0.0997	10.0266
28	11.1671	0.0895	112.9682	0.0089	0.0989	10.1161
29	12.1722	0.0822	124.1354	0.0081	0.0981	10.1983
30	13.2677	0.0754	136.3075	0.0073	0.0973	10.2737
31	14.4618	0.0691	149.5752	0.0067	0.0967	10.3428
32	15.7633	0.0634	164.0370	0.0061	0.0961	10.4062
33	17.1820	0.0582	179.8003	0.0056	0.0956	10.4644
34	18.7284	0.0534	196.9823	0.0051	0.0951	10.5178
35	20.4140	0.0490	215.7108	0.0046	0.0946	10.5668

复利系数表（$i=10\%$）

年份/年	一次支付		等 额 系 列			
	终值系数	现值系数	年金终值系数	偿债基金系数	资本回收系数	年金现值系数
n	$F/P,i,n$	$P/F,i,n$	$F/A,i,n$	$A/F,i,n$	$A/P,i,n$	$P/A,i,n$
1	1.1000	0.9091	1.0000	1.0000	1.1000	0.9091
2	1.2100	0.8264	2.1000	0.4762	0.5762	1.7355
3	1.3310	0.7513	3.3100	0.3021	0.4021	2.4869
4	1.4641	0.6830	4.6410	0.2155	0.3155	3.1699
5	1.6105	0.6209	6.1051	0.1638	0.2638	3.7908
6	1.7716	0.5645	7.7156	0.1296	0.2296	4.3553
7	1.9487	0.5132	9.4872	0.1054	0.2054	4.8684
8	2.1436	0.4665	11.4359	0.0874	0.1874	5.3349
9	2.3579	0.4241	13.5795	0.0736	0.1736	5.7590
10	2.5937	0.3855	15.9374	0.0627	0.1627	6.1446
11	2.8531	0.3505	18.5312	0.0540	0.1540	6.4951
12	3.1384	0.3186	21.3843	0.0468	0.1468	6.8137
13	3.4523	0.2897	24.5227	0.0408	0.1408	7.1034
14	3.7975	0.2633	27.9750	0.0357	0.1357	7.3667
15	4.1772	0.2394	31.7725	0.0315	0.1315	7.6061
16	4.5950	0.2176	35.9497	0.0278	0.1278	7.8237
17	5.0545	0.1978	40.5447	0.0247	0.1247	8.0216
18	5.5599	0.1799	45.5992	0.0219	0.1219	8.2014
19	6.1159	0.1635	51.1591	0.0195	0.1195	8.3649
20	6.7275	0.1486	57.2750	0.0175	0.1175	8.5136
21	7.4002	0.1351	64.0025	0.0156	0.1156	8.6487
22	8.1403	0.1228	71.4027	0.0140	0.1140	8.7715
23	8.9543	0.1117	79.5430	0.0126	0.1126	8.8832
24	9.8497	0.1015	88.4973	0.0113	0.1113	8.9847
25	10.8347	0.0923	98.3471	0.0102	0.1102	9.0770
26	11.9182	0.0839	109.1818	0.0092	0.1092	9.1609
27	13.1100	0.0763	121.0999	0.0083	0.1083	9.2372
28	14.4210	0.0693	134.2099	0.0075	0.1075	9.3066
29	15.8631	0.0630	148.6309	0.0067	0.1067	9.3696
30	17.4494	0.0573	164.4940	0.0061	0.1061	9.4269
31	19.1943	0.0521	181.9434	0.0055	0.1055	9.4790
32	21.1138	0.0474	201.1378	0.0050	0.1050	9.5264
33	23.2252	0.0431	222.2515	0.0045	0.1045	9.5694
34	25.5477	0.0391	245.4767	0.0041	0.1041	9.6086
35	28.1024	0.0356	271.0244	0.0037	0.1037	9.6442

复利系数表（i=12%）

年份/年	一次支付		等额系列			
	终值系数	现值系数	年金终值系数	偿债基金系数	资本回收系数	年金现值系数
n	F/P,i,n	P/F,i,n	F/A,i,n	A/F,i,n	A/P,i,n	P/A,i,n
1	1.1200	0.8929	1.0000	1.0000	1.1200	0.8929
2	1.2544	0.7972	2.1200	0.4717	0.5917	1.6901
3	1.4049	0.7118	3.3744	0.2963	0.4163	2.4018
4	1.5735	0.6355	4.7793	0.2092	0.3292	3.0373
5	1.7623	0.5674	6.3528	0.1574	0.2774	3.6048
6	1.9738	0.5066	8.1152	0.1232	0.2432	4.1114
7	2.2107	0.4523	10.0890	0.0991	0.2191	4.5638
8	2.4760	0.4039	12.2997	0.0813	0.2013	4.9676
9	2.7731	0.3606	14.7757	0.0677	0.1877	5.3282
10	3.1058	0.3220	17.5487	0.0570	0.1770	5.6502
11	3.4785	0.2875	20.6546	0.0484	0.1684	5.9377
12	3.8960	0.2567	24.1331	0.0414	0.1614	6.1944
13	4.3635	0.2292	28.0291	0.0357	0.1557	6.4235
14	4.8871	0.2046	32.3926	0.0309	0.1509	6.6282
15	5.4736	0.1827	37.2797	0.0268	0.1468	6.8109
16	6.1304	0.1631	42.7533	0.0234	0.1434	6.9740
17	6.8660	0.1456	48.8837	0.0205	0.1405	7.1196
18	7.6900	0.1300	55.7497	0.0179	0.1379	7.2497
19	8.6128	0.1161	63.4397	0.0158	0.1358	7.3658
20	9.6463	0.1037	72.0524	0.0139	0.1339	7.4694
21	10.8038	0.0926	81.6987	0.0122	0.1322	7.5620
22	12.1003	0.0826	92.5026	0.0108	0.1308	7.6446
23	13.5523	0.0738	104.6029	0.0096	0.1296	7.7184
24	15.1786	0.0659	118.1552	0.0085	0.1285	7.7843
25	17.0001	0.0588	133.3339	0.0075	0.1275	7.8431
26	19.0401	0.0525	150.3339	0.0067	0.1267	7.8957
27	21.3249	0.0469	169.3740	0.0059	0.1259	7.9426
28	23.8839	0.0419	190.6989	0.0052	0.1252	7.9844
29	26.7499	0.0374	214.5828	0.0047	0.1247	8.0218
30	29.9599	0.0334	241.3327	0.0041	0.1241	8.0552
31	33.5551	0.0298	271.2926	0.0037	0.1237	8.0850
32	37.5817	0.0266	304.8477	0.0033	0.1233	8.1116
33	42.0915	0.0238	342.4294	0.0029	0.1229	8.1354
34	47.1425	0.0212	384.5210	0.0026	0.1226	8.1566
35	52.7996	0.0189	431.6635	0.0023	0.1223	8.1755

复利系数表（$i=15\%$）

年份/年	一次支付		等额系列			
	终值系数	现值系数	年金终值系数	偿债基金系数	资本回收系数	年金现值系数
n	$F/P,i,n$	$P/F,i,n$	$F/A,i,n$	$A/F,i,n$	$A/P,i,n$	$P/A,i,n$
1	1.1500	0.8696	1.0000	1.0000	1.1500	0.8696
2	1.3225	0.7561	2.1500	0.4651	0.6151	1.6257
3	1.5209	0.6575	3.4725	0.2880	0.4380	2.2832
4	1.7490	0.5718	4.9934	0.2003	0.3503	2.8550
5	2.0114	0.4972	6.7424	0.1483	0.2983	3.3522
6	2.3131	0.4323	8.7537	0.1142	0.2642	3.7845
7	2.6600	0.3759	11.0668	0.0904	0.2404	4.1604
8	3.0590	0.3269	13.7268	0.0729	0.2229	4.4873
9	3.5179	0.2843	16.7858	0.0596	0.2096	4.7716
10	4.0456	0.2472	20.3037	0.0493	0.1993	5.0188
11	4.6524	0.2149	24.3493	0.0411	0.1911	5.2337
12	5.3503	0.1869	29.0017	0.0345	0.1845	5.4206
13	6.1528	0.1625	34.3519	0.0291	0.1791	5.5831
14	7.0757	0.1413	40.5047	0.0247	0.1747	5.7245
15	8.1371	0.1229	47.5804	0.0210	0.1710	5.8474
16	9.3576	0.1069	55.7175	0.0179	0.1679	5.9542
17	10.7613	0.0929	65.0751	0.0154	0.1654	6.0472
18	12.3755	0.0808	75.8364	0.0132	0.1632	6.1280
19	14.2318	0.0703	88.2118	0.0113	0.1613	6.1982
20	16.3665	0.0611	102.4436	0.0098	0.1598	6.2593
21	18.8215	0.0531	118.8101	0.0084	0.1584	6.3125
22	21.6447	0.0462	137.6316	0.0073	0.1573	6.3587
23	24.8915	0.0402	159.2764	0.0063	0.1563	6.3988
24	28.6252	0.0349	184.1678	0.0054	0.1554	6.4338
25	32.9190	0.0304	212.7930	0.0047	0.1547	6.4641
26	37.8568	0.0264	245.7120	0.0041	0.1541	6.4906
27	43.5353	0.0230	283.5688	0.0035	0.1535	6.5135
28	50.0656	0.0200	327.1041	0.0031	0.1531	6.5335
29	57.5755	0.0174	377.1697	0.0027	0.1527	6.5509
30	66.2118	0.0151	434.7451	0.0023	0.1523	6.5660
31	76.1435	0.0131	500.9569	0.0020	0.1520	6.5791
32	87.5651	0.0114	577.1005	0.0017	0.1517	6.5905
33	100.6998	0.0099	664.6655	0.0015	0.1515	6.6005
34	115.8048	0.0086	765.3654	0.0013	0.1513	6.6091
35	133.1755	0.0075	881.1702	0.0011	0.1511	6.6166

复利系数表($i=20\%$)

年份/年	一次支付		等额系列			
	终值系数	现值系数	年金终值系数	偿债基金系数	资本回收系数	年金现值系数
n	$F/P,i,n$	$P/F,i,n$	$F/A,i,n$	$A/F,i,n$	$A/P,i,n$	$P/A,i,n$
1	1.2000	0.8333	1.0000	1.0000	1.2000	0.8333
2	1.4400	0.6944	2.2000	0.4545	0.6545	1.5278
3	1.7280	0.5787	3.6400	0.2747	0.4747	2.1065
4	2.0736	0.4823	5.3680	0.1863	0.3863	2.5887
5	2.4883	0.4019	7.4416	0.1344	0.3344	2.9906
6	2.9860	0.3349	9.9299	0.1007	0.3007	3.3255
7	3.5832	0.2791	12.9159	0.0774	0.2774	3.6046
8	4.2998	0.2326	16.4991	0.0606	0.2606	3.8372
9	5.1598	0.1938	20.7989	0.0481	0.2481	4.0310
10	6.1917	0.1615	25.9587	0.0385	0.2385	4.1925
11	7.4301	0.1346	32.1504	0.0311	0.2311	4.3271
12	8.9161	0.1122	39.5805	0.0253	0.2253	4.4392
13	10.6993	0.0935	48.4966	0.0206	0.2206	4.5327
14	12.8392	0.0779	59.1959	0.0169	0.2169	4.6106
15	15.4070	0.0649	72.0351	0.0139	0.2139	4.6755
16	18.4884	0.0541	87.4421	0.0114	0.2114	4.7296
17	22.1861	0.0451	105.9306	0.0094	0.2094	4.7746
18	26.6233	0.0376	128.1167	0.0078	0.2078	4.8122
19	31.9480	0.0313	154.7400	0.0065	0.2065	4.8435
20	38.3376	0.0261	186.6880	0.0054	0.2054	4.8696
21	46.0051	0.0217	225.0256	0.0044	0.2044	4.8913
22	55.2061	0.0181	271.0307	0.0037	0.2037	4.9094
23	66.2474	0.0151	326.2369	0.0031	0.2031	4.9245
24	79.4968	0.0126	392.4842	0.0025	0.2025	4.9371
25	95.3962	0.0105	471.9811	0.0021	0.2021	4.9476
26	114.4755	0.0087	567.3773	0.0018	0.2018	4.9563
27	137.3706	0.0073	681.8528	0.0015	0.2015	4.9636
28	164.8447	0.0061	819.2233	0.0012	0.2012	4.9697
29	197.8136	0.0051	984.0680	0.0010	0.2010	4.9747
30	237.3763	0.0042	1,181.8816	0.0008	0.2008	4.9789
31	284.8516	0.0035	1,419.2579	0.0007	0.2007	4.9824
32	341.8219	0.0029	1,704.1095	0.0006	0.2006	4.9854
33	410.1863	0.0024	2,045.9314	0.0005	0.2005	4.9878
34	492.2235	0.0020	2,456.1176	0.0004	0.2004	4.9898
35	590.6682	0.0017	2,948.3411	0.0003	0.2003	4.9915

复利系数表（$i = 25\%$）

年份/年	一次支付		等额系列			
	终值系数	现值系数	年金终值系数	偿债基金系数	资本回收系数	年金现值系数
n	$F/P, i, n$	$P/F, i, n$	$F/A, i, n$	$A/F, i, n$	$A/P, i, n$	$P/A, i, n$
1	1.2500	0.8000	1.0000	1.0000	1.2500	0.8000
2	1.5625	0.6400	2.2500	0.4444	0.6944	1.4400
3	1.9531	0.5120	3.8125	0.2623	0.5123	1.9520
4	2.4414	0.4096	5.7656	0.1734	0.4234	2.3616
5	3.0518	0.3277	8.2070	0.1218	0.3718	2.6893
6	3.8147	0.2621	11.2588	0.0888	0.3388	2.9514
7	4.7684	0.2097	15.0735	0.0663	0.3163	3.1611
8	5.9605	0.1678	19.8419	0.0504	0.3004	3.3289
9	7.4506	0.1342	25.8023	0.0388	0.2888	3.4631
10	9.3132	0.1074	33.2529	0.0301	0.2801	3.5705
11	11.6415	0.0859	42.5661	0.0235	0.2735	3.6564
12	14.5519	0.0687	54.2077	0.0184	0.2684	3.7251
13	18.1899	0.0550	68.7596	0.0145	0.2645	3.7801
14	22.7374	0.0440	86.9495	0.0115	0.2615	3.8241
15	28.4217	0.0352	109.6868	0.0091	0.2591	3.8593
16	35.5271	0.0281	138.1085	0.0072	0.2572	3.8874
17	44.4089	0.0225	173.6357	0.0058	0.2558	3.9099
18	55.5112	0.0180	218.0446	0.0046	0.2546	3.9279
19	69.3889	0.0144	273.5558	0.0037	0.2537	3.9424
20	86.7362	0.0115	342.9447	0.0029	0.2529	3.9539
21	108.4202	0.0092	429.6809	0.0023	0.2523	3.9631
22	135.5253	0.0074	538.1011	0.0019	0.2519	3.9705
23	169.4066	0.0059	673.6264	0.0015	0.2515	3.9764
24	211.7582	0.0047	843.0329	0.0012	0.2512	3.9811
25	264.6978	0.0038	1,054.7912	0.0009	0.2509	3.9849
26	330.8722	0.0030	1,319.4890	0.0008	0.2508	3.9879
27	413.5903	0.0024	1,650.3612	0.0006	0.2506	3.9903
28	516.9879	0.0019	2,063.9515	0.0005	0.2505	3.9923
29	646.2349	0.0015	2,580.9394	0.0004	0.2504	3.9938
30	807.7936	0.0012	3,227.1743	0.0003	0.2503	3.9950
31	1,009.7420	0.0010	4,034.9678	0.0002	0.2502	3.9960
32	1,262.1774	0.0008	5,044.7098	0.0002	0.2502	3.9968
33	1,577.7218	0.0006	6,306.8872	0.0002	0.2502	3.9975
34	1,972.1523	0.0005	7,884.6091	0.0001	0.2501	3.9980
35	2,465.1903	0.0004	9,856.7613	0.0001	0.2501	3.9984

复利系数表（ $i = 30\%$ ）

年份/年	一次支付		等额系列			
	终值系数	现值系数	年金终值系数	偿债基金系数	资本回收系数	年金现值系数
n	$F/P,i,n$	$P/F,i,n$	$F/A,i,n$	$A/F,i,n$	$A/P,i,n$	$P/A,i,n$
1	1.3000	0.7692	1.0000	1.0000	1.3000	0.7692
2	1.6900	0.5917	2.3000	0.4348	0.7348	1.3609
3	2.1970	0.4552	3.9900	0.2506	0.5506	1.8161
4	2.8561	0.3501	6.1870	0.1616	0.4616	2.1662
5	3.7129	0.2693	9.0431	0.1106	0.4106	2.4356
6	4.8268	0.2072	12.7560	0.0784	0.3784	2.6427
7	6.2749	0.1594	17.5828	0.0569	0.3569	2.8021
8	8.1573	0.1226	23.8577	0.0419	0.3419	2.9247
9	10.6045	0.0943	32.0150	0.0312	0.3312	3.0190
10	13.7858	0.0725	42.6195	0.0235	0.3235	3.0915
11	17.9216	0.0558	56.4053	0.0177	0.3177	3.1473
12	23.2981	0.0429	74.3270	0.0135	0.3135	3.1903
13	30.2875	0.0330	97.6250	0.0102	0.3102	3.2233
14	39.3738	0.0254	127.9125	0.0078	0.3078	3.2487
15	51.1859	0.0195	167.2863	0.0060	0.3060	3.2682
16	66.5417	0.0150	218.4722	0.0046	0.3046	3.2832
17	86.5042	0.0116	285.0139	0.0035	0.3035	3.2948
18	112.4554	0.0089	371.5180	0.0027	0.3027	3.3037
19	146.1920	0.0068	483.9734	0.0021	0.3021	3.3105
20	190.0496	0.0053	630.1655	0.0016	0.3016	3.3158
21	247.0645	0.0040	820.2151	0.0012	0.3012	3.3198
22	321.1839	0.0031	1,067.2796	0.0009	0.3009	3.3230
23	417.5391	0.0024	1,388.4635	0.0007	0.3007	3.3254
24	542.8008	0.0018	1,806.0026	0.0006	0.3006	3.3272
25	705.6410	0.0014	2,348.8033	0.0004	0.3004	3.3286
26	917.3333	0.0011	3,054.4443	0.0003	0.3003	3.3297
27	1,192.5333	0.0008	3,971.7776	0.0003	0.3003	3.3305
28	1,550.2933	0.0006	5,164.3109	0.0002	0.3002	3.3312
29	2,015.3813	0.0005	6,714.6042	0.0001	0.3001	3.3317
30	2,619.9956	0.0004	8,729.9855	0.0001	0.3001	3.3321
31	3,405.9943	0.0003	11,349.9811	0.0001	0.3001	3.3324
32	4,427.7926	0.0002	14,755.9755	0.0001	0.3001	3.3326
33	5,756.1304	0.0002	19,183.7681	0.0001	0.3001	3.3328
34	7,482.9696	0.0001	24,939.8985	0.0000	0.3000	3.3329
35	9,727.8604	0.0001	32,422.8681	0.0000	0.3000	3.3330

复利系数表（ $i=40\%$ ）

年份/年	一次支付		等额系列			
	终值系数	现值系数	年金终值系数	偿债基金系数	资本回收系数	年金现值系数
n	$F/P,i,n$	$P/F,i,n$	$F/A,i,n$	$A/F,i,n$	$A/P,i,n$	$P/A,i,n$
1	1.4000	0.7143	1.0000	1.0000	1.4000	0.7143
2	1.9600	0.5102	2.4000	0.4167	0.8167	1.2245
3	2.7440	0.3644	4.3600	0.2294	0.6294	1.5889
4	3.8416	0.2603	7.1040	0.1408	0.5408	1.8492
5	5.3782	0.1859	10.9456	0.0914	0.4914	2.0352
6	7.5295	0.1328	16.3238	0.0613	0.4613	2.1680
7	10.5414	0.0949	23.8534	0.0419	0.4419	2.2628
8	14.7579	0.0678	34.3947	0.0291	0.4291	2.3306
9	20.6610	0.0484	49.1526	0.0203	0.4203	2.3790
10	28.9255	0.0346	69.8137	0.0143	0.4143	2.4136
11	40.4957	0.0247	98.7391	0.0101	0.4101	2.4383
12	56.6939	0.0176	139.2348	0.0072	0.4072	2.4559
13	79.3715	0.0126	195.9287	0.0051	0.4051	2.4685
14	111.1201	0.0090	275.3002	0.0036	0.4036	2.4775
15	155.5681	0.0064	386.4202	0.0026	0.4026	2.4839
16	217.7953	0.0046	541.9883	0.0018	0.4018	2.4885
17	304.9135	0.0033	759.7837	0.0013	0.4013	2.4918
18	426.8789	0.0023	1,064.6971	0.0009	0.4009	2.4941
19	597.6304	0.0017	1,491.5760	0.0007	0.4007	2.4958
20	836.6826	0.0012	2,089.2064	0.0005	0.4005	2.4970
21	1,171.3556	0.0009	2,925.8889	0.0003	0.4003	2.4979
22	1,639.8978	0.0006	4,097.2445	0.0002	0.4002	2.4985
23	2,295.8569	0.0004	5,737.1423	0.0002	0.4002	2.4989
24	3,214.1997	0.0003	8,032.9993	0.0001	0.4001	2.4992
25	4,499.8796	0.0002	11,247.1990	0.0001	0.4001	2.4994
26	6,299.8314	0.0002	15,747.0785	0.0001	0.4001	2.4996
27	8,819.7640	0.0001	22,046.9099	0.0000	0.4000	2.4997
28	12,347.6696	0.0001	30,866.6739	0.0000	0.4000	2.4998
29	17,286.7374	0.0001	43,214.3435	0.0000	0.4000	2.4999
30	24,201.4324	0.0000	60,501.0809	0.0000	0.4000	2.4999
31	33,882.0053	0.0000	84,702.5132	0.0000	0.4000	2.4999
32	47,434.8074	0.0000	118,584.5185	0.0000	0.4000	2.4999
33	66,408.7304	0.0000	166,019.3260	0.0000	0.4000	2.5000
34	92,972.2225	0.0000	232,428.0563	0.0000	0.4000	2.5000
35	130,161.1116	0.0000	325,400.2789	0.0000	0.4000	2.5000

参 考 文 献

[1] 温熙森,匡兴华,陈英武. 军事装备学概论[M]. 长沙:国防科技大学出版社,2002.

[2] 吴添祖. 技术经济学概论[M]. 北京:高等教育出版社,1997.

[3] 赵建华,高凤彦. 技术经济学[M]. 第2版. 北京:科学出版社,2004.

[4] 林晓言,等. 技术经济分析[M]. 北京:清华大学出版社,2014.

[5] 胡珑瑛. 技术经济学概论[M]. 哈尔滨:哈尔滨工业大学出版社,2004.

[6] 赵建华,等. 技术经济学[M]. 第2版. 北京:科学出版社,2005.

[7] 刘晓东. 装备寿命周期费用分析与控制[M]. 北京:国防工业出版社,2008.

[8] 韩波,查恩铭,谭国臣. 装备维修技术经济分析[M]. 北京:国防大学出版社,2009.

[9] 李鸣,毛景立,等. 装备采购理论与实践[M]. 北京:国防工业出版社,2003.

[10] 果增明. 装备经济学[M]. 中国人民解放军军事经济学院,2009.

[11] 王玉泉. 装备费用—效能分析[M]. 北京:国防工业出版社,2010.

[12] GJB/z20517. 武器装备寿命周期费用估算实施指南. 装备发展部电子信息基础部技术基础局,2004.

[13] GJB 1364. 装备费用—效能分析. 国防科工委军标出版发行部,1992.

[14] 陈学楚. 维修基础理论[M]. 北京:科学出版社,1998.

[15] 张列刚,等. 空军武器装备论证理论与方法[M]. 北京:国防工业出版社,2011.

[16] 张恒喜. 现代飞机效费分析[M]. 北京:航空工业出版社,2001.

[17] 端木京顺,张净敏,武维新,等. 装备维修技术经济[M]. 北京:国防工业出版社,2003.

[18] 陈学楚. 装备系统工程[M]. 北京:国防工业出版社,1998.

[19] 马惠军,等. 装备技术经济[M]. 北京:海潮出版社,2003.

[20] 张净敏. 装备技术经济分析[M]. 西安:空军工程大学,2009.

[21] 赵英俊. 装备技术经济分析[M]. 西安:空军工程大学导弹学院,2007.

[22] 白春礼. 科技创新趋势与启示[J]. 科学发展,2014.

[23] 郭基联,虞健飞,任建军. 装备寿命周期费用估算软件 PRICE H 剖析[J]. 装备指挥技术学院学报,2009.

[24] 朱剑佑,路平,甄云卉. 参数估算法在无人机费用估算中的应用[J]. 计算机与网络,2009.

[25] 郑钦,陈桂明. 武器装备费用分析探讨[J]. 价值工程,2007.

[26] 李璐,毛宏,刘宝平. 舰船装备价格指数与物价指数的关系研究[J]. 海军工程大学学报,2002.

[27] 任利军. 空军装备财务管理[M]. 北京:蓝天出版社,2011.